5 천만이 검색한 대한민국 제철여행지

온라인 검색 인기 여행지를 파워블로거 토토로와 함께 떠나자!

5천만이 검색한 대한민국 제철여행지

글·사진 김혜영

가파도 청보리밭

억새꽃처럼 피어난 보리수염이 바람이 이끄는 대로 누웠다 일어섰다를 반복한다.
당장 바지를 걷고 바다를 첨벙첨벙 뛰어서 건너면 닿을 것처럼 산방산이 가깝게 보인다.

고창 선운사계곡 꽃무릇

이른 아침, 나무 사이로 부챗살처럼 퍼지는 새벽빛 속에서 고운 자태를 드러내는 꽃무릇.
그 모습은 아름다운 차원을 넘어 신비롭기까지 하다.

울릉도 행남등대

악어 등가죽처럼 거친 해안절벽 옆구리를
따라 걸으면 등대 전망대에 도착한다.
그곳에서 바라보는 무지갯빛 구름다리 해안산책로와
저동항 촛대바위의 절경은
말로 형용하기 어려울 만큼 장관이다.

경주 양동마을 독락당

개울 건너편에 자리한 독락당은
너럭바위 위에 축대를 쌓고, 그 위에 다소곳이 올라앉아 있다.
누각인 듯, 바위인 듯 자연과 동화한 모습이 소박하면서도 기품이 넘친다.

제주 섭지코지

송이라 불리는 붉은 화산재로 이루어져 있는 섭지코지는
푹신한 감촉을 느끼며 산책하기에 좋은 곳이다.
최고의 절경을 자랑하며 웅장한 성산일출봉의 풍광을 한눈에 볼 수 있다.

 프롤로그

　사람마다 여행을 가고 싶어도 가지 못하는(않는) 이유가 여러 가지 있을 겁니다. 시간이 없어서, 돈이 없어서, 자가용이 없어서, 여자라서, 길치라서, 주부라서 등 다양하겠지요. 하지만 제가 보기에 여행을 떠나지 못하는 가장 근본적인 이유는 여행에 대한 욕구가 절실하지 않기 때문입니다. 몸이 몹시 아프거나 한나절의 시간조차 내기 어려울 만큼 바쁘거나 선천적으로 여행을 싫어하는 체질이 아니라면 말입니다.
　여행을 떠나고픈 누군가에게 제가 시간과 돈, 체력을 빌려주는 것은 불가능한 일입니다. 그렇지만 여행의 즐거움이나 셀렘을 느끼지 못해본 분, 자가용이 없어서 여행을 주저하시는 분, 여자라서 선뜻 나서지 못하는 분, 아이와 단둘이 떠나는 여행을 두려워하는 주부들에게 작은 희망과 용기라도 드리고 싶어 이 책을 펴냈습니다.
　저 역시 서른살까지만 해도 여행과는 거리가 멀었습니다. 저는 집 밖에만 나서면 어김없이 길을 헤매는, 구제불능의 길치이자 방향치입니다. 더군다나 아이를 키우는 주부이면서 운전면허증도 없습니다. 무엇보다 제가 쉽게 여행을 떠나지 못했던 이유는 '난 선천적으로 여행을 싫어해'라는 고정관념이 있었기 때문입니다. 이처럼 소극적이고 나약한 고정관념을 떨쳐버리지 못했다면 저는 지금도 가벼운 외출조차 싫어하는 두더지형 전업주부로 살고 있을 겁니다.
　9년 전쯤의 어느 날, 여름날에 쏟아지는 소나기처럼 갑자기 여행을 시작했습니다. 겁이 무척 많고, 사회성이 심각하게 부족한 아이의 성격을 고치기 위해서였습니다. 그 당시 네 살이었던 아이와 함께 그 후로 9년 동안 거의 매주 여행을 다니고 있습니다.
　그동안 대중교통편으로 여행하면서 수많은 시행착오와 고생을 겪었습니다. 돌이켜보면 저도 모르게 미소를 짓게 되는 소중한 추억들이지만 초보여행자들은 그런 시행착오를 겪지 않기를 바랍니다. 이 책을 통해 그때의 경험들이 저보다 더 소심한 초보여행자들에게 도움이 될 수 있다면 더할 나위 없이 행복할 겁니다. 여행을 하지 않아도 살아가는 데는 아무런 지장이 없습니다. 그렇지만 오랫동안 기억에 남을 여행을 한 번 하고 나면 인생에 다른 기쁨이 있다는 사실을 알게 될 겁니다.

현실적으로 대부분의 사람들은 한 달에 한번 여행하기도 쉽지 않습니다. 일 년에 한 번도 못 가는 사람들도 적지 않을 겁니다. 정말 어렵게 시간을 내어 여행을 떠나는 누군가에게 추천해주고 싶은 여행지들을 엄선해서 이 책에 수록했습니다. 대부분 제가 최소한 두세 번 이상은 가본 곳들입니다. 그런 만큼 좋은 추억으로 남았고, 앞으로도 틈이 나면 다시 찾고픈 여행지들입니다.

더불어 계절마다 어울리는 여행지를 골라서 수록했습니다. 이 책에 소개된 여행지들은 사철 아름답지만, 그중에서도 제일 빛이 나는 철이 있기 때문입니다. 계절이 바뀔 때마다 변화무쌍한 모습을 볼 수 있기에 사계절이 있는 우리나라의 기후가 참으로 고맙습니다.

무엇보다 저와 같은 뚜벅이 여행자들을 위해 대중교통편을 상세하게 실었습니다. 자주 여행하는 사람들은 실속 있게 여행하는 방법을 스스로 터득하게 마련입니다. 하지만 초보여행자들은 오랫동안 가고자 별러온 여행지조차도 선뜻 찾아 나서지 못하는 경우가 많습니다. '거기까지 어떻게 가?'라는 걱정부터 앞선 나머지 실행에 옮길 엄두를 내지 못합니다. 첩첩산중의 두메산골이 아니고서는 우리나라에 정기노선버스가 들어가지 않는 곳은 별로 없습니다. 단지 운행횟수가 너무 적은 것이 문제일 뿐입니다. 그래도 꼭 가보고 싶은 여행지가 있다면 불편한 교통 사정은 큰 장애가 되지 않습니다. 미리 치밀하게 일정을 계획하면 의외로 쉽게 여행할 수 있습니다.

대중교통으로 여행하는 것은 자가용을 이용하는 여행보다 서너 배 이상의 준비를 해야 합니다. 전체 일정이 지퍼 레일처럼 딱 들어맞아야 즐거운 여행이 될 수 있으니까요. 사실 현지에 가보면 버스의 노선이 갑자기 없어졌다거나 출발시각이나 배차간격이 수시로 변경되는 경우가 허다합니다. 그럼에도 불구하고 대충이라도 미리 알고 가는 것이 여행하는 데에 큰 도움이 됩니다.

대중교통으로 즐겁게 여행하려면 유연한 마음가짐이 필요합니다. 무엇보다도 일정은 여유롭게 계획해야 합니다. 너무 많은 곳을 둘러보려는 욕심은 금물입니다. 불편한 교통사정에 대해서도 불만스러워하거나 짜증내지 말고 마음에 여유를 가져야 합니다. 이동하는 시간도 여행의 일부분으로 생각하며 기꺼이 즐겨야 합니다. 단순히 목적지에 도달하기 위한 과정으로 여긴다면 대중교통을 이용한 여행만큼 소모적이고 비효율적인 여행도 없을 테니까요.

여행을 하다보면 아무리 치밀하게 계획하고 준비했어도 뜻대로 되지 않아서 난감한 경우가 적지 않습니다. 그럴 때는 그 난감함마저도 즐기는 수밖에 없습니다. 길을 잃었다가 뜻밖의 명소가 눈에 띌 수도 있고, 아주 괜찮은 길동무를 사귈 수도 있습니다. 정류소에서 버스를 기다리는 동안 마을주민들과 즐겁게 정담을 나눌 수도 있을 겁니다. 그런 과정과 경험을 통해 자신의 마음이 한결 여유로워지고 여행의 노하우가 나날이 쌓여감을 느낄 수 있을 겁니다.

제가 여행하면서 느꼈던 즐거움과 행복감을 공유할 수 있기를 바랍니다. 당장 여행을 떠날 수 없는 분들도 이 책을 통해서 언젠가 떠나게 될 여행의 설렘을 느끼셨으면 좋겠습니다. 그리고 마침내 여행에 첫발을 내디딜 용기를 얻으신다면 제게는 무엇보다 큰 보람이 될 겁니다.

저와 수많은 길을 걸으며 성장해온 길동무이자 사랑하는 아들 권표와 뒤에서 묵묵히 지켜봐주는 남편에게 고마움을 전합니다.

길 위에서 김혜영

대중교통 여행시 알아두면 좋을 팁

도보여행

무조건 옷차림은 가볍게 하는 것이 좋다. 차도를 걸을 때는 차를 마주보는 방향으로 걸어야 한다. 차의 진행 방향으로 걸으면 뒤에서 달려오는 차로 인한 돌발상황에 대처하기 어렵다. 걷는 도중 가게가 없을 수도 있으므로 물과 간식거리를 충분히 챙긴다. 양말은 두꺼운 것으로 신고, 신발은 트레킹화를 신으면 발바닥이 덜 피로하다. 여름철에는 자외선 차단에 유의해야 한다. 바닷가에서만 자외선에 의해 화상을 입는 것이 아니다. 도심을 장시간 걸을 때도 화상을 입는다. 모자나 자외선차단제, 선글라스는 필수다.

버스를 탈 때

시골버스는 배차간격이 일정하지 않기 때문에 도착예정시각보다 10~20분 정도 여유 있게 대기한다. 버스를 못 탈 경우를 대비해서 버스터미널이나 버스회사, 관광안내소의 전화번호, 콜택시 등의 전화번호를 미리 알아두거나 대체일정을 마련해둔다. 버스에서 내릴 때에는 반드시 기사에게 되돌아 나가는 버스 시각을 알아둔다. 목에 작은 가방을 메면 버스시각을 적을 메모장이나 영수증, 필기도구 등을 보관하기 좋다.
대중교통 여행은 되도록 길동무를 만들어서 가는 것이 좋다. 버스를 기다리는 경우가 많기도 하고, 택시를 타야할 경우도 있어서 경비절감 차원에서도 이롭다.

배를 탈 때

배는 출항여부가 매월 또는 매일의 기상상태에 따라 수시로 변하기 때문에 출항 전날 오후나 당일 아침에 반드시 확인해야 한다. 뱃멀미를 할 경우 출항 30분 전에 멀미약을 복용하면 된다. 연안여객선의 대부분은 인터넷사이트(www.seomticket.co.kr)를 통해 예약이 가능하며 가급적이면 왕복표로 예매하는 좋다. 예약을 받지 않는 선박이 대부분이므로 출항시각보다 여유 있게 매표를 하는 것이 좋다.

무작정 여행을 떠났을 때

아무 계획 없이 여행을 떠났다면, 전국관광안내번호인 1330번을 알아두는 것이 좋다. 이 번호는 24시간 운영되며, 관광안내사들이 여행지의 교통, 맛집, 숙박, 주변명소 등 여행 중에 궁금한 모든 사항을 친절하게 안내해준다. 여행코스에 대해 상담하고 싶다면 각 지역 국번+1330으로 문의하면 된다. 각 지역의 관광안내센터로 연결이 되어 현지의 상황을 좀 더 상세히 알 수 있다. 단, 이곳의 운영시간은 대략 오전 9시부터 오후 6시까지이다.
숙소는 한국관광공사에서 선정한 우수숙박업소인 굿스테이 지정숙소와 베니키아호텔 체인점들이 비교적 시설이 좋고 깔끔한 편이다.

프롤로그 • 014

SPRING
꽃 향기 물씬 풍기는 봄 여행지

3월

정약용이 마음을 나누며 걸었던 강진 다산 오솔길 • 026
다산수련원 | 다산초당 | 백련사 | 영랑생가 | 사의재 | 보은산방

봄을 알리는 남도의 꽃마을, 광양 매화마을과 구례 산수유마을 • 034
청매실농원 | 〈천년학〉〈취화선〉 촬영지 | 산수유마을

마음을 사로잡는 섬, 거제 지심도 • 042
지심도 | 공곶이 | 학동몽돌해변 | 해금강테마박물관 | 바람의 언덕 | 신선대 | 거제포로수용소유적공원

가고파, 청보리의 섬 제주 가파도 • 052
가파도 | 마라도 | 송악산

섬진강 따라 벚꽃길 따라 흐르는 하동 박경리토지길 • 060
화개장터 | 평사리공원 | 최참판댁 | 쌍계사 | 하동차문화센터

4월

시간도 머물러 가는 섬, 완도 청산도 • 068
제1코스 항정길 | 제2코스 사랑길 | 제3코스 고인돌길 | 제5코스 범바위길과 용길
제6코스 구들장길과 다랭이길 | 11코스 미로길

자연의 신명이 살아 있는 곳, 안성팜랜드 호밀밭 • 076
안성팜랜드 | 서일농원 | 태평무전수관 | 남사당전수관

5월

마음을 씻고 마음을 여는 서산 개심사 • 084
해미읍성 | 개심사 | 보원사터 | 서산마애삼존불

목련향 한 모금에 취하다, 태안 천리포수목원 • 092
천리포수목원 | 국사봉생태탐방로 | 만리포해수욕장

봄을 맞으러 떠나는 길, 서울 북악산길산책로 • 100
현통사 | 백사실계곡 | 백사실악수터 | 북악스카이웨이 | 팔각정 | 숙정문쉼터 | 말바위쉼터 | 삼청공원

SUMMER
초록물을 가득 머금은 여름 여행지

6월

몽돌길 건너 등대섬으로 가다, 통영 소매물도 • 112
소매물도 | 강구안 중앙시장 | 동피랑마을 | 미륵산케이블카 | 통영대교 | 해저터널

추억과 향수에 젖는 곳, 청주 수암골 벽화마을 • 122
수암골 | 청주고인쇄박물관 | 상당산성

나룻배를 타고 부용대에 오르다, 안동하회마을 • 130
안동하회마을 | 하회동탈박물관 | 부용대 | 옥연정사 | 화천서원 | 병산서원

동해 먼바다의 화산섬, 울릉도 • 138
통구미 | 향목전망대 | 현포전망대 | 천부 | 섬목 | 내수전전망대 | 내수전
석포 옛길 | 석포 | 나리분지 | 성인봉 | 행남등대 해안산책로

아홉 굽이 아홉 색깔, 괴산 화양구곡 • 150
제1곡 경천벽 | 제2곡 운영담 | 제3곡 읍궁암 | 제4곡 금사담 | 제5곡 첨성대 | 제6곡 능운대
제7곡 와룡암 | 제8곡 학소대 | 제9곡 파천

맛에 취하고 멋에 취하는 도심 속 전통마을, 전주한옥마을 • 158
전주한옥마을 | 경기전 | 전동성당 | 오목대 | 전주향교 | 양사재 | 전주천 | 객사길 | 풍남문 | 덕진공원 | 막걸리촌

7월

새우깡 같은 섬, 인천 무의도 • 168
하나개해수욕장 | 무의도 | 호룡곡산 | 실미도유원지

천천히 걷고 오래 머물고픈 섬, 제주 우도 • 176
우도 올레길 | 성산일출봉 | 섭지코지 | 김영갑갤러리

8월

강원도의 힘, 평창 동강 어름치마을 • 186
어름치마을 | 백룡동굴 | 동강 | 칠족령 | 평창동강민물고기생태관

강물 따라 연꽃 따라 걷다, 양평 두물머리 산책로 • 194
세미원 | 두물머리 | 소나기마을(황순원문학촌)

푸른 추억 만들기, 강릉 하슬라아트월드 • 202
하슬라아트월드 | 하슬라아트뮤지엄호텔 | 바다열차 | 삼척해양레일바이크 | 환선굴

무릉도원에 가다, 담양 명옥헌 원림 • 210
소쇄원 | 명옥헌 원림 | 삼지내마을 | 죽녹원 | 관방제림 | 메타세콰이어 가로수길

AUTUMN
단풍이 맛있게 익어가는 가을 여행지

삼색 꽃에 묻혀 시를 읊다, 고창 꽃길 여행 ● 222
학원농장 | 미당시문학관 | 돋음볕마을 | 선운사 | 고창고인돌공원 | 고창읍성

넓은 벌 동쪽 끝 향수의 세계, 옥천 30리길 ● 230
정지용 생가와 문학관 | 육영수 여사 생가 | 멋진 신세계

옛이야기를 듣다, 강화나들길 (1코스 심도역사문화길) ● 238
강화성공회성당 | 용흥궁 | 고려궁지 | 북관제묘 | 강화향교 | 은수물 | 북장대
오읍약수터 | 연미정(월곶돈대) | 옥계방죽 | 갑곶성지 | 갑곶돈대

강물이 에돌아 흐르는 물돌이 마을, 예천 회룡포마을 ● 246
장안사 | 회룡대 | 제2전망대 | 용포마을 | 회룡포마을 | 용궁장 | 삼강주막마을

시대를 앞서간 조선시대 계획도시, 수원 화성 ● 254
장안문 | 화서문 | 화성행궁 | 팔달문 | 못골시장 | 청룡문 | 방화수류정 | 화홍문 | 행궁동 뒷골목

축제의 도시에서 낭만을 즐기다, 부산 ● 262
태종대 | 송도 볼레길 | 남포동 PIFF광장 | 아리랑거리
국제시장 | 깡통시장 | 보수동 책방거리 | 자갈치시장

오색 단풍의 나라, 양양 주전골 ● 272
주전골 | 오색온천 | 하조대 | 낙산사

묵호도 항구다, 동해 묵호등대오름길 ● 280
묵호등대 | 무릉계곡 | 천곡동굴 | 추암해변

단풍에 취하고 인정에 끌리다, 서울 도심 산책 ● 288
창덕궁 | 계동 | 북촌한옥마을 | 삼청동 | 인사동 | 광장시장

선비의 향기를 찾아가는 길, 함양 화림동계곡 ● 298
운곡리 은행나무 | 화림동 선비문화탐방로 | 개평리한옥마을 | 상림 | 서암정사

신라천년고도에서 조선을 만나다, 경주 양동마을 ● 306
양동마을 | 독락당 | 옥산서원 | 도심문화유적답사(대릉원, 첨성대, 월성, 안압지, 경주국립박물관)

WINTER
눈꽃이 몽실몽실 피어나는 겨울 여행지

 12월

초가집에서의 특별한 하룻밤, 순천 낙안읍성 • 318
낙안읍성민속마을 | 순천만생태공원 | 생태체험선 투어 | 용산전망대 | 벌교 태백산맥문학관

전나무숲길 끝에서 만나는 피안, 부안 내소사 • 326
곰소항 | 내소사 | 격포(채석강 – 적벽강) | 새만금홍보관

 1월

해에게서 섬으로, 여수 무박 열차여행 • 334
향일암 | 무슬목(전남해양수산과학관) | 돌산대교 | 수산시장 | 진남관 | 오동도 | 돌산공원

겨울바다로 가자, 울산 대왕암 • 344
대왕암공원 | 태화강생태공원 | 장생포고래박물관 | 신화마을 | 간절곶

아바이를 만나러 떠나는 여행, 속초 아바이마을 • 352
중앙시장 | 갯배 | 아바이마을 | 속초등대 | 영금정 | 동명항

 2월

옛 노래처럼 정겨운 거리, 영월 요리골목 • 360
청령포 | 장릉 | 선돌 | 요리골목 | 영화 〈라디오스타〉 촬영지 | 서부시장

근대역사의 흔적을 더듬다, 인천 개항장누리길 • 368
차이나타운 | 자유공원 | 구 제물포구락부 | 청·일조계지 경계계단 | 구 일본영사관 | 구 인천일본제1은행
구 인천일본18은행지점 | 인천아트플랫폼 | 신포시장 | 답동성당 | 배다리헌책방거리

관광명소 찾아보기 • 376

본문에 사용한 교통수단 아이콘

 걷기　 버스　 택시　 전철　 케이블카　 배

꽃 향기 물씬 풍기는 봄 여행지

SPRING

봄에는 어디를 갈까?

월	메인 여행지	여행 테마	대중교통편	여행일수
3월	강진 다산 오솔길	동백꽃	🚌	1박 2일
	광양 매화마을 · 구례 산수유마을	매화축제 · 산수유축제	🚌	당일
	거제 지심도	동백숲 · 수선화	🚌🚢	1박 2일
	제주 가파도	청보리밭 걷기	🚢🚌	1박 2일
4월	하동 박경리토지길	벚꽃	🚌	1박 2일
	완도 청산도	섬 트레킹	🚢🚌	1박 2일
	안성팜랜드	호밀밭 산책	🚌	당일
5월	서산 개심사	청벚꽃나무	🚌	당일
	태안 천리포수목원	목련	🚌	당일
	서울 북악산길산책로	봄맞이소풍	🚌	당일

SPRING

> 3월의
> 첫번째 여행

정약용이 마음을 나누며 걸었던
강진 다산 오솔길

다산 정약용은 전남 강진에서 18년간 유배생활을 했다. 그 기간 동안 그가 인연을 맺었던 다산초당, 백련사, 사의재, 보은산방을 이은 길이 바로 '다산 유배길' 일부 구간이다. 다산은 이 길 위에서 수많은 저서를 썼고, 혜장선사, 그리고 그의 제자들과 두터운 교분을 나누었다. 이 길을 걷다 보면 대학자라 칭송받는 정약용이 아닌 인간 정약용을 만날 수 있다.

1박 2일 코스

다산수련원 - 다산초당 - 백련사 -or- 강진 읍내(숙박) - 영랑생가 - 사의재 - 보은산방

살뜰한 남자의 소소한 일상을 엿보다, 다산초당

'다산 유배길'의 백미는 다산초당에서 백련사로 이어지는 '다산 오솔 길'이다. 다산 오솔길에 다녀온 사람들은 하나같이 "두고 두고 잊지 못할 만큼 멋진 길을 걸었노라"고 말한다. 실제로 걸어보면 과장된 말이 아님을 알 수 있다.

이 길은 다산수련원 - 다산초당 - 동암 - 천일각 - 백련사에 이르는 왕복 3.4km의 길이다. 쉬엄쉬엄 걸어도 왕복 2시간이면 충분하다. 다산수련원에서 출발하여 수련원 옆으로 이어지는 하얀 두충나무 길을 지나 한옥 민박과 상가들이 몰려 있는 귤동마을에 들어선다. 마을 뒤쪽에는 일명 부처산이라 불리는 만덕산이 자애로운 자태를 드리우고 있다. 이 산으로 난 숲길이 바로 다산초당으로 향해 있다. 숲길을 따라 놓인 돌계단을 오르면 댓잎들이 속삭이는 소리가 귀를 간질인다. 무슨 비밀이라도 말하는 것 같아 귀를 세우고 걷다 보면 발아래 놓인 나무뿌리에 걸려 넘어지기 십상이다. 대숲이 끝나면 굵고 구불구불한 나무뿌리들이 땅을 박차고 나와 힘자랑을 하고 있다. 숲이 우거져 어둑한데다가 나무 덩굴마저 힘줄처럼 불거져 있어 마치 밀림 속에 들어온 기분이 든다.

Jan.
Feb.
Mar.
Apr.
May
Jun.
Jul.
Aug.
Sep.
Oct.
Nov.
Dec.

다산 오솔길을 걷는 귤동마을 주민들

빽빽하게 들어선 대나무와 편백나무 가지 사이로 다산초당이 보인다. 10년이란 세월 동안 다산은 이곳에 머물며 제자를 가르치고, 저술 작업을 했다. 오랜 유배생활로 좌절할 만도 한데 다산은 그 가운데서도 자신이 이 세상에 보탬이 될 수 있는 일을 찾았다. 동백나무와 대나무에 둘러싸인 초당이 단아한 멋을 자아내는 것도 그러한 다산의 풍모가 배어들었기 때문이리라.

초당 안팎에는 여전히 다산의 흔적이 남아 있는 다산 4경-다조, 약천, 연지석가산, 정석바위-이 자리하고 있다. 다조는 차를 달이던 부뚜막으로 마당에 있다. 다산은 유난히 차를 즐겼다. 초당으로 거처를 옮긴 후 호를 '다산'으로 바꿀 정도였으니 그의 차 사랑을 짐작할 만하다.

연지석가산은 다산이 직접 파고 꾸민 연못이다. 약천은 그가 판 샘물로, 차를 끓일 때 이곳에서 물을 길어다 썼다고 한다. 초당 뒤쪽 동백숲에 있는 정석바위에는 다산이 유배에서 풀려났을 때 기념으로 쓴 글자 '丁石'이 새겨져 있다. 다산 4경은 우리에게 다산의 소소한 일상들을 유추할 수 있게 한다. 그는 명성에 어울리지 않게 꽤나 살뜰한 남자였나 보다.

(왼쪽) '뿌리의 길'의 나무뿌리가 땅 위로 힘줄처럼 불거져 나와 있다.
(오른쪽) 다산초당 현판

다산이 혜장선사를 만나러 가는 길에 지나다녔던 백련사 동백숲

동백의 안부를 묻다, 백련사 동백숲

다산이 손님을 맞거나 저술 작업을 했던 동암과 흑산도로 유배 간 형, 정약전을 그리며 강진만을 바라보던 장소에 세워진 천일각(1975년 건립)은 다산초당 지척에 있다. 이곳을 지나면 1만여 그루의 야생 차나무가 늘어선 숲길이 드러난다. 바닥에 낙엽이 수북이 쌓여 폭신폭신한 감촉이 발바닥에 오롯이 전해진다. 구름 위를 걷는 듯한 기분으로 해월루를 지나면 골골이 뻗은 야생차밭 너머로 호수처럼 잔잔한 강진만이 눈에 들어온다.

백련사에 다다랐을 즈음, 동백숲(천연기념물 제151호)에 들어서게 된다. 7, 8백 년은 됐음직한 동백나무 1천 5백 그루가 울창한 숲을 이루고 있다. 반들반들 윤이 나는 잎 사이로 붉은 동백꽃이 송알송알 맺혀 있다. 다산은 혜장선사를 만나기 위해 백련사를 오가면서 이 숲을 수없이 지났을 것이다. 다산이 남긴 기록에 따르면, 유배생활을 끝내고 경기도 남양주 자택으로 돌아간 후 강진에서 찾아온 제자들에게 자신이 심은 동백의 안부를 물었다고 한다. 다산은 차만큼이나 동백을 좋아했던 모양이다. 숲 어딘가에 다산이 심은 동백나무가 있을지도 모른다.

혜장선사가 주지로 있었던 천년고찰 백련사 경내 모습

　동백숲에 외로이 서 있는 부도를 지나면 고려 때 세워진 사찰인 백련사가 코앞이다. 백련사 주변에도 동백나무가 그득하다. 봄 햇살 가득한 절집 마당에 들어서면 꿈을 꾸듯 몽롱해질 것이다. 붉은 동백꽃에 취하고 봄기운까지 탔으니 어찌 정신이 말짱할 수 있으랴.

이런 곳도 있어요!

영랑생가

강진버스터미널에서 500m 떨어진 곳에 시인 영랑 김윤식의 생가가 있다. 김영랑은 우리나라를 대표하는 서정시인이자 민족시인으로 〈모란이 피기까지〉, 〈돌담에 속삭이는 햇발같이〉 등 다수의 작품이 있다. 4월 말에서 5월 초면 영랑이 시에 담았던 붉은 모란이 생가 주변에 만발한다. 매년 이때를 기다려 '영랑문학제'가 열린다.
문의: 061-430-3185

다산과 함께 술잔을 기울이다, 사의재

사의재四宜齋는 다산이 강진에 유배되었을 때 처음으로 기거했던 방이다. 주막집 주인장은 오갈 데 없는 다산을 딱하게 여겨 방 하나를 내주었다. 다산은 자신의 방을 사의재라 명명한 후, 학문과 제자 양성에 힘을 쏟으며 근 4년을 머물렀다. 사의재란 네 가지를 꼭 지켜야 하는 방이란 뜻인데, 먼저 생각을 맑게 하고, 용모를 엄숙히 하며, 언어는 과묵해야 하고, 동작은 신중해야 한다는 것이다. 지금의 사의재는 주막, 바깥채, 초정草亭을 복원해 여행객들의 쉼터 역할을 하고 있다. 간단한 식사는 물론 술과 안주도 판다.

사의재 전경

Travel Tip

> **다산수련원** 문의: 061-430-3625 | 홈페이지: www.ydasan.com |
숙박료(2인 1실): 일반 2만 원, 청소년 1만 5천 원 | 전화·인터넷 예약 필수
다산유물전시관 문의: 061-430-3784 | 개관: 09:00~18:00 | 입장료: 무료 | 연중무휴
백련사 문의: 061-432-0837 | 홈페이지: www.baekryunsa.net | 템플스테이: 5만 원
사의재 문의: 061-433-3223

> 다산수련원은 다산 유배길 탐방 지원센터로서 탐방객에게 쉼터와 숙소, 그리고 교육공간을 제공한다. 인터넷지원실, 캠프파이어, 대강당, 강의실 등을 갖췄다. 다산수련원 아래에는 다산유물전시관이 있다. 다산이 남긴 친필 편지와 저서인 〈목민심서〉, 〈흠흠신서〉, 〈경세유표〉 등이 전시되어 있다.

> 다산 유배길 1구간을 완주하려면 맘을 굳게 먹어야 한다. 백련사에서부터 철새 도래지와 남포마을, 목리마을을 거쳐 강진 읍내에 있는 사의재까지 가는 길은 지루한 찻길과 강둑길의 연속이다. 백련사에서 택시나 버스를 타고 강진 읍내로 바로 가는 게 낫다. 특히 혼자라면 더욱 그렇다. 강진 읍내로 가서 사의재와 영랑생가, 고성사 보은산방을 걸어서 돌아보기를 권한다.

> 강진은 영암, 고흥, 해남과 이웃하고 있다. 각 지역을 연계해서 일정을 짜도 좋다.

> 봄철 백련사 동백꽃을 놓쳤다면 여름철 배롱나무꽃을 노려보는 것도 좋다.

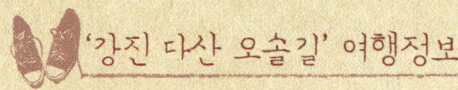

'강진 다산 오솔길' 여행정보

● 가는 길

1 서울 → 강진

① 버스: 서울고속버스터미널에서 강진버스터미널까지 직행버스 1일 6회 운행(4시간 20분 소요).

② KTX: 송정역/나주역 하차, 각 지역 버스터미널로 이동 후 강진행 시외버스 이용.

문의: 강진버스터미널 061-432-9666

2 강진 → 다산수련원

① 버스: 강진버스터미널에서 망호·옥전 방면 버스 1일 3회 운행, 40분 소요.

② 택시: 강진버스터미널에서 30분 소요, 요금은 1만 원 내외(터미널 앞에 택시가 많다. 강진은 구역별로 택시 요금이 정해져 있는 편이다).

문의: 강진 군내버스터미널 061-432-9618

3 다산수련원 → 백련사 → 강진 읍내

버스(1일 3회) 또는 택시 이용.

문의: 강진군개인택시조합 061-434-6161, 신진택시 061-433-9100, 광신택시 061-434-3141

● 맛집

강진은 짱뚱어를 갈아 추어탕처럼 끓여 내는 짱뚱어탕으로 유명하다. 강진읍에 있는 동해회관(061-433-1180)이 잘한다. 강진 읍내에는 유명한 한정식집이 많다. 해태식당(061-434-2486), 명동식당(061-433-2147), 청자골종가집(061-433-1100), 흥진식당(061-434-3031)이 추천할 만하다. 화경식당(061-434-5323)은 7천 원, 1만 5천 원짜리 한정식도 한상 가득이다. 목리천 다리 아래 목리장어센터(061-432-9292)에 가면 자연산민물장어구이를 맛볼 수 있다.

● 숙소

다산초당 아래(귤동마을) 해남 윤씨의 후손이 운영하는 찻집과 음식점, 민박을 겸한 다산명가(061-433-5555)가 있다. 다산수련원(061-430-3625)은 최근에 지어진 건물이라 깔끔하고 숙박료가 1실 2인기준 2만 원으로 무척 저렴하다(청소년 1만 5천 원). 강진버스터미널 인근에 모텔과 여관이 많다. 백련사 인근에 아미산모텔(061-433-2136)은 가족이 머물기에 좋다.

강진한정식

>> 문화생태탐방로 다산 유배길 코스

1코스 다산수련원 – 다산초당 – 백련사 – 철새도래지 – 남포마을 – 목리마을 – 강진 5일장 – 사의재 – 영랑생가 (15km, 5시간)

2코스 영랑생가 – 보은산방(고성사) – 솔치 – 금당마을(백련지) – 성전달마지마을(13.4km, 4시간 30분)

3코스 성전달마지마을 – 무위사 – 안운마을(백운동) – 강진다원 – 월남사지 3층석탑 – 월남마을 – 누릿재 – 천황사(16.6km, 5시간 30분)

4코스 천황사 – 월출산 기찬묏길(영암) – 월출산 기찬랜드 – 도선암자 – 도갑사 – 왕인박사유적지 – 구림마을(도기박물관) (16.5km, 5시간)

3월의
두번째 여행

봄을 알리는 남도의 꽃마을,
광양 매화마을과 구례 산수유마을

매화는 추위 속에서도 꽃을 피워 봄을 가장 먼저 알리는 존재이다. 봄기운이 돌면 섬진강 일대에는 그윽한 매화향이 진동한다. 섬진강가 매화가 막 절정기를 넘어설 즈음, 지리산 산동면 마을에는 샛노란 산수유가 몽실몽실 피어난다. 남도의 이른 봄은 한바탕 꽃잔치로 떠들썩하다.

×× 무박 혹은 당일 코스 ××
광양 매화마을 -🐾- 청매실농원 -🐾-〈천년학〉〈취화선〉 촬영지 -🚌- 구례 산수유마을

혹독한 추위를 견디고 터지는 매화 꽃망울

퇴계 선생은 매화를 지극히 사랑하여 매형梅兄이라 부르기까지 했다. 숨을 거두기 직전 제자들에게 남긴 유언이 "매화에게 물을 주라"는 당부였던 것만 봐도 얼마나 그 사랑이 깊었는지를 알 수 있다. 지금에 와서도 많은 사람들이 퇴계의 매화 사랑을 잇고 있다. 매실나무가 한겨울 혹독한 추위를 견디고 꽃망울을 터뜨렸다는 소식이 전해지면 많은 사람들이 먼 길 마다하지 않고 광양으로 달려온다. 광양매화축제가 열리기 전부터 섬진강 일대 도로는 관광버스와 자가용, 상춘객들로 북새통을 이룬다. 축제장이 몹시 번잡하리란 것을 알면서도 이들은 매년 어김없이 매화마을을 찾는 것이다. 그만큼 매화는 강렬한 매력을 지니고 있다.

Jan.
Feb.
Mar.
Apr.
May
Jun.
Jul.
Aug.
Sep.
Oct.
Nov.
Dec.

(왼쪽 위) 홍쌍리 여사
(오른쪽 위) 홍쌍리 여사의 한옥집
(아래) 청매실농원에 있는 2천여 개의 장독들

    매화축제의 장은 주로 섬진강가에서 열린다. 천막들마다 주전부리와 기념품, 토산품을 사고 파는 사람들로 발 디딜 틈이 없고, 품바공연단은 숨넘어가도록 품바타령을 해댄다.
    쟁쟁거리는 축제장의 소음이 귀에 거슬린다면 언덕을 올라 청매실농원으로 향하면 된다. 백운산 줄기의 쫓비산에 자리 잡은 청매실농원은 국내 최대 규모의 매실농장이다. 매실 명인 홍쌍리 여사가 40여 년간 땀을 흘려 일군 결실의 땅이다. 이곳에서 자그마한 체구에 개량한복을 입고 패랭이를 쓴 여인을 본다면 먼저 반갑게 인사를 건네도 좋다. 그녀가 퇴계 선생보다 더하면 더했지 덜하지 않을 만큼 매화를 아끼는 홍쌍리 여사이다. 농원 입구에서부터 청매, 홍매, 백매가 실크 스카프처럼 하늘거리며 상춘객의 혼을 쏙 빼놓는다. 섬진강이 아슴아슴 바라보이는 앞마당에 들어서면 장독 2천여 개가 늘어선 장관이 펼쳐진다. 매실김치, 매실절임, 매실고추장아찌, 매실마늘장아찌, 매실액이 장독 안에서 맛나게 숙성되고 있다.

매화나무로 둘러싸인 영화 〈천년학〉 세트장에 매화가 만발하면 눈꽃 속에 파묻힌 듯하다.

청매실농원 뒤로는 대숲 산책로가 이어진다. 대숲 사이로 난 길은 임권택 감독의 영화 〈취화선〉의 촬영지였다. 대나무 사이로 봄 햇살을 받은 섬진강 물길이 눈부시게 반짝인다. 임 감독은 이곳 매화마을에서 〈천년학〉과 〈취화선〉 두 편의 영화를 촬영했다. 그 역시 섬진강 매화마을을 아끼는 사람 중 하나이리라.

대숲을 지나 전망대에 오르면 섬진강가의 축제 현장, 백운산 기슭의 매화밭, 그리고 임 감독의 100번째 영화인 〈천년학〉의 초가집 세트장이 한눈에 들어온다. 세트장은 본래 마을에 자리한 초가집인듯 매화밭 한가운데 자연스럽게 자리하고 있다. 매화가 한꺼번에 꽃망울을 터뜨리는 순간 초가집은 새하얀 꽃눈에 파묻히고 만다.

매화의 향을 암향暗香이라 하는데, 그 이유는 어두운 달빛 아래에서만 맡을 수 있을 만큼 은은한 향이기 때문이다. 천천히 거닐며 암향을 맡고 싶다면 밤에 이곳을 찾아야 한다. 오전 9시가 넘으면서부터 축제장 일대는 술렁이기 시작한다.

한낮에 불꽃을 쏘아 올리다, 산수유마을

광양 매화마을에서 차로 40여 분 정도 달리면 산수유축제가 열리는 구례 산동면에 도착한다. 매화축제와 산수유축제가 열리는 기간이 크게 차이가 나지 않는 것이 멀리서 발걸음한 여행객에게는 무척 다행스러운 일이다. 산수유축제는 구례군 산동면 일대의 대평마을, 상위마을, 현천마을 등 여러 곳에서 벌어진다. 그중 상위마을이 가장 인기가 많다. 계곡을 따라 늘어선 산수유나무 덕에 마을이 온통 노란빛으로 변한 풍경을 보고 있노라면 겨우내 꽁꽁 움츠러들었던 마음도 환하게 펴진다.

산수유꽃은 손가락 한 마디만한 꽃송이에 수십 개의 작은 꽃송이가 갈래갈래 맺힌 형상이다. 그 꽃송이를 자세히 들여다보면 밤하늘을 아름답게 수놓는 불꽃놀이가 떠오른다. 한낮에 펼쳐지는 불꽃놀이는 보는 이에게 색다른 감흥을 선사한다. 산수유꽃은 매화처럼 은은한 향기나 기품은 없지만 아이처럼 순수하고 유쾌한 꽃이다. 산수유는 꽃과 열매가 함께 열리는데, 꽃 사이에 난 대추씨처럼 생긴 붉은 열매가 눈길을 잡아끈다. 산수유 열매는 요통, 월경불순, 신경쇠약, 어지럼증 등에 효험이 있어 약재로 쓰인다. 마을을 구경하다 보면 산수유 열매를 손질하는 주민들을 종종 볼 수 있다. 전국 산수유 생산량의 60% 이상이 이곳 산동면에서 나온다고 한다.

섬진강을 안고 있는 매화마을이 광활한 느낌이라면 산수유마을은 계곡과 마을의 돌담, 산수

(왼쪽) 활짝 핀 산수유꽃이
상위마을 돌담길을
환하게 수놓는다.
(오른쪽) 산수유꽃과 산수유 열매

유나무가 어우러져 아기자기한 맛이 있다. 돌을 제멋대로 쌓아놓은 듯한 돌담은 자연스러워 좋고, 포장을 하지 않아 울퉁불퉁한 돌길은 정겨워서 좋다. 집 사이로 구불구불 이어지는 돌담길은 그 끝에 무엇이 있을지 궁금하게 만든다. 몽글몽글 피어난 산수유꽃은 마치 지붕처럼 돌담을 뒤덮고 있다.

현천마을 전망대에서 바라본 마을 풍경

자가용을 타고 갈 경우에는 현천마을도 들러보는 게 좋다. 상위마을에 비해 찾는 이가 적어 호젓하게 산수유꽃을 감상할 수 있다. 현천마을 전망대에 오르면 마을 전체를 한눈에 내려다볼 수 있다. 노란 산수유나무 사이에 알알이 열린 산수유 열매처럼 자리 잡은 마을이 눈에 띌 것이다.

Travel Tip

> **청매실농원** 문의: 061-772-4066 | 홈페이지: www.maesil.co.kr
> **매화마을** 문의: 061-772-9494 | 홈페이지: http://maehwa.invil.org
> **산수유마을** 문의: 061-783-9114 | 홈페이지: http://sansuyoo.net

> 광양 다압면 매화와 구례 산동면 산수유의 개화 시기는 해마다 다르지만 대체로 3월 12~20일 사이며 이때에 맞춰 축제가 열린다. 산수유는 매화보다 늦게 개화하므로 4월 초까지 볼 수 있다. 두 축제만 구경할 계획이면 자가용이나 대중교통보다 여행사 패키지를 이용하는 것이 경제적이다. 기차상품을 이용하면 길 막힐 염려도 없다.

> 전남 광양과 경남 하동은 각 터미널 기준 버스로 30분 정도 소요되는 거리에 있으니 연계해서 1박 2일 여행일정을 짜도 좋다.

> 경남 하동 산동마을 뒤에 지리산온천지구가 있다. 숙박을 한다면 온천욕을 할 수 있는 이곳이 좋다. 구례 장날은 3, 8일이다.

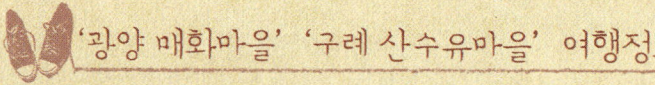 '광양 매화마을' '구례 산수유마을' 여행정보

● **가는 길**

1 서울 → 하동
서울남부터미널에서 하동시외버스터미널까지 직통버스 1일 10회 운행(06:30~22:00, 3시간 50분 소요).
문의: 하동시외버스터미널 055-883-2663

2 하동 → 다압면(매화마을)
하동시외버스터미널에서 다압행 35-1번 버스(1일 6회 운행 07:50~17:40, 배차간격 2시간, 30분 소요), 35-2번 버스(1일 1회 운행 19:40, 30분 소요) 또는 택시로 10분.
※하동에서 매화마을로 가기 전에는 반드시 구례로 가는 버스시간을 미리 알아둬야 한다.

3 매화마을 → 상위마을(산수유마을)
하동시외버스터미널에서 구례공용버스터미널로 이동한다. 구례버스터미널에서 산동, 지리산 온천행 버스(평일 2~6회, 50분 소요)를 타고 지리산 온천단지에서 하차 후 상위마을까지 걷는다(약 40분 소요).
※버스를 이용할 예정이라면, 구례 산수유마을을 먼저 가는 게 효율적이다.
문의: 구례공용버스터미널 061-780-2730

4 서울 → 구례
①서울남부터미널에서 구례행 버스(1일 6회 운행, 08:00~19:20) 또는 호남고속버스터미널에서 남원행 버스(1일 15회 운행, 06:00~22:20)를 타고 가서 구례행 직행버스로 갈아타도 된다.
②용산역에서 구례구역(13회 운행)으로 가는 열차를 이용할 수도 있다.

● **맛집**

매화마을 인근에는 삼대광양불고기집(광양불고기 061-763-9250), 청룡식당(재첩국 061-772-2400)이 있다. 매화마을과 가까운 하동송림 입구 동흥식당(055-884-2257)도 재첩국이 유명하다.
구례 읍내에 있는 영실봉식당(061-782-2833)은 40년 전통 갈치조림 맛집이다. 구례버스터미널 인근에 있는 동아식당(061-782-5474)은 족발탕으로 소문났다. 지리산온천지구 주변에 있는 지리산2대순두부집(061-783-0481)은 순두부와 청국장을, 할매된장국(061-783-6931)은 된장찌개를 잘한다.

● **숙소**

매화마을 인근에서 숙박하려면 마을 안의 민박을 이용하면 된다. 하동 읍내나 산수유마을의 지리산 온천지구에도 숙박시설이 많다. 지리산 온천지구에는 지리산온천호텔(061-780-7800), 지리산각(061-783-3600), 영빈각(061-783-2888~9), 알프스장(061-783-2566) 등이 있다. 상위마을 민박집으로 상위민박(061-783-3566) 등이 있다. 구례 읍내에서는 그린파크(061-782-7999)나 동경장(061-781-0300), 예일각(061-782-5500)이 괜찮다.

남원 방면

지리산온천지구

구례 산수유마을
● 산동면

지리산국립공원

구례공용버스터미널

● 하동 악양면

다압면

청매실농원 광양 매화마을
하동시외버스터미널 하동역

섬진강

매실비빔밥

3월의
세번째 여행

마음을 사로잡는 섬, 거제 지심도

지심도는 생김새가 마음 심心자를 닮아서 지심도只心島라 이름 붙은 섬이다. 동백숲이 섬의 60~70%를 차지하고 있어서 '동백섬'이라고 불리기도 한다. 동백이 온 섬에 가득한 풍경이 비할 데 없는 장관이라 그 모습을 한번이라도 본 사람은 동백이 피는 봄이 올 때마다 다시 가고파서 몸살이 난다고 한다. 그러고 보니 지심도는 마음 心자를 닮은 섬 지심도只心島가 아니라 마음을 사로잡는 섬 지심도摯心島인 것이다.

1박 2일 코스

장승포항 – 지심도 트레킹(숙박) – 장승포항 – 공곶이 – 학동몽돌해변 – 신선대 – 해금강테마박물관 – 바람의 언덕 – 고현 or 장승포

모든 연인들의 시크릿 가든, 동백숲을 걷다

남단에 자리한 거제 지심도에는 봄이 일찍 온다. 3월 중순만 돼도 얼굴에 닿는 바닷바람의 감촉이 훈훈하다. 거제 장승포항에서 출발한 배가 20여 분만에 지심도에 도착한다. 섬의 규모가 아담해서 2~3시간이면 섬일주가 가능하다. 그래서인지 이 섬을 찾은 관광객 중 십중팔구는 동백숲만 휘익 둘러보고 다음 배로 떠난다. 지심도의 매력을 제대로 느끼려면 하룻밤쯤 묵어야 한다.

선착장에 내려 동백나무가 우거진 시멘트길을 오르면 마을에 들어선다. 마을이라고 해도 겨우 14가구가 있을 뿐이다. 집들이 바다가 바라보이는 산 능선에 한 채씩 띄엄띄엄 떨어져 있다. 주민들은 대부분 민박을 친다. 민박의 수준은 지나가는 길손에게 남는 방을 내주는 정도다. 집주인이 비워놓은 살림방이나 쪽방에 묵어야 하고, 화장실도 공동으로 사용해야 하지만 좋은 점도 있다. 머리를 숙이고 드나들어야 할 만큼 작은 방문이 달린 방 안에서 밖을 내다보면 마당에 심어놓은 동백나무 너머로 쪽빛 바다가 펼쳐진다. 마치 한 폭의 미인도 속에 들어와 있는 듯한 황홀감에 빠진다.

지심도의 일주도로는 선착장과 마을을 연결하는 비탈길을 제외하고 대부분 평탄한 오솔길이다. 햇살 한 줌 들 것 같지 않은 동백숲과 대숲, 상록수숲이 번갈아 이어진다. 동백나무에 둘러싸인 폐교를 지나는가 하면 대나무숲에 감춰진 일제강점기의 잔재들

Jan.
Feb.
Mar.
Apr.
May
Jun.
Jul.
Aug.
Sep.
Oct.
Nov.
Dec.

지심도 북쪽 해안가에 있는 전망대에서 연인들이 망중한을 즐기고 있다.

과 부닥치기도 한다. 그것은 일본군이 지심도에 주둔하면서 구축했던 요새와 포진지, 탄약고 등이다. 평화롭게만 보이는 지심도의 속살에 남은 남모를 상흔이라 할 수 있다.

길을 되돌아서 조금 가다 보면 헬기장으로 쓰이는 풀밭에 이른다. 풀밭 한쪽에 바다를 향해 일출전망대와 그네 하나가 놓여 있다. 초원과 망망대해 사이에 놓인 그네는 번잡한 상념을 비우기에 충분한 장소이다. 전망대를 떠나 어둑한 동백숲 터널로 들어서면 따스한 봄 햇살이 나뭇잎 사이로 부챗살처럼 퍼진다. 길 위는 지난해 가을부터 쌓인 낙엽과 갓 떨어진 동백꽃으로 덮여 있다. 허공을 가르며 떨어진 동백꽃은 길 위에서 다시 피어난다. 선홍빛 꽃잎에 안긴 노란 꽃술이 여전히 오롯하다.

숲길은 너무도 고요한 나머지 낙엽 밟는 소리와 직박구리의 "끽끽"거리는 노랫소리만 생생히 울린다. 그 소리에 사로잡혀 걷다 보면 어느 순간 시야가 확 트이면서 바다가 보인다. 그곳은 북쪽 해안의 날카로운 해식애를 조망할 수 있는 전망대이다. 전망대의 벤치는 연인들이 나란히 앉아 담소를 나누기에 더없이 좋다. 그야말로 모든 연인들의 시크릿 가든이라 할 만하다.

SPRING

신기한 해산물을 채취하는 재미, 뜰채낚시

지심도는 동백숲이 유명하지만, 지심도의 전통낚시법인 '뜰채낚시'도 빼놓을 수 없다. 민박집에 일정한 체험비를 내면 낚시하기 좋은 지점을 안내해주고, 낚시도구들도 빌려준다. 뜰채의 모양은 잠자리채를 백 배 정도 늘여놓은 모양이라고 상상하면 된다. 그물망 안에 어른 열 명은 너끈히 들어가고도 남을 정도로 크다. 뜰채낚시법은 간단하다. 바다에 뜰채를 던져놓고 크릴과 홍합 부스러기를 반죽해서 만든 밑밥을 뿌려준다. 뜰채 안으로 물고기들이 몰려들기 시작할 때 잽싸게 들어올리면 되는데 뜰채가 무겁기 때문에 두세 명이 합심해야 겨우 끌어올릴 수 있다.

지심도에서는 자리돔, 학꽁치, 놀래기, 뽈락, 전갱이, 멸치가 많이 잡힌다. 4월 초순이 지나 수온이 따뜻해지면 뜰채가 터지도록 학꽁치를 잡을 수 있다. 낚시의 손맛을 좀 더 느끼고 싶다면 갯바위낚시를 권한다.

갯바위낚시의 명당은 북쪽 해안가 절벽에 있다. 갯바위에 자리를 잡고 낚싯대를 드리우기가 무섭게 짜르르 전해지는 손맛에 날 저무는 줄 모른다. 갯바위를 뒤덮고 있는 거북손, 따개비, 홍합을 따는 재미도 그에 못지않다. 거북손과 따개비는 바위에 단단하게 붙어 있어서 힘껏 비틀어야 떼어낼 수 있다. 껍질은 돌멩이마냥 단단하지만 삶아서 벗겨내면 전복살처럼 야들야들하면서 쫄깃한 속살이 드러난다.

해질녘에 민박집으로 돌아오면 안주인이 저녁상을 내온다. 막 잡은 물고기로 끓인 매운탕과 따개비를 넣은 된장찌개, 삶은 거북손, 손수 캔 산나물, 바다에서 건져온 해초들이 한상 가득 오른다. 지심도만의 웰빙밥상이라고 자부하기에 충분하다.

(왼쪽) 지심도의 전통낚시법인 뜰채낚시 (오른쪽) 갯바위에서 따개비를 따는 모습

(왼쪽) 매년 이른 봄에 비밀의 정원 공곶이에 수선화가 만발한다.
(오른쪽) 공곶이로 이어지는 동백숲

바닷가의 수선화 정원, 공곶이

공곶이는 한 부부가 50년간 맨손으로 척박한 바닷가 땅을 일구어 만든 농원으로 동백나무, 종려나무, 후박나무, 갯버들, 조팝나무, 수선화 등 50여 종의 꽃과 나무들이 천상화원을 이루고 있다. 3, 4월이면 수선화가 바닷가를 향해 앉은 다랭이논을 노랗게 뒤덮는다.

공곶이로 가는 길은 비밀스럽다. 와현해변 끝에 있는 예구마을을 지나 언덕을 하나 넘고 동백숲을 통과해야 한다. 가파른 돌계단을 에워싼 동백숲에 연분홍부터 진분홍까지 빛깔이 다양한 개량 동백들이 함박꽃처럼 피어난다. 동백숲을 벗어나면 수선화가 핀 몽돌밭과 푸른 바다가 그림처럼 펼쳐진다. 봄비 맞은 새싹처럼 뾰족뾰족 피어난 노란 수선화가 앙증맞다. 수선화 밭 너머로 내도가 손에 잡힐 듯 가깝다. 공곶이에 수선화가 필 때쯤이면 내도에는 동백이 한창이다. 예구마을에서 내도 도선매표소(구조라선착장)까지는 5km가 채 되지 않는 거리이니 내도와 공곶이를 묶어서 둘러봐도 좋다.

공곶이의 개량 동백

몽돌은 둥글다. 학동몽돌해변

어감에서 짐작할 수 있듯 몽돌은 둥근 돌멩이이다. 학동 해변에는 흑진주처럼 새까맣고 맨질맨질 윤이 나는 몽돌이 깔려 있다. 몽돌 사이로 바닷물이 스며들었다가 나갈 때마다 뽀글뽀글 거품이 일어난다. 햇빛을 받아 반짝이는 몽돌들을 바라보며 해변에 앉아 가만히 귀를 기울이고 있으면 "자르르르 자르르르"하는 규칙적인 해조음이 자장가처럼 들려 저절로 잠이 쏟아질 것이다. 불면증 환자에게 추천해주고 싶은 곳이다.

해조음이 아름다운 학동몽돌밭

이런 곳도 있어요!

해금강테마박물관

신선대로 가는 길목에 폐교를 리모델링해 만들었다. 1층에는 '추억의 박물관'을 테마로 만화방, 이발소, 조개탄난로와 풍금, 양철도시락이 있는 옛날 교실, 구멍가게 등 우리나라 60~70년대의 모습을 되돌아 볼 수 있는 전시물들이 가득하다. 2층에는 유럽의 도자기, 복식, 생활용품들이 전시돼 있다.

문의: 055-632-0670 | 개관: 09:00~18:00(입장은 17:00까지) | 휴관: 설, 추석 당일 오전 | 입장료: 어른 6천 원, 청소년 4천 원, 어린이 3천 원

거제포로수용소유적공원

한국전쟁 포로수용소가 있던 곳이다. 한국전쟁의 실상과 전쟁포로들의 비참한 일상생활들을 미니어처, 실물 크기의 모형, 디오라마로 실감나게 재현했다. 포로들과 미군들이 실제로 생활했던 건물 잔해들도 외벽만 남은 채로 보존돼 있다.

문의: 055-639-8125 | 홈페이지: www.pow.or.kr | 개원: 하절기 09:00~18:00, 동절기 09:00~17:00 | 휴관: 설, 추석 당일, 1월, 2월, 3월, 6월, 10월, 11월, 12월 매월 "네번째"월요일 (월요일이 공휴일인 경우 다음날 휴관) | 입장료: 어른 4천5백 원, 청소년 3천 원, 어린이 1천5백 원

바람 불면 눕는 풀, 바람의 언덕

거제도 여행을 계획할 때 마지막 코스로 아껴두고 싶은 곳이 도장포 바람의 언덕이다. 도장포마을 버스정류장에 내려 마을을 관통하는 골목길로 들어서면 우람한 동백나무가 늘어서 있어 탄성을 자아낸다. 마을의 집들은 산비탈에 따개비처럼 다닥다닥 붙어 있다. 집들을 등에 업고 내달리던 산이 바다에 도착했을 즈음에는 이미 민둥산이 되어 있다. 그곳이 바로 바람의 언덕이다. 이곳은 바다로 돌출한 곳이라 늘 바람이 세차다. 풀들은 바람이 부는 방향으로 일제히 누워 있다. 해안가 절벽 아래에는 제주도에서나 볼 수 있는 비취빛 바다가 일렁인다. 생김새가 마치 쌍둥이 형제인양 제주도의 섭지코지를 빼닮았다. 최근에는 언덕 위쪽에 풍차 한 기가 세워졌다. 풍차 뒤로 산을 넘어가는 산책로와 동백숲이 자리하고 있다. 숲에서 내려다보는 바람의 언덕의 풍경은 말로 형용할 수 없을 만큼 아름답다. 시간 여유가 있다면 벤치에 앉아 해질녘 노을을 감상하는 것도 좋다.

바다로 돌출한 바람의 언덕엔 항상 바람이 세차다. 최근에 풍차 한 기가 세워졌다.

바람의 언덕 맞은편에는 신선대가 있다. 신선이 머물다 갔다고 할 정도로 아름다운 절경이다. 신선대는 부안의 채석강과 지형이 비슷하다. 책을 포개놓은 듯 가로지층이 차곡차곡 쌓여 있어 태곳적 분위기가 물씬 풍긴다. 공룡 발자국처럼 보이는 작은 웅덩이들이 움푹움푹 파여 있어 원시성을 더욱 부각시킨다. 머리털이 곤두설 정도로 깎아지른 절벽 사이로 세찬 파도가 무시로 들락거린다. 신선대 절벽에 서서 다도해로 지는 해를 바라보면 새삼 인간이 참으로 미약한 존재라는 걸 느끼게 될 것이다.

유채꽃이 만발한 신선대

Travel Tip

> **거제사랑** 홈페이지: www.geojesarang.net
> **지심도** 홈페이지: www.jisimdoro.com
> **거제에코투어** 문의: 010-9059-5012 | 홈페이지: www.geojeecotour.com
> **거제시티투어(주)** 문의: 055-681-2112 | 홈페이지: www.geojecitytour.co.kr
> **거제블루시티투어** 문의: 055-636-5800 | 홈페이지: www.geojebluecitytour.com

> 거제도에서 1박 2일 동안 서너 곳만 돌아볼 예정이라면 대중교통을 이용하는 것도 괜찮지만, 여러 곳을 보고 싶다면 거제시티투어프로그램을 추천한다.

> 지심도+거제시티투어 상품을 이용하면 편하다. 지심도에서 1박을 하고, 아침 8시 배를 타고 나와 장승포에서 투어버스에 탑승하면 된다.

> 대중교통으로만 다닐 경우 버스 배차간격이 길기 때문에 버스시간을 미리 알고, 일정을 짜야 여행하기가 수월하다. 짧은 구간은 택시를 이용하는 것이 낫다.

> 학동몽돌해수욕장과 도장포선착장에서 외도&해금강 해상관광 유람선을 탈 수 있다. 유람선이 집자동굴 안으로 아슬아슬하게 들어갔다 나오는 체험은 손에 땀을 쥐게 한다. 해금강 해안 절경을 보기 위해서라도 한 번쯤 타볼 만하다. 2시간 20분 소요 (외도 정박 1시간 포함).
도장포유람선투어 문의: 055-632-8787~8 | 홈페이지: www.dojangpo.co.kr

> 바람의 언덕과 신선대, 해금강테마박물관은 서로 인접해 있어서 어느 곳을 먼저 가도 상관없지만 도장포에서 외도&해금강 유람선 관광을 하려면 신선대를 먼저 들르자.

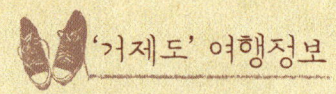
'거제도' 여행정보

● 가는 길

1 서울 → 거제 장승포항
서울남부터미널에서 고현시외버스터미널까지 버스 1일 30회 운행(06:40~24:00, 4시간 20분 소요), 터미널에서 11번 버스 승차, 장승포신협 하차(51분 소요). 장승포항까지 도보 2분.
문의: 고현시외버스터미널 1688-5003

2 장승포항 → 지심도: 배편 이용(20분 소요)
운항정보: 08:30 10:30 12:30 14:30 16:30
(주말, 공휴일, 성수기에는 정기시간 외 수시운항)
왕복요금 어른 1만 2천원.
참고로, 지심도에 들어온 배가 약 20분 후 장승포로 다시 나간다.
문의: 지심도유람선예약센터 1688-3883

3 장승포 → 공곶이
① 장승포 거제문화예술회관 앞에서 와현/ 구조라행 버스(배차간격 20~30분, 30분 소요)를 타고 와현에서 하차, 예구마을 공곶이까지 도보 4km.
※고현시외버스터미널에서 구조라행 버스가 매시 36분에 출발한다.
② 능포에서 출발하는 버스 60, 60-1번이 장승포 거제문화예술회관을 거쳐 예구마을(종점)까지 1일 3회 운행. 능포 출발 07:00 12:45 17:45(능포 - 장승포 5~10분 소요), 예구 출발 07:30 13:15 18:15.

4 구조라 → 내도
배가 1일 5회 운항 (09:00 11:00 13:00 15:00 17:00),
왕복요금 어른 1만 원, 어린이 5천 원.
문의: 055-681-1624, 문의필수!

5 장승포 → 학동몽돌해변
거제문화예술회관에서 64, 67번 버스(1일 8회 운행, 1시간 소요) 이용.
문의: 삼화여객 055-632-2192, 세일교통 055-635-5100, 경원여객 055-681-8619

6 장승포 → 도장포, 바람의 언덕, 신선대
버스 1일 2회 운행(11:00 14:00).

7 고현시외버스터미널 → 학동몽돌해변 → 도장포
버스 1일 3회 운행(05:55 07:55 15:30).
※학동몽돌해변 버스정류장에서 도장포마을까지는 차로 10분 거리이므로 택시를 권장. 문의: 블루택시 055-681-8255

8 해금강 → 도장포 → 고현(거제포로수용소)
버스 1일 3회 운행(07:10, 09:10, 17:10).
도장포마을 버스정류장에서 고현시외버스터미널행 버스를 타면 거제포로수용소유적공원으로 갈 수 있다(고현시외버스터미널에서 거제포로수용소유적공원까지는 도보 20분, 택시로 5분).

● 맛집

지심도 안에는 식당이 없다. 민박집에서 식사를 준비해준다. 장승포항에 해물뚝배기로 유명한 항만식당(055-682-3416), 원조해물나라(055-682-4255), 혜원식당(055-681-5021), 원희정횟집(055-681-5434)이 있고 중국식당 천화원(055-681-2408)이 유명하다. 장승포항 주변에 충무김밥 등이 있다. 거제포로수용소유적공원 바로 옆에는 백만석(055-638-3300)의 멍게비빔밥과 성포횟집(055-633-9960)이 맛집이다.

해안선
길

고현시외버스터미널
거제포로수용소유적공원
백만석
장승포항
(지심도 도선장)
거제도
외헌해수욕장
지심도
공곶이
내도 외도
학동몽돌해변
바람의 언덕
해금강테마박물관
신선대

대구탕

해물뚝배기

● 숙소

지심도에는 13채의 민박집이 있다. 펜션은 동백 하우스(055-681-3001)뿐이고, 민박이 12곳 있다. 섬마을 바다풍경민박(055-681-6901)은 일출·일몰 전망대와 가장 가까운 곳이다. 일운면의 관광호텔 상상속의집(055-682-5252)은 객실에서 일출을 볼 수 있다. 장승포항의 하얀등대펜션(055-681-9255), 도장포마을에선 블루오션(010-9950-7705), 푸른섬펜션(055-632-6374)의 전망이 좋다.

거북손

멍게비빔밥

가고파, 청보리의 섬
제주 가파도

3월의 네번째 여행

가파도는 얼마 전까지만 해도 사람들에게 잘 알려지지 않은 미지의 섬이었다. 면적은 마라도의 2.5배이며, 최고점이 20.5m로 접시를 엎어놓은 것처럼 납작하다. 섬이면서도 토양이 비옥하고 물이 풍부해서 바다처럼 넓은 청보리밭이 펼쳐진다.

✕ 1박 2일 코스 ✕

모슬포항 – 🚌 – 가파도 – 🚢 – 마라도 – 🚢 – 모슬포항 – 🚌 or 🚗 – 송악산

❋ 바람 부는 대로 발길 닿는 대로 걷고 싶은 섬

　매년 3월말에서 4월초에 가파도에서 청보리축제가 열린다. 이 무렵이면 섬 전체가 보리밭으로 변한다. 그러나 정작 보리밭을 제대로 느끼고 싶다면 인파가 몰리는 축제기간은 피하는 것이 좋다. 청보리를 쓰다듬고 지나가는 바람 소리를 듣기 위해서는 주변이 고요해야 하기 때문이다.

　가파도가 세상에 알려지면서 많은 변화가 생겼다. 상동선착장에 대합실이 생겼고, 가파올레길(제주올레10-1코스)도 조성됐다. 가파올레길은 상동선착장을 시작점으로 해서 섬 북쪽에 있는 하동선착장 인근 마을을 가로지르는 코스다. 워낙 작은 섬이다 보니 일주하는 데 2시간이면 충분하다. 그렇다고 올레 코스에 얽매일 필요는 없다. 그냥 바람 부는 대로 발길 닿는 대로 걷는 것이 오히려 가파도의 정취를 제대로 느끼는 방법이다.

　섬 전체가 푸른 청보리로 뒤덮여 있는 풍경은 입이 다물어지지 않을 만큼 놀랍다. 마치 마을을 상추쌈으로 싸놓은 듯한 모양이다. 억새꽃처럼 피어난 보리수염이 하늘거리며 바람이 이끄는 대로 누웠다 일어섰다를 반복한다. 보이는 거라고는 끝없이 펼쳐지

Jan.
Feb.
Mar.
Apr.
May
Jun.
Jul.
Aug.
Sep.
Oct.
Nov.
Dec.

(왼쪽) 고인돌군락 (오른쪽 위) 가파도 마을의 벽화 (오른쪽 아래) 해녀가 갓 물질해온 돌멍게와 해삼

    는 보리밭과 바다 건너에 우뚝 솟은 산방산뿐이다. 당장 바지를 걷고 바다를 참방참방 뛰어서 건너면 닿을 것처럼 산방산이 가깝게 보인다. 이 산을 이정표 삼아 해안일주도로를 걷다 보면 양지바른 언덕의 공동묘지와 만난다. 무덤 한 기마다 비석을 세우고 그 둘레에 돌담을 둘렀다. 섬사람들은 육지에 나가 살아보는 게 꿈이라고 한다. 그래서일까? 비석들은 모두 바다를 바라보고 있다.

    하동선착장이 가까워질 무렵 해변에 샘물이 솟는 바위틈이 보인다. 이곳은 가파도 주민들의 식수를 해결했던 '고망돌'이라고 한다. 지금은 해수를 담수로 바꾸는 정화시설이 들어섰다. 해안가 곳곳에는 할망당, 짓단집 등 가파도 주민의 무사안녕과 풍어와 풍년을 기원하며 제사를 지내는 당집들이 있다.

    하동포구 인근은 가파도에서 가장 번화한 곳으로 민가와 구멍가게, 해산물을 파는 해녀의 집, 마을회관 등이 몰려 있다. 집 담장에는 물질하는 해녀와 가파도의 마을 풍경이 담긴 벽화가 그려져 있다. 육지에서 보았던 화려한 벽화에 비해서는 투박하지만 가파도만의 개성을 듬뿍 담고 있다. 해녀 벽화 맞은편에는 '꼬마포차'라는 해녀식당이 들어와 있다. 40대 초반에 작고 깡마른 해녀가 물질해온 해산물과 간단한 식사를 판다. 손바닥만한 식당 구석에 놓은 테이블에 앉으면 해녀가 정성스레 손질한 해삼, 돌멍게, 문어 등의 해산물을 내올 것이다. 바다향을 가득 품은 해산물의 맛은 계곡에 띄운 수박보다 시원하고 향긋하다.

마을 골목에 들어서면 집들이 보인다. 마을의 전체적인 풍광은 집 안이 훤히 들여다보이는 낮은 돌담, 돌담 높이와 별 차이가 없는 원색의 지붕, 마당엔 봄꽃들이 가득하다. 누군가 인위적으로 가꾼 꽃밭도 돌담 아래, 마당에서 자연스럽게 어울린다.

고망돌

보리밭 사이에 떡하니 자리 잡고 있는 커다란 바윗덩어리들은 남방식 고인돌로 추정되는 유적지이다. 그렇다고 그것을 보호하기 위해 보리밭을 밀어내고, 공원처럼 꾸미지는 않았다. 자연과의 조화를 생각한 순수한 모습이 매우 인상적이다. 다만 올레를 조성하기 위해 보리밭 샛길을 넓히고, 어색한 황토색의 벽돌무늬 길로 포장한 것은 내내 아쉬운 일이다.

가파도는 자연스러울 때 그 가치가 드러나는 섬이다. 작은 섬이지만, 보리밭과 바다를 삶의 터전으로 삼고, 밭 가운데 우뚝 선 고인돌을 벗 삼아 사는 가파도 주민의 삶은 소박하고 평화롭기 그지없다.

가파도의 무덤들은 모두 바다를 바라보고 있다.

일출과 일몰을 동시에 볼 수 있는 섬, 마라도

가파도에서 남쪽으로 5.5km 떨어진 지점에 마라도가 있다. 마라도와 가파도는 비슷한 점이 많다. 가파도는 가오리를, 마라도는 고구마를 닮았는데, 둘 다 섬이 접시처럼 평평하다.

"마라도와 가파도 주민들은 인심이 좋아서 타지 뱃사람들이 술값을 외상해도 '갚아도 그만, 말아도 그만'이라고 해서 가파도와 마라도가 됐습니다"라는 우스갯소리가 섬 사람들의 성정을 말해준다.

마라도는 우리나라 최남단의 섬이라는 이유로 가파도와는 달리 일찍부터 유명세를 탔다. 마라도는 섬 면적의 85%가 천연기념물 제423호로 지정·보호되고 있을 정도로 자연환경이 독특하고 아름답다. 국토 최남단이란 지리적 특성이 부각되다 보니 상대적으로 자연 풍광에 대한 평가가 낮았던 것이 사실이다. 남대문이라 불리는 해식동굴과 섬 전체가 운동장인 마라분교, 그리고 마라도 제일 높은 곳에 위치한 마라등대와 전복 형상의 성당, 해안가에 수없이 쌓여진 기원돌탑과 처녀당(할망당), 주민들이 신성시하는 장군바위 등은 눈여겨 볼 만한 자원이다. 한곳에서 일출과 일몰을 동시에 볼 수 있는 섬이라는 것만으로도 마라도는 충분히 가볼 만한 곳이다.

빼놓아서는 안 되는 게 마라도해물자장면이다. 일반 자장면에 해물이 조금 들어갔을 뿐이지만 마라도에서 먹는 맛은 분명 다르다.

(왼쪽) 전복 모양을 형상화한 마라도성당과 국토 최남단의 마라등대
(오른쪽) 마라도 자장면.

송악산 분화구에서 형제섬과 산방산이 빤히 바라보인다.

가슴에 구멍이 뚫리다, 송악산

　　　　　모슬포항에서 차로 10여 분 떨어진 곳에 송악산이 있다. 절울이오름이라고도 하는데, 절벽에 파도가 부딪쳐 운다고 해서 붙여진 이름이다. 제주도 최남단에 위치한 오름이기도 하다. 송악산 정상에서 내려다본 분화구의 모습은 신비로움을 넘어 경외스럽기까지 하다. 그 이유는 다른 오름에 비해 원시적인 형태를 잘 보존하고 있기 때문이다. 수직경사를 이루는 분화구 속에 검붉은 화산재가 그대로 남아 있어 분화 활동 당시의 상황을 생생하게 그려볼 수 있다. 분화구 주변에는 바람이 많이 불어 분화구 속으로 떨어질 것만 같아 조심스러워진다. 분화구 둘레에서 바다를 바라보면 바다 저편에 가파도와 마라도, 형제섬과 산방산, 더 멀리로는 한라산이 보인다. 산허리를 둘러가는 해안산책로는 드라마 〈올인〉의 촬영지이기도 하다. 아찔한 수직절벽을 따라 걷다 보면 휭휭 불어대는 바람에 가슴이 뻥 뚫릴 듯하다.

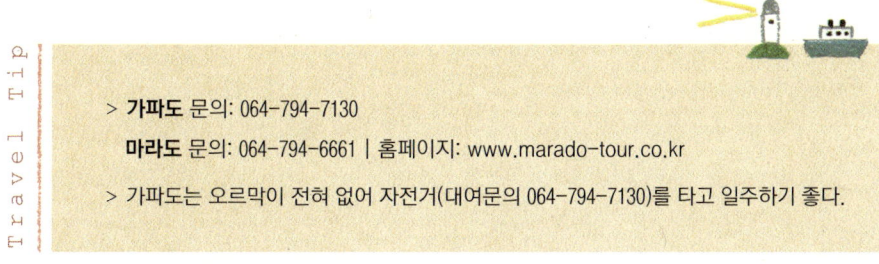

Travel Tip

> 가파도 문의: 064-794-7130
> 마라도 문의: 064-794-6661 | 홈페이지: www.marado-tour.co.kr
> 가파도는 오르막이 전혀 없어 자전거(대여문의 064-794-7130)를 타고 일주하기 좋다.

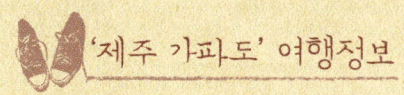
'제주 가파도' 여행정보

● **가는 길**

1 제주공항 → 제주종합버스터미널
국내선 도착 2번 게이트로 나와 100번 버스 이용.

2 제주종합버스터미널 → 모슬포항
대정(모슬포)행 직행버스 이용, 모슬포시외버스터미널에서 하차 후 모슬포항까지 도보 15분.
문의: 제주대중교통 064-710-6241

3 모슬포항 → 가파도
배 1일 4회 운항 (09:00 11:00 14:00 16:00).

4 모슬포항 → 마라도
배 1일 7회 운항 (10:00~16:00).
문의: 마라도정기여객선 064-794-5490
홈페이지: www.wonderfulis.co.kr

5 마라도에서 모슬포항으로 돌아와 송악산으로 이동할 땐 택시를 타는 것이 낫다(요금은 약 6천 원).
문의: 모슬포 콜택시 064-794-8400

6 송악산입구에서도 마라도유람선을 탈 수 있기 때문에 가파도 - 송악산 - 마라도유람선 순으로 일정을 짜도 좋다.
문의: 유양해상관광(주) 064-794-6661
홈페이지: www.marado-tour.co.kr

>>Tip<<
① 가파도도선(삼영호)과 마라도정기여객선은 모슬포항에서 출항하나 선착장은 다르다. 하루에 두 번 가파도행 배(21삼영호)가 마라도를 거친다. 배 시간을 잘 맞추면 마라도와 가파도를 하루에 돌아볼 수 있다. 아침 9시 배로 가파도에 들어갔다가 12시 25분 배로 다시 모슬포항으로 나와서 오후 2시 마라도행 배를 타고 마라도에 도착한 후 4시 30분 배를 타고 나오는 방법이 있다.

② 가파도에 하선할 때 나오는 배 시각과 항구 위치를 확인해야 한다. 물때에 따라서 상동선착장이나 하동선착장 둘 중 한 곳으로 배가 들어오기도 한다.

● **맛집**

가파도 안에서는 가파도바다별장(064-794-6885)과 가파도민박(064-794-7083, 7089)의 정식이 맛있다. 꼬마블루코너포차(064-794-7371, 010-2693-7332)는 해녀가 운영하는 식당으로 해산물과 돗방어 칼국수, 멍게보리비빔밥, 조껍데기막걸리 등을 판매한다. 모슬포항 부두식당(064-794-1223)과 덕승식당(064-794-0177)은 쥐치조림과 갈치조림으로 유명하다. 모슬포항 산방식당(064-794-2165)은 제주식 밀냉면이 맛있다.

● **숙소**

가파도 안에는 가파도민박(식당)(064-794-7083, 7089), 가파도바다별장(064-794-6885), 해녀촌민박(064-794-9365)이 있다. 모슬포항 인근에는 모텔들이 많은데 실버스타모텔(064-794-6400), 대흥장(064-794-5555), 뉴그린장(064-794-1090)이 추천할 만하다. 절울이오름 아래 산이수동 주변에는 메종드라메르펜션(064-784-6300), 바닷가하우스(064-794-0966), 펄팜펜션(064-792-8222) 등이 있다.

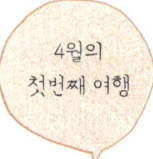
4월의
첫번째 여행

섬진강 따라 벚꽃길 따라 흐르는
하동 박경리토지길

하동군 약양면 평사리 일대는 박경리 대하소설 〈토지〉의 무대이다. 평사리 공원을 출발점으로 하여 동정호 – 고소산성 – 최참판댁 – 최씨고택 – 취간림 – 화개장터(총 18㎞)에 이르는 길이 문화생태탐방로 '박경리토지길'의 한 구간으로 조성됐다. 이 길에는 〈토지〉에 등장하는 최참판댁 4대에 걸친 인물들의 파란만장한 삶이 고스란히 담겨 있다.

✕ 1박 2일 코스 ✕

화개장터 –🚐– 평사리공원 –👣– 최참판댁 –🚐– 화개 읍내(숙박) –👣 or 🚐– 쌍계사 –👣– 하동차문화센터

❀   토지의 주인공이 되다

　　　　　4월 첫 주면 하동에 매화는 이미 지고, 벚꽃이 신부의 부케처럼 화사하게 피어난다. 이때, 평사리공원 앞을 지나는 19번 국도의 벚꽃길은 쌍계사 10리 벚꽃길 못지않게 아름답다. 이즈음 토지길을 걸어야 하는 이유다.

　　'토지길'의 출발점은 섬진강가(개치나루터)에 조성된 평사리공원이다. 소설 속 인물들은 개치나루터를 통해 평사리로 드나들었다. 장승과 벤치가 놓여 있는 강둑을 따라 걷다가 섬진강가의 모래밭으로 내려가 보자. 금가루처럼 곱고 빛나는 모래밭이 발길을 잡아끈다. 그곳에 서서 바라보는 섬진강은 엄마 품처럼 넉넉해 보인다. 고인 듯 흐르는 듯 잔잔한 물결은 은비늘처럼 반짝인다. 강둑으로 올라와 19번 국도를 가로지르면 악양 들판이 나타난다. 이맘때쯤에는 들판에 보리가 한창이다. 끊임없이 이어진 네모반듯한 보리밭은 촘촘히 붙여놓은 모자이크판 같다. 지평선은 저 멀리 아득히 자리하고 있다.

　　시원스레 쭉 뻗은 농로를 걷다 보면 들판 한가운데에서 소나무 두 그루를 만난다. '용이와 월선이', '서희와 길상이'의 사랑을 부러워하는 사람들이 '사랑송'이라 이름 붙인 나무다. 사랑송을 뒤로 하고, 동정호를 지나 찻길을 건너면 최참판댁으로 이끄는 이정표가 보인다.

　　최참판댁이 있는 상평마을 입구에 다다르면 박경리 선생의 문학 세계를 기리는 '박

Jan.
Feb.
Mar.
Apr.
May
Jun.
Jul.
Aug.
Sep.
Oct.
Nov.
Dec.

〈토지〉 세트장의 초가집 둘레에 화사하게 핀 개나리가 봄소식을 전한다.

경리토지문학비'가 서 있다. 이곳에서 10여 분 정도 오르막길을 오르다 보면 양지바른 언덕에 물레방아가 보인다. 이곳이 드라마 〈토지〉의 세트장이다. 용이네, 판술네, 두만네, 월선네, 김훈장댁, 송간수네가 살던 초가집들이 옹기종기 모여 있다. 집 앞마당엔 닭들이 노닐고 외양간에서 소 울음소리가 들린다. 사립문 옆에는 샛노란 산수유와 개나리, 뽀얀 목련이 탐스럽게 피었다. 텃밭에는 상추가 싱싱하게 자라 있다. 금방이라도 판술네가 창호문을 열고 버선발로 뛰어나올 것만 같다.

이런 곳도 있어요!

하동차문화센터

이곳은 차문화체험관과 차문화전시관으로 나뉜다. 전시관에서는 하동이 우리나라 최초의 차 재배지라는 사실과 하동차가 왕에게 진상된 '왕의 녹차'라는 역사를 알 수 있다. 차문화체험관에는 체험관 뒤에 있는 야생차밭에서 채취한 찻잎으로 전통 수제 덖음차를 만들 수 있는 체험공간과 무료 다례체험을 할 수 있는 다실이 마련돼 있다. 차문화센터에서 멀지 않은 화개면 도심다원에 가면 수령이 1,300년이나 된 우리나라에서 가장 오래된 차나무를 볼 수 있다.
문의: 055-880-2833

〈토지〉 세트장을 나와 조금 더 올라가면 최참판댁 솟을대문 앞에 이른다. 헛기침을 한 번 하고 대문 안으로 들어가자. 늦게 핀 매화나무 한 그루가 담장 아래서 은은한 향을 흘리고 있다. 서희가 자란 별채 담장 위로 진분홍 앵두꽃 몽우리가 터질 듯 부풀어 올랐다. 최치수라도 된 양 사랑채 마루에 서서 악양 들판을 굽어보자. 봄기운이 완연한 악양 들판과 은빛 섬진강이 한눈에 들어온다. 평사리 터줏대감인양 들판 가운데 우뚝 서 있는 사랑송도 보인다. 사랑채에 들어서면 나이 지긋한 명예 최참판을 만날 수 있다. 세 명의 자원봉사자들이 최참판 분장을 하고서 번갈아가며 최참판 댁을 지키고 있다. 명예 최참판은 관람객에게 탁자에 놓인 한문책을 보여주며 덕담을 해주기도 하고, 집 안 안내와 하동의 역사에 대해서 친절히 설명해준다.

최참판댁에서 자원봉사를 하고 있는 명예 최참판

최참판댁 솟을대문 앞에 서면 악양 들녘과 사랑송이 한눈에 들어온다.

10리도 못 가서 눈병 난다, 10리 벚꽃길

화개장터는 하동군과 전남 구례군과 광양시의 경계 지점에 있다. 한국전쟁 전만해도 조영남의 노래〈화개장터〉의 가사처럼 경상도와 전라도 사람들이 한데 모여 각 지방의 토산물들을 사고팔았던 곳이다. 지금은 원색의 파라솔이 옛날의 초가 상가를 대신하고 있다. 장터는 물건을 사고팔기 위해 나온 사람들보다 구경꾼들로 더 붐빈다. 시골 오일장의 구수한 정취는 사라졌지만 좌판에 깔린 물건들은 옛날과 크게 다르지 않다. 지리산에서 채취한 산나물과 장터 곳곳에서 파는 주전부리들이 눈길이 사로잡는다. 젊은 아주머니가 집에서 막 만들어온 인절미는 온기가 남아 말랑말랑하다. 쨍쨍 요란한 소리에 뒤를 돌아보면 각설이 차림을 한 엿장수가 신명나게 가위 장단을 맞추며 엿을 친다. 음식점 골목에서는 콧속까지 시원한 재첩 삶는 냄새가 발길을 잡는다.

화개장터에서 쌍계사에 이르는 10리 벚꽃길(5.3km)은 남녀가 손을 잡고 걸으면 백년해로한다고 하여 '혼례길'이라고도 부른다. 뭉게뭉게 피어난

(위) 초가지붕이 화려한 파라솔로 바뀐 지금의 화개장터의 모습
(아래) 관광객이 쌍계사 명부전 앞에서 봄비를 피하고 있다.

벚꽃길을 걷노라면 꿈길을 걷는 듯 몽롱해진다. 10리 벚꽃길을 멀리서 바라보면 섬진강이 하얀 띠를 두른 듯하다. 벚꽃길을 지나면 쌍계사 입구에 다다른다. 쌍계사 가는 길은 숲이 울창해서 한낮에도 어둑하다. 경내는 전각들이 오밀조밀 들어차 있어 탁 트인 맛은 없지만 아늑하다. 쌍계사 하면 대웅전 앞 마애불을 빼놓을 수 없다. 지그시 눈을 감고 입가에 온화한 미소를 띤 마애불이 담장을 뚫고 선 잿빛 바위에 앉아 있는 모습은 자비가 무엇인지 무언으로 말하고 있다. 쌍계사에 들른 날, 봄비가 내린다면 행운이다. 대웅전 처마 아래 서서 듣는 빗소리는 사람들을 극락으로 인도한다. 거기에 목탁소리까지 어우러진다면 비가 멈추지 않기를 진심으로 빌게 될 것이다.

대웅전 앞의 쌍계사 마애불

Travel Tip

> **토지길** 문의: 한국문인협회 하동지부 055-882-2675
> **최참판댁** 문의: 055-880-2654
> **화개장터** 문의: 055-883-2383

> 최참판댁이 있는 상평마을에는 매년 10월에 '평사리토지문학제'가 열린다.

> 최참판댁에서 가까운 한산사나 고소산성도 가볼 만하다. 최참판댁에서 한산사까지는 도보 15분, 고소산성까지는 도보 20여 분 걸린다. 악양 들판을 에워싼 구제봉과 백운산, 섬진강 물길이 한눈에 들어온다.

> 하동터미널에서 광양 매화마을(p.035)까지는 버스로 10분 정도 밖에 걸리지 않는다. 매화마을과 연계해서 일정을 잡아도 좋다. 광양 다압행 버스는 1일 8회 운행 (07:50~20:10, 배차간격 1시간 30~40분).

> 화개 10리 벚꽃길은 벚꽃이 필 무렵이면 정체가 극심하다. 쌍계사나 화개장터 인근에서 숙박하고, 다음날 이른 아침에 둘러보는 것이 좋다.

> 쌍계사에서 시간 여유가 있다면 불일폭포까지 다녀오면 좋다. 왕복 2~3시간 소요.

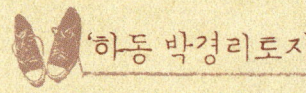
'하동 박경리토지길' 여행정보

● 가는 길

1 서울 → 화개
서울남부터미널에서 화개시외버스터미널까지 버스 1일 10회 운행 (06:30~22:00, 3시간 25분 소요).
문의: 화개시외버스터미널 055-883-2793

2 화개시외버스터미널 → 평사리공원/최참판댁
평사리공원으로 가려면 하동행 버스(06:45~19:45, 수시운행), 최참판댁으로 가려면 악양행 버스를 타야 한다. 악양행 버스는 쌍계사에서 화개를 거쳐 최참판댁으로 간다(07:15~18:50, 배차간격 1시간).
※ 택시로는 10분 거리지만 버스는 노선을 따라 돌아가기 때문에 소요시간을 예측하기 어렵다.
문의: 화개 개인택시 054-532-8010

3 화개시외버스터미널 → 쌍계사
버스 1일 18회 운행(07:00~21:10)
문의: 화개시외버스터미널 055-883-2793

4 상경할 때는 하동읍에 있는 하동송림을 둘러보고 하동시외버스터미널이나 하동역에서 버스나 열차를 이용하면 된다. 하동송림에서 하동시외버스터미널까지는 약 1.5km.

● 맛집
섬진강을 끼고 있는 하동의 별미로는 참게탕, 참게장, 은어회, 재첩국 등이 있다. 하동읍 미리내호텔 인근에 있는 평산각(055-884-6262)에서는 국내산 재첩국을 먹을 수 있다. 화개장터의 터줏대감인 동백식당(055-883-2439)은 참게탕과 은어회를 잘하기로 소문났다. 만천횟집(055-883-9580), 강남식당(055-883-2147), 탐리관식당(055-883-2061)도 추천할 만하다. 악양면의 솔봉식당(055-883-3337)은 가정식 백반이 맛깔나다. 쌍계사 입구의 단야식당(055-883-1667)은 사찰 들깨국수로 유명하다.

● 숙소
쌍계사와 화개장터 중간 지점에 쉬어가는누각(굿스테이, 055-884-0151), 온천모텔사우나(055-883-9346), 영빈각(055-883-2453), 동림모텔(055-883-2186)이 있다. 화개장터 인근에 모텔이 몰려 있다. 황토방모텔(굿스테이, 055-883-7605), 성운각(055-883-6302), 청송모텔(055-883-2485), 가비원모텔(055-883-3699) 등이 있다.

화개장터 참게탕

재첩국

구례 방면
쌍계사
청학동 방면
화개시외버스터미널
최참판댁
악양
화개장터
악양 들판
동정호
몽이-철선 소나무
섬진강
평사리공원
하동 방면

화개장터에서 파는 재첩

평사리공원 부근 19번 국도에 벚꽃과 개나리가 핀 풍경

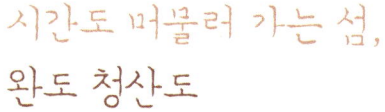

4월의
두번째 여행

시간도 머물러 가는 섬,
완도 청산도

서울에서 청산도 가는 길은 참 멀기도 하다. 완도까지 5시간 반 정도 버스를 타고 가서 뱃길로 50분 더 들어가야 한다. 이건 미처 닿기도 전에 조급증으로 숨넘어갈 지경이다. 그러나 청산도에 들어가려면 조바심은 버려야 한다. 이 섬은 느림보의 세상이기 때문이다. 느린 것이 미덕인 곳이므로 "빨리, 빨리"는 절대 금물이다.

1박 2일 코스

완도항 – 청산도 도청항 – 제1코스 항정길(5.71km) – 제2코스 사랑길(2.1km) – 제3코스 고인돌길 – 권덕리(숙박) – 제5코스 범바위길과 용길(5.54km) – 제6코스 구들장길과 다랭이길(5.115km) – 도청항(11코스 미로길 1.2km)

신명에 취해 돌담길을 걷다, 항정길

배가 청산도 도청항에 도착하면 한꺼번에 쏟아져 나온 관광객들과 물건을 실어 나르는 트럭과 리어카들이 뒤섞여 부둣가가 부산스러워진다. 이 일대가 청산도에서 가장 번화한 곳으로 학교, 면사무소, 숙박시설, 식당, 수산물센터, 농협 등이 몰려 있다. 이곳을 조금만 벗어나면 고요한 어촌마을의 풍경이 하나씩 보이기 시작한다.

청산도 슬로길은 섬을 한 바퀴 돌 수 있도록 조성되어 있다. 총 11개 코스로 1박 2일 동안에 전 구간을 돌아보는 것은 무리다. 몇 개 코스만 고르라면 1코스 항정길과 2코스 사랑길(연애바탕길), 그리고 5코스 범바위와 용길, 6코스 구들장길과 다랭이길을 추천한다.

1코스 항정길은 도청항에서 동구정길을 지나 서편제길에 이르는 코스다. 부둣가에는 수산물센터와 건어물상점이 즐비하다. 청정해역에서 자란 미역, 톳, 다시마, 멸치와

도청항 풍경

Jan.
Feb.
Mar.
Apr.
May
Jun.
Jul.
Aug.
Sep.
Oct.
Nov.
Dec.

봄날의 서편제길은 유채꽃과 마늘밭, 돌담이 삼박자를 이룬다.

싱싱한 해삼, 멍게, 각종 생선들이 식욕을 돋운다. 도락리의 오래된 우물 동구정과 독살(바다에 돌을 쌓아 물고기를 잡는 어로방식) 앞을 지난다. 유채꽃이 흐드러진 언덕으로 오르다가 문득 뒤를 돌아보면 쪽빛바다와 샛노란 유채꽃, 연둣빛 청보리가 보색대비를 이루며 콜라주처럼 펼쳐진다. 발자국마다 봄 냄새가 배어나온다. 오르다 멈추기를 반복한다.

언덕이 끝나는 지점의 돌담길부터 서편제길이 시작된다. 20여 년 전 영화 〈서편제〉가 촬영된 곳이다. 이 길을 걸으면 〈서편제〉의 명장면들이 떠오른다. 그러다가 어느새 영화의 주인공이 되어 흥을 돋우며 길을 걷는다. 돌담길을 따라 천천히 걷는 장면이 롱테이크샷으로 연출된다. 청보리도 물결치듯 춤을 추고 보는 이도 덩달아 신명이 나서 어깨를 들썩인다.

유채밭 너머로는 드라마 〈봄의 왈츠〉 촬영 세트장인 '왈츠하우스'가 봄날 아지랑이마냥 아롱댄다. '바다가 바라보이는 언덕 위의 하얀 집' 콘셉트로 지은 프로방스풍 건물이 연인들의 마음을 설레게 한다.

가을이면 이 길에 유채꽃 대신 코스모스가 핀다. 유채꽃과 코스모스를 놓고 고르라 한다면 여간 고민이 되지 않을까 싶다. 우열을 가리기 어렵다면 결국 두 꽃이 피는 계절마다 찾아오는 수밖에 없으리라.

SPRING

마음의 편지를 우체통에 넣다, 사랑길

'왈츠하우스' 앞을 지나 화랑포길을 걸으면 2코스인 사랑길로 이어진다. 사랑길은 청산도 주민들이 당리에서 구장리로 갈 때 이용했던 벼랑길이다. 길 아래가 바로 낭떠러지이기 때문에 남녀가 서로 손을 잡아주다가 정분이 난다고 해서 이곳 주민들은 '연애바탕길'이라 부른다. 하지만 그것도 안전시설이 없던 시절의 이야기이다. 지금은 안전가드가 설치되어 손을 잡아줄 일이 없어졌다. 그러다 보니 섭섭해 할 사람도 많을 것이다. 그렇다고 이 길이 벼랑길인 것만은 아니다. 가다 보면 호젓한 숲 구간도 나타난다. 벼랑길을 지나 숲에 들어서면 빨간색의 '느림우체통'을 만날 수 있다. 손 잡아볼 기회가 없어 섭섭하다면 이 우체통에 편지를 넣어서 상대방에게 마음을 전해보는 것도 좋겠다. 연애바탕길을 걸을 예정이라면 엽서 한 통 써서 품에 간직하도록 하자.

사랑길이 끝나면 3코스인 고인돌길이 이어진다. 사랑길에서 고인돌길을 들르지 않고, 몽돌해변과 압개해변을 지나 4코스 낭길로 바로 갈 수도 있다. 낭길은 구장리에서 권덕리까지 이어지는 해안길로 40여 분이 소요된다. 권덕리는 바로 5코스 범바위길의 시작점이다.

(왼쪽) 사랑길 바위에 그려진 슬로길 이정표 (오른쪽) 사랑길에 놓인 느림우체통

자석처럼 끌어당기는 범바위길

　　범바위길을 걷는 것은 트레킹보다 등산에 가깝다. 그러니 편한 신발, 간식과 물을 반드시 챙겨야 한다. 범바위는 권덕리에서 빤히 보인다. 아래서 보면 올라갈 일이 까마득하겠지만 막상 쉬엄쉬엄 오르다 보면 못 오를 길도 아니다. 권덕리의 구들장 논길을 지나면 곧 산비탈길로 이어진다. 범바위가 있는 산은 바위산으로 숲이 없는 대신 시야가 트여 바다를 감상하며 걷기에 더없이 좋다.

　　숨을 헐떡이며 말탄바위 정상에 오르면 범바위가 한결 가깝게 보인다. 말탄바위를 미끄럼 타는 기분으로 내달리다가 다시 마지막 힘을 짜내어 범바위로 오르면 숨이 목구멍까지 차고 굽은 허리가 펴지지 않는다. 범바위를 가까이에서 보면 수십 개의 바위들이 자석에 들러붙은 듯 오글오글 뭉쳐 있는 모양이다. 그 이유는 범바위에 철 성분이 있기 때문이다. 자기장이 발생해 범바위 인근에서는 나침반이 작동하지 않는다고 한다.

　　범바위를 뒤로 하고 언덕을 좀 더 올라가면 전망대 겸 매점이 있다. 전망대에 오르면 범바위와 바닷가에 점점이 자리 잡은 마을을 굽어볼 수 있다. 범바위 주차장에서 오른쪽으로 내려가면 용길로 이어진다. 계속 걷는 것이 부담스러우면 왼쪽 길로 내려가 청계리로 하산하면 된다.

범바위전망대에서 바라본 풍경은 가슴을 뻥 뚫리게 한다.

청산도의 돌담과 독특한 장례문화

청산도에서는 구들장과 돌담을 흔히 볼 수 있다. 구들장논은 바닥에 구들장처럼 돌을 쌓고 그 위에 흙을 부어 만든 것이다. 흙이 부족하고 땅이 척박해서 자구책으로 마련한 농사법이다.

청산도의 돌담 중 상서마을 돌담(국가등록문화재 제179호)이 원형을 가장 잘 보존하고 있는 것으로 유명하다. 흙을 섞지 않고 돌로만 쌓은 담을 '강담'이라고 하는데, 청산도의 돌담은 제주도 돌담처럼 대부분 강담이다. 거친 돌 틈으로 바닷바람이 무시로 들락거린다.

청산도의 독특한 장례문화인 초분도 눈여겨 볼 만한 전통이다. 옛날에 아들들이 뱃일을 나간 사이 집안 어른이 세상을 뜨면 바로 장례를 지낼 수 없기에 임시로 풀을 덮어 무덤을 만든다. 이것이 초분이다. 그리고 나서 2~3년이 지나면 남은 뼈를 씻어 땅에 묻어야 한다. 이곳 사람들은 이 초분 풍습을 자랑으로 여기면서 지금까지 지켜오고 있다.

청산도를 떠나는 날, 자투리 시간에 11코스 미로길을 걸어도 좋다. 이 길은 청산중학교에서 도청항에 이르는 골목길로서 미로처럼 복잡하게 얽혀있다. 더구나 돌아보는 데 20여 분이면 충분하다.

풀을 덮어 무덤을 만든 초분

Travel Tip

> 도청항 관광안내소에서 슬로길 지도를 챙기는 것도 잊지 말자.
> 슬로길 도중에는 식당이나 가게가 거의 없다. 도청항에 내려서 점심식사를 하고, 간식을 미리 준비해두는 것이 좋다.
> 슬로길은 대부분 그늘이 없으므로 자외선 차단에 유의한다.
> 왈츠하우스 옆에 조개공예체험장이 있다. 체험비는 1인 3천 원.
> 3코스 고인돌길(읍리)에서 버스를 이용해 권덕리마을회관까지 이동하면 된다.
> 권덕리에 있는 민박집을 이용하면 5코스 범바위길을 걷기가 수월하다.
> 청산도 내 관광지순환버스는 예약자 우선 탑승제를 실시한다.

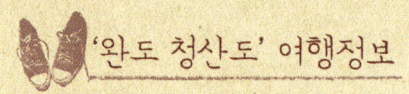
'완도 청산도' 여행정보

● 가는 길

1 서울 → 완도

①버스: 센트럴시티터미널에서 완도버스터미널까지 직행버스 1일 4회 운행(08:10 10:20 15:10 17:20) 또는 광주종합버스터미널까지 직행버스 수시 운행(배차간격 10~20분), 광주에서 완도행 버스로 갈아탄다.

②기차: 용산역에서 광주 송정역이나 목포역까지 KTX 수시 운행, 고속버스터미널로 이동해 완도행 버스로 갈아탄다.

2 완도버스터미널 → 완도여객선터미널

약 1.5km, 터미널 앞에서 택시를 탄다. 5분 소요.

3 완도여객선터미널 → 청산도

1일 6회 운항(06:30 08:20 11:00 14:30 15:00 17:30, 약 50분 소요).

※날씨, 계절, 요일에 따라 출항 시간과 횟수가 변동될 수 있으므로 사전에 확인해야 한다.

문의: 완도여객선터미널 1666-0950

홈페이지: http://island.haewoon.co.kr(인터넷 예약가능)

4 섬 내 교통

청산도공영버스와 나드리마을버스, 관광지순환버스가 각각 1대씩 배 시각에 맞춰 운행한다.

① 청산도 공영버스: 동부권(도청항↔읍리↔신흥리) 구간을 1일 8회 운행.

② 나드리마을버스: 서부권(도청항 ↔ 지리, 국화, 진산)과 구장, 권덕권을 1일 5회 운행.

③ 관광지순환버스: 청산도의 명소(도청항 → 당리 → 읍리 → 청계 → 양지 → 신흥 → 상서 → 진산 → 지리 → 조청항)를 중심으로 1일 6회(09:30 10:40 12:10 13:10 14:10 15:30), 약 130분간 버스투어를 한다. 요금은 성인 7천 원, 학생 5천 원.

문의: 청산도공영버스 061-552-8546,
나드리마을버스 062-552-8747,
관광지순환버스 011-616-6568,
청산택시 061-552-8519,
개인택시 061-552-8747, 061-624-8747

● 맛집

도청항에 생선회, 전복죽, 아귀탕, 백반을 파는 식당이 많다. 청산도식당(061-552-8600), 섬마을식당(061-552-8672), 바다식당(061-552-1502), 자연식당(061-552-8863), 등대식당(061-552-8521), 부두식당(061-552-8547) 등이다. 권덕리 넘어가는 길가에 자리한 보적산장(061-555-5210)은 생선회, 불고기, 백반 등을 잘한다.

● 숙소

도청항에 모텔과 장급 여관이 몰려 있다. 칠성장(061-552-8507), 멤버스모텔(061-555-0660), 경일장(061-554-8572) 등이 있다. 도락리에 서편제민박(061-552-8665)이 있고, 지리해수욕장에 위치한 모래등민박(061-552-8774), 한바다민박(061-554-5035), 솔바다펜션(061-552-9323)은 시설이 깔끔한 편이다. 권덕리의 바다정원(061-553-1002), 신흥리의 청일민박(061-552-0574), 상산포민박(061-552-4802) 등이 있다.

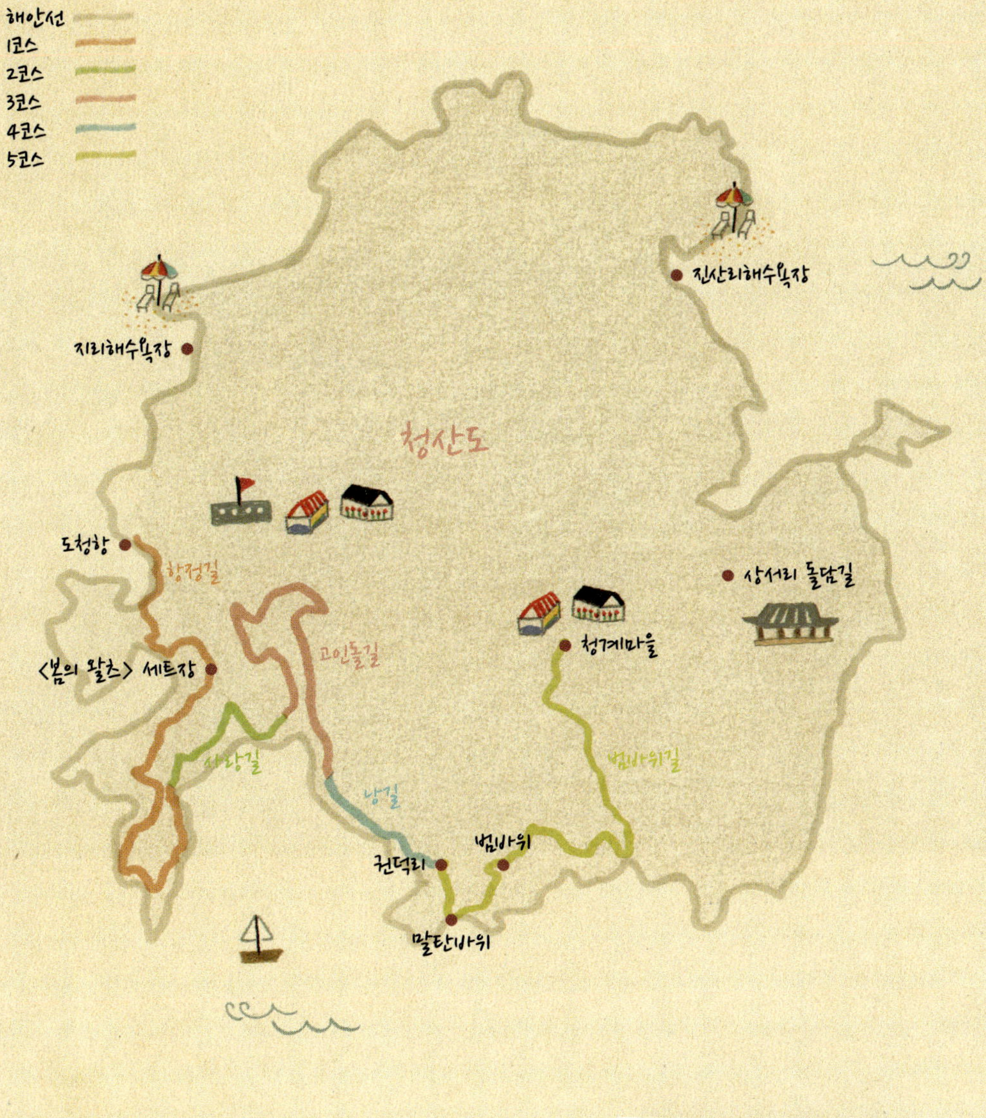

해안선
1코스
2코스
3코스
4코스
5코스

청산도

지리해수욕장
진산리해수욕장
도청항
항정길
<봄의 왈츠> 세트장
고인돌길
상서리 돌담길
청계마을
서란길
낭길
범바위길
권덕리
범바위
말탄바위

슬로푸드

> 4월의
> 세번째 여행

자연의 신명이 살아 있는 곳, 안성팜랜드 호밀밭

봄기운이 완연한 4월, 풋풋한 초록 벌판과 꽃다발처럼 피어난 꽃무리가 그리워진다. 장독에서 푹 삭힌 장아찌에 구수한 된장찌개를 떠올리니 군침이 돈다. 저녁엔 멋진 공연도 보고 싶다. 이 욕구들을 충족시켜줄 여행지가 어딜까 고민해보니 안성이 답이다. 다가오는 주말을 손꼽아 기다린다.

※ 당일 코스 ※

안성팜랜드 or 서일농원 —🚗— 태평무전수관 —🚙— 남사당전수관

싱그러운 초록빛깔 사이를 걷다

서울 인근에서 대자연의 풍미를 만끽하고 싶다면 안성 공도읍에 위치한 안성팜랜드 호밀밭을 추천하고 싶다. 이곳은 안성 농협축산연구소에서 관리하는 대규모 목초지로 그 크기가 130만㎡(약 39만 평)이나 된다. 이곳에서 수확한 호밀은 가축사료로 가공하여 농협축산연구소에서 기르는 한우들에게 제공된다.

호밀들은 겨우내 땅 위로 고개만 내밀고 있다가 3월 말이 돼야 비로소 기지개를 켠다. 막 잠에서 깨어난 호밀은 갓난아기 얼굴처럼 야드르르하다. 호밀의 생김새는 보리와 비슷하다. J.D 샐린져의 〈호밀밭의 파수꾼〉은 읽었어도 실제 호밀밭을 본 적이 없는 사람이라면 보리밭으로 착각하기 쉽다. 호밀은 보리보다 빛깔이 진하고 성장속도도 빠르다. 4월 중순만 지나도 호밀의 키는 어른 무릎 높이 이상으로 자란다. 어느새 색이 짙어진 호밀밭을 바라보고 있노라면 가슴속에 봄 기운이 파도처럼 밀려든다.

싱그러운 초록빛깔 호밀밭 사이로 누런 황톳길이 구불구불 흐른다. 길가에 핀 하얀 조

4월의 호밀

Jan.
Feb.
Mar.
Apr.
May
Jun.
Jul.
Aug.
Sep.
Oct.
Nov.
Dec.

팝나무꽃의 진한 향기가 바람을 타고 날아온다. 노란 민들레와 보랏빛 꽃잔디도 빼놓을 수 없는 길동무이다. 호밀밭 언덕 위에는 만세 부르는 모양으로 가지를 뻗친 미루나무 대여섯 그루가 있다. 미루나무들은 파수꾼처럼 호밀밭을 굽어보고 서 있다. 미루나무 사이로 작은 교회의 뾰족한 종탑이 보인다. 종탑과 미루나무의 조화가 이국적인 풍경을 그려낸다. 사진가들이 가장 열광하는 구도이다. 가장 키가 큰 미루나무를 쫓아 호밀밭을 거슬러 올라간다. 곱게 빗어 넘긴 가르마처럼 쭉 뻗은 이랑들이 시원스럽게 흘러내린다. 호밀밭 둘레로 이어지는 산책로를 따라 어린아이의 손을 잡고 나들이 나온 가족들, 데이트를 즐기는 연인들, 사진을 찍기 위해 이른 새벽부터 나온 사진가들이 한가롭게 거닌다.

미루나무 뒤로는 대규모의 배 과수원이 펼쳐진다. 4월 중순에는 함박눈처럼 뽀얗고 탐스러운 배꽃을 볼 수 있다. 호밀밭과 배꽃을 동시에 볼 수 있는 이때를 놓치지 말자.

안성팜랜드 호밀밭을 구경하려면 5월 중순 전에 가야 한다. 이때가 지나면 호밀을 거둬들여 가축사료로 만들기 때문이다. 한 가지 덧붙이자면 호밀밭에는 그늘이 전혀 없기 때문에 오전 중에 방문하는 것이 좋다.

(왼쪽) 목장의 파수꾼처럼 호밀밭을 굽어보고 있는 미루나무
(오른쪽) 안성팜랜드 인근 배 과수원에 활짝 핀 배꽃

(왼쪽) 서일농원 양지바른 곳에 2천 5백여 개의 장독들이 늘어서 있다.
(오른쪽 위) 서일농원 산책로 주변에 핀 영산홍 (오른쪽 아래) 서일농원 안 한식전문점 솔리의 된장찌개

냄새에 취하고 꽃물에 물들다, 서일농원

넓은 안성팜랜드를 둘러보고 나면 자연스럽게 출출해진다. 청국장이나 된장찌개, 장아찌 같은 슬로푸드를 즐긴다면 서일농원의 한식당 '솔리'를 추천한다. 솔리는 장맛이 좋기로 유명하다. 국산콩과 전남 영광에서 가져온 양질의 천일염, 그리고 150미터 지하의 암반에서 솟아오르는 청정수를 사용해서 장을 만들기 때문이다. 이곳의 청국장에 맛을 들이면 서일농원의 단골이 될 수밖에 없다. 서일농원의 장맛은 농원의 장독대에서 숙성된다. 2천 5백여 개나 되는 항아리들이 양지바른 마당에 가지런하게 늘어서 있다. 영화 〈식객〉의 장독대 장면도 이곳에서 촬영했다.

서일농원에는 식사를 하기 위해 찾아오는 사람들 못지않게 꽃놀이를 즐기러 오는 상춘객도 많다. 나무데크로 만든 농원의 산책로 주변에는 금낭화와 다홍, 진분홍, 흰색의 철쭉, 하얀 배꽃, 융단처럼 펼쳐진 금잔디가 저마다의 자태를 뽐내고 있다. 온갖 빛깔의 꽃물이 금방이라도 발등 위로 뚝뚝 떨어질 듯 선연하다. 곰삭은 된장, 고추장, 간장으로 만든 정성 깊은 음식을 맛보는 것은 기본이고, 화사한 봄꽃놀이까지 덤으로 할 수 있으니 그야말로 금상첨화다.

어깨춤이 절로 나다, 태평무전수관

입이 호사를 누렸으니 이제 눈과 귀가 즐길 차례이다. 안성팜랜드에서 차로 10여 분 거리인 안성시 사곡동에 태평무전수관이 있다. 태평무(중요무형문화재 제92호)는 태평성대를 기원하기 위해 임금과 왕비가 추던 춤이다. 태평무 공연에서는 태평무 외에 검무, 북춤, 장고춤, 향발무, 무당춤, 공작과 학, 한량무, 미얄할미, 황진이 등의 다양한 우리나라 전통춤을 선보인다. 최고 수준의 공연을 무료로 관람할 수 있는 기회는 놓치지 말아야 한다. 화려한 한복을 입고 꽃이 피고 지는 듯 역동적인 춤사위를 보노라면 시간 가는 줄 모른다.

태평무 공연 관람이 끝나면 보개면 복평리의 남사당전수관에 들르도록 하자. 이곳에서는 유네스코세계무형유산으로 등재된 안성 남사당패의 바우덕이 공연을 볼 수 있다. 남사당놀이는 덧뵈기(탈놀이), 인형극, 살판(땅재주), 버나놀이(가죽접시 돌리기), 풍물놀이, 무동놀이, 상모놀이, 줄타기(어름), 뒤풀이로 구성돼 있다.

그중에서도 백미는 줄타기 공연이다. 어름산이의 몸짓 하나에 탄성을 지르고, 손에 땀을 쥐

(왼쪽) 아슬아슬 줄타기를 하는 어름산이
(오른쪽) 남사당바우덕이 풍물패가 신명나는 사물놀이한마당 공연을 펼치고 있다.

기도 하다가 한바탕 웃어 제치기도 한다. 풍물패가 연주하는 '당 다당 당 다당 당 다당 다당 다당 당 다당 당당 다당 딱' 경쾌한 웃다리 가락은 구경꾼들의 심장이 뛰게 한다. '당'가락에 막대기처럼 뻣뻣했던 어깨가 들썩이기 시작하고, '다당' 가락에 솜털이 한 올 한 올 일어서는 듯한 전율을 느낀다. 마지막 뒤풀이 마당에는 공연자와 구경꾼이 하나 되어 덩실덩실 어깨춤을 추며 마무리한다.

Travel Tip

> **안성팜랜드** 문의: 031-8053-7979 | 홈페이지 www.nhasfarmland.com
> 개장: 10:00~18:00 | 입장료: 성인 1만 원, 어린이 8천 원

> 안성팜랜드에는 농협중앙회에서 운영하는 실·내외 승마센터가 있다.
> 승마센터 운영시간 06:30~08:30(3월~11월 운영), 09:00~12:00, 13:00~18:00, 18:30~20:00 | 체험비: 승마 1만 원 | 최소 1일 전에 예약해야 한다.

> **서일농원** 문의: 031-673-3171 | 홈페이지: www.seoilfarm.com | 영업: 09:30~20:00

> **태평무 공연 안내**
> 장소: 태평무전수관 | 문의: 031-676-0141 | 홈페이지: www.taepyungmu.net
> 일정: 4~11월 매주 토요일 16:00 | 소요시간: 1시간 | 관람료: 무료

> **안성남사당바우덕이 공연 안내**
> 문의: 031-678-2518 | 일정: 4~11월 토·일요일 종목별 공연 14:00~18:00 | 관람료 5천 원

> 봄, 가을밤 야외공연장 관람은 추울 수도 있으니 긴팔옷을 준비하는 것이 좋다. 남사당공연이 끝나는 시간은 8시 30분 정도. 상경하는 버스시간과 터미널까지 가는 택시편을 미리 알아둬야 한다.

> 안성시티투어버스를 이용하면 편하다. 서울 시청과 압구정 현대백화점에서 승차하고, 일정을 마친 후 교대역과 시청역에서 내려준다.
> 문의: 031-677-1330, 02-318-1664 | 홈페이지: www.romancetour.co.kr

> 서일농원을 안성맞춤박물관으로 대체하면 일정이 좀 더 여유롭다. 혹은 안성팜랜드를 빼고 서일농원으로 바로 가는 것도 좋은 방법이다. 서일농원으로 바로 가려면 일죽터미널에서 택시를 이용한다(기본요금).

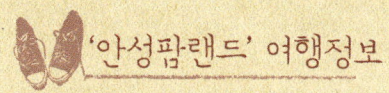

'안성팜랜드' 여행정보

- **가는 길**

1 서울 → 안성
서울고속버스터미널에서 안성공도터미널행 버스 상시 운행 (06:05~23:30, 45분 소요).
문의: 서울고속버스터미널 1688-4700

2 안성 공도터미널 → 안성팜랜드
택시 이용(요금은 약 5천 원) 또는 공도터미널에서 버스 8146번을 타고 대림동산에서 하차, 버스 1-4번을 타고 농협연수원에서 하차(약 35분 소요).

3 안성팜랜드 → 태평무전수관
농협연수원 버스정류소에서 버스 1-4번을 타고 국민은행. 영동정류소에서 하차, 버스 50-1번을 타고 사곡동버스정류소에서 내린다.

4 태평무전수관 → 남사당전수관
약 8.5km 거리. 택시 이용.

5 서울 → 서일농원
동서울터미널에서 일죽터미널까지 버스 이용(06:40~10:10 배차간격 30분, 1시간 소요), 터미널에서 서일농원까지 택시로 이동(기본요금).

6 서일농원 → 태평무전수관
일죽터미널에서 버스 37번을 타고 보개우체국에서 하차, 버스 50-1, 50-2, 50-3, 50-7번을 타고 서울우유·사곡동버스정류소에서 내린다.

- **맛집**

일죽면 화봉리의 서일농원(031-673-3171)은 잘 숙성된 장맛으로 유명한 곳이며, 남사당가는길(031-675-1805)은 보쌈과 손두부를 잘한다. 안성 읍내의 안일옥(031-675-2486)은 장국밥, 고삼농협 맞은편의 고삼묵집(031-672-7026)은 도토리묵밥으로 유명하다. 안성팜랜드 안에 한우전문 식당인 목원(031-8053-7921)과 셀프로 한우구이를 맛볼 수 있는 팜팜식당(031-8053-7992)이 있다.

- **숙소**

금속, 양초, 도자기, 칠보, 천연비누공예 등 다양한 공예체험을 할 수 있는 너리굴문화마을(031-675-2171), 안성비치호텔(굿스테이, 031-671-0147), 배꽃향기 펜션(031-672-3370), 세렌디피티펜션(031-677-8874)이 추천할 만하다.

보쌈정식

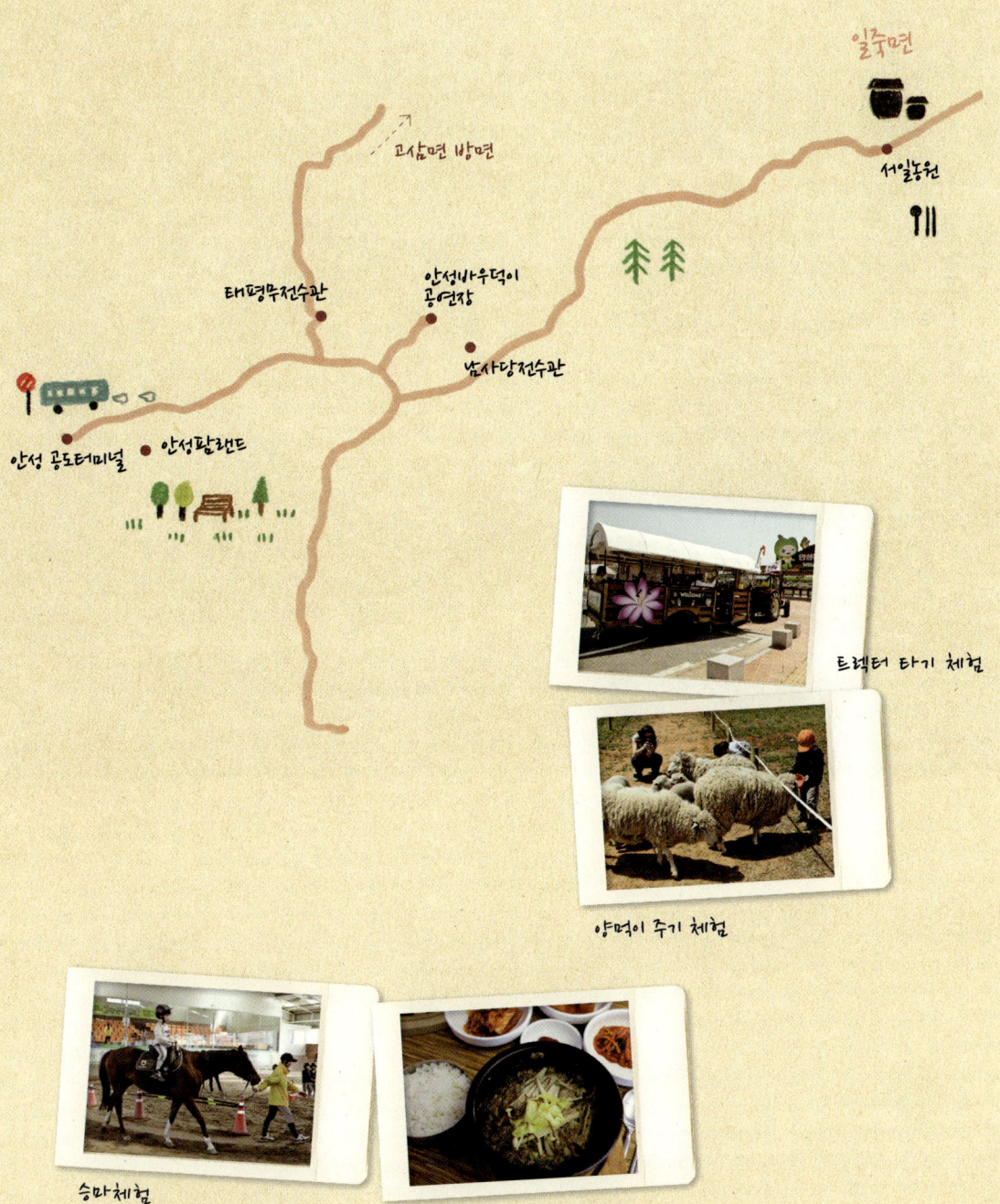

5월의 첫번째 여행

마음을 씻고 마음을 여는
서산 개심사

개심사는 백제 말기 654년에 혜감국사가 서산 상왕산 기슭에 세운 절이다. 〈나의 문화유산 답사기〉를 지은 유홍준 교수가 우리나라 5대 사찰로 꼽은 곳이기도 하다. 개심사가 지닌 역사적 의미를 제쳐두고라도 5월에 개심사에 꼭 가야할 이유가 있다. 다른 곳에서는 찾아보기 힘든 청벚나무가 있기 때문이다.

※ 당일 코스 ※

해미읍성 - 🚌 - 개심사 - 👣 - 보원사터 - 👣 - 서산마애삼존불

청벚나무 아래에서 노닐다

개심사는 사계절 어느 때 찾아가도 좋다. 봄엔 왕벚꽃이 만발해서 좋고, 여름엔 시원한 계곡과 솔숲이 우거져서 좋다. 가을엔 해우소 가는 길에 단풍나무가 붉게 물들어서 좋고, 겨울엔 상왕산 기슭의 설경이 아름다워서 좋다. 그래도 가장 좋은 계절은 역시 청벚꽃이 필 때이다.

개심사 주차장에서 출발해 산나물과 버섯, 약재, 기념품을 파는 소박한 상가와 식당 대여섯 채를 지나면 바로 일주문이다. 그 문을 지나면 본격적으로 숲길이 시작된다. 길 왼쪽으로는 울창한 소나무숲이 있고, 오른쪽으로는 계곡이 흐른다. 이 계곡물은 그 수량이 풍부해 사철 마르는 법이 없다. 숲길을 걷는 내내 투명한 술잔에 청주를 따르듯 또르륵 또르륵 청아한 냇물소리가 들린다. 시멘트로 포장한 길이 끝나는 지점에서 '세심동 개심사洗心洞 開心寺'라 새겨진 표석을 만난다. 바윗돌 뒤로는 거칠게 다듬어진 돌계단길이 이어진다. 사람이 만든 계단이지만 이제는 주위의 계곡과 나무, 바위처럼 자연의 일부가

탐스럽게 맺힌 왕벚꽃

Jan.
Feb.
Mar.
Apr.
May
Jun.
Jul.
Aug.
Sep.
Oct.
Nov.
Dec.

돼버렸다. 계곡을 끼고 돌계단을 오르면 늠름한 소나무들이 좌우를 호위한다.

경내에 들어서면 직사각형의 기다란 연못이 눈에 들어온다. 활짝 핀 왕벚꽃나무들이 연못 둘레를 감싸고 있다. 부채를 펼친 모양의 배롱나무와 높은 축대에 올라앉은 범종각의 형상이 연못 수면에 고스란히 담겨 있다. 연못을 가로지르는 외나무다리를 건너다 발밑을 내려다보면 왕벚꽃 속을 걷는 자신을 발견할 수 있다. 다리 건너에 있는 안양루 옆에는 한 사람이 겨우 지나갈 수 있을 정도의 작은 해탈문이 있다. 이 문 앞의 왕벚나무는 이곳에서 가장 우람하다. 수국을 닮은 꽃송이가 폭죽 터지듯 풍성하게 열려 유난히 눈길을 끈다. 가지가 그 무게를 이기지 못하고 수양버들처럼 축축 늘어졌다.

해탈문으로 들어서면 정면에 대웅전이 보이고, 왼편에 심검당, 대웅전 맞은편에 안양루가 자리를 잡고 있다. 전각들을 아담하고 소박한 가운데 자연미가 돋보인다. 이중 가장 돋보이는 존재는 심검당이다. 개심사에서 가장 오래된 집으로 단청도 하지 않아 질박하다. 비틀어지고 휘어진 나무를 다듬지 않고 그대로 기둥을 삼아 마치 근육이 꿈틀대는 것처럼 보인다. 훌륭한 부재를 골라 쓴 옛 목수의 안목이 놀랍다.

(왼쪽) 나무의 원형을 살려 기둥을 세운 심검당의 소박한 모습
(오른쪽) 세심동 개심사 바윗돌 뒤로 돌계단이 이어진다.

개심사 명부전 앞 청벚꽃은 연둣빛이 나는 희귀한 꽃이다.

우리나라에 단 한 그루뿐이라는 청벚나무는 명부전 앞에 있다. 왕벚꽃이 대부분 흰색 또는 분홍색인데 비해 청벚나무의 꽃은 연둣빛이 돈다. 꽃잎에 분홍빛과 연둣빛이 골고루 섞여 있어 여러 색을 물들인 천연염색 스카프를 보는 듯하다. 오묘한 색의 조화가 신비감을 더한다. 그 다름 때문에 청벚꽃은 귀한 대접을 받는다. 이 나무야말로 다르다는 것이 배척이 아닌 경외의 대상이 될 수 있다는 것을 몸소 보여주고 있다. 청벚나무를 통해서 우리는 차별이 아닌 차이의 미학을 배울 수 있다.

백제의 미소를 느끼다, 서산마애삼존불

보원사터로 넘어가는 길은 소나무와 잡목이 뒤섞인 조붓한 숲길이다. 경사가 심하지 않고 흙길이라 걷기 편하다. 산신각에서 30분쯤 오르면 세 갈래 길에 이른다. 오른쪽은 일락산 정상, 왼쪽은 보원사터로 내려가는 길이다. 우거진 숲 터널을 통과해 실낱같은 오솔길을 지난다. 막바지에 경사가 급한 산죽길을 40분가량 걸으면 발굴 작업이 한창인 보원사터에 도착한다.

보원사는 백제시대에 창건된 절이다. 고려시대에는 제법 번창했으나 지금은 절터만 남아 있다. 곳곳에 오층석탑, 법인국사 보승탑과 탑비, 당간지주, 석조 등의 보물급 문화재들이 흩어져 있다. 절터의 규모로 보아 당시에는 사찰의 위세가 대단했음을 짐작할 수 있다. 휑한 절터에 서서 세월이 무상하다는 걸 뼈에 사무치도록 느낀다.

보원사터를 떠나 찻길을 따라 1.3km 정도 걸으면 '백제의 미소'라 일컫는 서산마애삼존불상(국보 제84호)을 만날 수 있다. 불상은 용현계곡이 내려다보이는 산 중턱의 바위에 새겨져 있다. 세 돌부처의 온화한 미소를 보고 싶다면 짧지만 제법 가파른 돌계단을 올라야 한다. 가운데 자리한 본존불인 석가여래입상은 듬직한 몸집과 둥근 얼굴에 인자한 미소를 띠고 있다.

서산마애삼존불로 올라가는 돌계단

이런 곳도 있어요!

해미읍성

1491년(조선 성종 22)에 축조된 읍성으로 병마절도사영을 두고 서해안 방어 임무를 담당하던 곳이다. 한때 사람이 살기도 했지만 모두 철거되고 현재는 동, 서, 남의 3대문과 객사, 동헌, 망루, 감옥, 민가 등이 복원돼 있다. 해미읍성을 둘러볼 때에는 진남루로 들어가 곧장 성안을 가로지르는 길보다 적당한 오르내림이 있고 시야가 훤한 성곽길을 걷는 게 즐거움이 크다. 성안의 맨 북쪽에 위치한 소나무 숲길도 그냥 지나칠 수 없을 정도로 운치 있다.

문의: 041-660-2540 | 운영: 하절기 05:00~21:00, 동절기 06:00~19:00 | 연중무휴

백제의 장인은 신기에 가까운 솜씨로 단단한 바위에서 온화한 백제의 미소를 살려냈다.

왼쪽의 제화갈라보살과 오른쪽의 미륵보살은 천진스런 아이 같은 표정이다. 단단한 바위를 능수능란하게 깎아 포근한 미소를 살려낸 백제 장인의 정성과 솜씨야말로 신기라 할 수 있다. 그림자가 길게 드리우는 해질녘에는 삼존불의 미소가 더욱 아름답게 빛난다. 삼존불의 따뜻한 미소에 답례하고 돌아서는 발걸음이 가뿐하다.

Travel Tip

> 개심사 문의: 041-688-2256 l 홈페이지: http://gaesimsa.org
> 서산마애삼존불상 문의: 041-660-2538

> 서산 1박 2일 추천 코스: 해미읍성 - 개심사 - 보원사터 - 서산마애삼존불 - 황금산 트레킹 - 삼길포항 유람선 - 서산 서부시장

> 개심사 명부전에서 산길로 들어서면 숲에 반쯤 가린 산신각이 보인다. 산신각 뒤로 난 등산로를 따라 1시간 남짓 걸으면 보원사터와 서산마애삼존불로 갈 수 있다. 개심사와 보원사터, 서산마애삼존불을 버스로 이동하려면 무척 번거롭다. 산을 넘어가는 것이 최선이다. 1시간 30분 정도 소요.

'서산 개심사' 여행정보

● 가는 길

1 서울 → 서산
센트럴시티터미널에서 서산버스터미널까지 시외버스 운행(06:00~21:50, 배차간격 20분, 1시간 50분 소요).

문의: 서산버스터미널 041-665-4809

2 서산버스터미널 → 해미읍성
터미널 앞 버스정류장에서 해미행(서고, 대곡) 버스를 타고 해미시외버스정류소, 해미우체국 하차.

문의: 서산시내버스 041-669-0551

3 해미읍성 → 개심사
택시 이용(요금은 1만 원 내외).

4 서산버스터미널 → 개심사 주차장
버스 1일 2회 운행(09:15 14:50).

5 개심사에서 보원사터를 거쳐 서산마애삼존불까지는 도보 1시간 30분 정도 걸린다.

6 서산마애삼존불에서 개심사까지 가려면 서산버스터미널에서 용현계곡행 버스를 타면 된다.
버스 1일 5회 운행(09:15 11:30 13:50 16:00 18:55).

7 개심사 → 서울
개심사 버스정류소에서 서산공용버스터미널행 버스를 타고 서산까지 이동 후, 상경한다.

● 맛집

개심사 일주문 앞에 산채비빔밥, 더덕정식을 잘하는 고목나무가든(041-688-7787)이 있다. 서산마애삼존불이 있는 용현계곡에서는 어죽으로 이름난 용현집(041-663-4090)을 추천한다. 해미읍성 진남문 맞은편에 있는 시장순대집(순댓국, 041-688-4370)도 입소문 난 맛집이다.

● 숙소

계암고택(041-688-1182, 070-7560-8273)은 300년 정도 된 고택으로 정순왕후 생가와 연결돼 있다. 서산 중심가 읍내동에 위치한 메르디앙모텔(041-668-1222), 수석동에 있는 솔마루펜션(041-665-6601), 해미면 일락사 인근에 있는 수화림펜션(041-688-5549)이 추천할 만하다.

더덕구이정식

서산마애삼존불

목장지대

보원사터

산길 구간

개심사

서산버스터미널 방면

해미읍성

해미IC 방면

순댓국

잔치국수

5월의
두번째 여행

목련향 한 모금에 취하다,
태안 천리포수목원

태안 천리포 바닷가에 가면 자연미가 빼어난 천리포수목원이 있다. 이곳은 바로 2000년 국제수목학회가 12번째 '세계의 아름다운 수목원'으로 인증한 곳이다. 400여 종의 목련이 자리하고 있어 4월이면 수목원 안에 목련향이 그득하다. 수목원을 둘러본 후 천리포에서 만리포에 이르는 솔숲을 걸으면 나무가 되어 여기에 뿌리내리고 싶어진다.

당일 코스

천리포수목원 → 국사봉생태탐방로 → 만리포해수욕장

바다를 사랑한 수목원

바닷가에 있는 수목원이라니. 상상만으로도 마음이 들뜬다. 만리포시외버스정류소에서 바닷길을 따라 20분 남짓 걸으면 수목원에 이른다. 가까이 다가갈수록 짭짤한 바다 냄새 사이에서 달콤한 목련향이 강해진다.

천리포수목원은 2009년 3월에 일반인에게 개방됐다. 개원한 지 어언 40년이 지나서였다. 400여 종의 목련과 희귀식물을 비롯해 1만 3천여 종의 수목들이 베일을 벗었다. 수목원을 찾은 관람객들은 '세계의 아름다운 수목원'에 뽑힐 만큼 아름다운 경관에 찬사를 보냈다. 그리고 더불어 수목원을 만든 故 민병갈 씨에게 존경을 표했다. 1921년 미국에서 태어난 민병갈 씨는 1945년 미군 장교로 한국에 첫발을 내디딘 것이 인연이 되어 귀화했다. 그 후, 1962년부터 40년간 수목원을 가꾸는 데 일생을 바쳤다. 지금 수목원에서 자라고 있는 나무들은 그의 자식이나 다름없다.

수목원의 중심인 밀러가든으로 들어서면 호수처럼 넓은 수생식물원 둘레로 앙증맞은 수선화와 멜론만한 목련이 한창 피어 있는 모습을 볼 수 있다. 이곳의 목련은 수도권에서 목련이 지고 나서야 비로소 피기 시작한다. 왜냐하면 내륙보다 봄이 10일 이상이나 늦게 찾아오기 때문이다. 4월 말부터 5월 중순까지 피고 지기를 잇는 400여 종의 목련을 바라보고 있으면 뒤도 안 돌아보고 떠나는 봄을 보내는 섭섭함을 조금은 달랠 수 있다.

Jan.
Feb.
Mar.
Apr.
May
Jun.
Jul.
Aug.
Sep.
Oct.
Nov.
Dec.

(왼쪽 위) 전구를 닮은 로얄플러시 (오른쪽 위) 목련이 흐드러지게 핀 산책로 (왼쪽 가운데) 별을 닮은 스타워즈 (왼쪽 아래) 민병갈 원장이 가장 아꼈던 옐로우버드 (오른쪽 아래) 탐스러운 꽃송이를 지닌 릴리푸티아나

　산책로 주변에는 키 큰 목련나무들이 진한 향기를 뿜어내며 갖가지 색깔과 모양의 꽃망울을 터뜨린다. 빛깔과 모양이 비슷하게 보여도 각기 다르기 때문에 이름 역시 다르다. 보통 노란색 목련을 통틀어 황목련이라 부르는데 흔하지 않은 품종이다. 수목원 안에는 황목련만도 '옐로버드', '골든걸', '로얄플러시', '엘리자베스' 등 여러 종이 있다. 그 밖에도 꽃송이가 크고 빛깔이 유난히 붉어 화산을 뜻하는 이름이 붙은 '볼케이노'와 불의 신 '불카누스'의 이름에서 따온 '불칸'도 인기가 많다. 불칸이 만개하면 홍등을 주렁주렁 달아놓은 듯하다. 활짝 핀

꽃잎의 모양이 별을 닮아 '스타워즈'란 이름을 갖게 된 진분홍빛 목련도 새색시처럼 새치름하게 서 있다.

밀러가든은 18개의 테마 정원으로 꾸며져 있다. 테마에 따라 심은 식물이 다르지만 인위적으로 구역을 구분하진 않았다. 흙길로 조성된 산책로는 필요한 구간에만 나무토막이나 넓적한 돌을 박아두었다.

정원들은 숲길 산책로로 연결된다. 길을 잃어도 좋겠다는 생각이 들 정도로 아름다운 길이 곳곳에 숨어 있다. 동백, 벚꽃, 수선화, 매화마름, 산딸나무, 무스카리가 흐드러지게 핀 꽃길이 끝나면 편백나무가 우거진 숲길이 나오고 어느덧 해송숲에서 바다를 바라보며 걷고 있다. 침엽수림이 울창한 숲길에 해무가 끼면 몽환적인 분위기를 자아내므로 '천국의 계단'이라는 이름이 붙은 산책로도 있다.

바닷가 쪽에는 한옥 게스트하우스들이 별장처럼 자리를 잡고 있다. 창문을 열면 바로 바다가 보인다. 한 채씩 독립된데다 숲에 둘러싸여 있어 조용히 쉬기에 좋다. 머물러 살고 싶은 충동이 일 만큼 아늑한 공간이다. 게스트하우스 옆의 해안전망대에 오르면 천리포해변과 포구, 암탉이 엎드려 있는 모양의 닭섬이 한눈에 들어온다.

(왼쪽) 바다가 바라보이는 해안에 위치한 게스트하우스(배롱나무집)
(오른쪽) 게스트하우스 옆에 있는 해안전망대

산은 산이요, 길은 길이다, 국사봉 트레킹

천리포수목원에서 만리포해수욕장까지 갈 때, 해변을 따라 걸으면 20~30분 정도 걸리는 데 비해 천리포와 만리포를 잇는 등산로를 이용하면 2시간 가까이 걸린다. 그런데도 흔쾌히 등산로를 택하는 사람들이 있다. 가깝고 편한 길을 놔두고 멀고 험한 길을 택하는 그들이 어리석다고 생각하겠지만 그것은 당신이 국사봉에 올라보지 않았기 때문이다.

천리포수목원버스정류소에서 만리포 방면으로 걷다가 보면 왼편에 '노을펜션'과 '만리포민박집'이 보인다. 그쪽으로 들어서면 국사봉으로 통하는 등산로가 모습을 드러낸다. 등산로 주위의 해송숲은 한낮의 땡볕을 가릴 만큼 울창하다. 길 위에 해송의 바늘잎이 수북이 쌓여 있어 감촉이 폭신하다. 등산로 입구에서 국사봉까지는 약 1km 정도 된다. 15분가량 완만한 비탈길을 오르면 헬기장이 나타난다. 그곳에서 다시 5분 정도 계단을 오르면 국사봉 정상이고, 오른쪽 길로 들어서면 만리포 방향이다. 국사봉에 오르면 예상치 못했던 풍경에 놀란다. 큰 기대 없이 갔다가 횡재를 한 기분이 든다. 앞으로 반달처럼 휜 만리포와 천리포해변, 그리고 닭섬이 보이고, 뒤로는 태안 내륙지방의 비옥한 농경지가 바둑판처럼 펼쳐진다. 발아래가 아득하니 마치 섬 한 가운데 솟은 높은 산에 올라온 듯한 느낌이 든다.

(왼쪽) 국사봉 등산로는 경사가 완만하고, 바닥에 깔린 해송잎이 수북하여 걷기 수월하다.
(오른쪽) 국사봉 등산로의 각시붓꽃

등산 지도를 보면 국사봉은 해발 121m 높이로 난이도가 낮은 트레킹 코스다. 올라가는 길은 여러 갈래가 있는데, 봉우리를 중심으로 부챗살처럼 뻗어 있다. 국사봉 아래로는 국3봉, 국2봉, 국1봉이 있다. 그나마 국3봉이 가장 가파르고 나머지는 언덕쯤으로 보면 된다. 국사봉에서 국3봉으로 가는 길목에서 바라보는 바다 풍광은 무척 아름답다. 나무 사이로 닭섬에

만리포해수욕장에 세워진 태안기름유출사건 기념비

후광을 드리운 주홍빛 노을과 금빛으로 빛나는 바다가 넘실거린다. 풀숲에는 각시붓꽃, 둥글레, 양지꽃 등 작은 야생화들이 보물처럼 숨어 있다. 게다가 지루하지 않을 만큼 오르락내리락 변화가 있으면서도 힘들지 않아 좋다. 등산을 싫어하는 사람들에게도 강력 추천할 만한 코스다.

등산로가 끝나는 지점에 만리포 해변 주차장이 있다. "똑딱선 기적소리 젊은 꿈을 싣고서~" 노랫말이 새겨진 만리포사랑노래비가 동구 밖에 마중 나온 할머니처럼 반긴다.

Travel Tip

> **천리포수목원**
> 문의: 041-672-9982 | 홈페이지: www.chollipo.org |
> 개원: 4~11월 09:00~18:00, 12~3월 09:00~17:00, 4/19~5/31 09:00~18:00 |
> 입장료: 12~3월 6천 원, 4~11월 8천 원, 4/19~5/31 1만 원(성인 기준)

> 천리포 – 국사봉 – 만리포 트레킹을 하려면 운동화나 트레킹화 필수.

> 국사봉 등산로에는 이정표가 곳곳에 있어 길 찾기가 어렵지 않다. 하지만 이정표에 표시된 거리가 틀린 것이 많으니 어림짐작에만 참고할 것.

> 만리포주차장 옆에 태안 '사랑의 도서관'이 있다. TV예능프로그램인 〈무한도전〉팀의 기획으로 태안군청과 몇몇 기업들이 후원해 2008년에 시공된 도서관이다. 버스를 기다리는 자투리 시간 동안 이용하면 좋다.

> **1박 2일 코스:** 서산 개심사 – 보원사지 – 마애삼존불 – 천리포수목원이나 만리포에서 숙박(일몰 감상) – 천리포수목원 관람 – 국사봉 트레킹(천리포 – 국사봉 – 만리포)

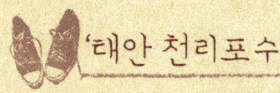 **'태안 천리포수목원' 여행정보**

● **가는 길**

1 서울 → 천리포수목원

①서울남부터미널에서 만리포시외버스정류소까지 직행버스 1일 6회운행(08:00~19:20, 2시간 50분 소요)→ 천리포행 버스로 환승하거나 도보 30분.

②서울남부터미널에서 태안시외버스터미널까지 버스 22회운행(06:40~20:00, 2시간 20분 소요) → 태안터미널에서 천리포행 버스 이용. 만리포를 경유해 1일 8회 운행(06:35~19:30, 배차간격 1시간 40분, 40분 소요).

문의: 태안시외버스터미널 041-674-2009

2 천리포수목원 → 태안시외버스터미널

버스 1일 8회 운행(07:05 08:30 10:30 12:50 15:00 17:05 18:20 20:10).

3 태안시외버스터미널 → 만리포시외버스정류소

버스 1일 12회 운행(08:45 10:20 11:05 13:00 14:05 15:30 17:05 18:00 19:20 20:05 20:45 21:40).

● **맛집**

태안은 우럭젓국과 박속낙지탕, 꽃게장이 유명하고, 천리포는 갱개미(간재미의 충청도 방언)무침이 유명하다. 만리포해변에 식당들이 많고, 천리포 포구에는 수산물센터가 있다. 천리포항에 위치한 서리수산(매운탕 041-672-3781)과 만리포해변의 돌섬횟집(활어회 041-672-9540)이 추천할 만하다.

● **숙소**

천리포수목원 안에 게스트하우스 7채가 있고, 생태교육관에서도 숙박할 수 있다. 시설이 고급스럽고, 경치가 무척 좋다. 천리포수목원 홈페이지에서 예약. 만리포와 천리포 인근에 숙박업소가 무척 많다. 만리포에 노을그리고바다펜션(041-672-9115), 송도오션리조트(041-672-9090), 비치파인펜션(041-672-4555) 등이 있고, 천리포 쪽 국사봉 등산로 입구에 노을펜션(041-674-1890)이 있다.

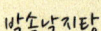 박속낙지탕

 갱개미무침

> 5월의
> 세번째 여행

봄을 맞으러 떠나는 길,
서울 북악산길산책로

4월 중순이면 서울에도 한껏 봄물이 오른다. 도심이라 해도 봄기운을 오롯이 느낄 수 있는 곳들이 여럿 있다. 그중에서도 부암동 백사실계곡에서 삼청공원으로 이어지는 북악산길산책로는 봄의 절정을 맛볼 수 있는 곳이다. 숲이 전하는 봄의 기운을 만끽할 수 있는 이 길에서만큼은 급한 일쯤 마음 한 귀퉁이에 접어두고 거북걸음을 걸어도 좋다.

당일 코스

세검정초등학교 – 현통사 – 백사실계곡 – 백사실약수터 – 북악스카이웨이 – 팔각정 – 숙정문쉼터 – 말바위쉼터 – 삼청공원

너럭바위 위에 앉아 재잘대다, 현통사

백사실계곡으로 가려면 부암동사무소에서부터 출발하는 게 일반적이다. 하지만 이 길은 시멘트길이어서 걷기가 퍽퍽하다. 좀 더 자연을 벗삼는 산책을 즐기고 싶다면 세검정초등학교에서 출발하는 것이 좋다.

먼저 경복궁역에서 버스를 타고, 세검정초등학교 버스정류소에서 내린다. 정류소 뒤편에 자리한 신영교를 건너 개천이 흐르는 방향으로 2분 정도 걷다 보면 왼쪽 골목 입구에 '불암佛巖'이라 새겨진 세모꼴 바위가 있다. 그 골목 안으로 들어가 일붕선원 앞에 이르면 갈림길이 나온다. 어느 길을 선택하든 백사실계곡으로 이어진다. 골목길에 다닥다닥 붙어 있는 집들 사이로 계곡이 흐른다. 후미진 골목길이 끝나는 지점에 늙은 벚나무 한 그루가 서 있다. 벚나무 아래로 만질만질한 너럭바위가 능청스럽게 넙죽 엎드려 있다. 너럭바위 위로 맑은 계곡물이 흘러내린다. 너럭바위 귀퉁이에 암자처럼 생긴 작은 절집이 올라앉았다. 붉은 대문에 '삼각산 현통사'란 현판이 걸려 있다. 사천왕이 그려진 대문을 밀고 안으로 들어간다. 담장 옆으로 흐르는 계곡이 종달새처럼 조잘댄다. 봄나들이 나온 봄처녀들이 너럭바위 위에 앉아 재잘대는 소리가 나른한 봄을 깨운다.

Jan.
Feb.
Mar.
Apr.
May
Jun.
Jul.
Aug.
Sep.
Oct.
Nov.
Dec.

백사실계곡 가는 길목에 있는 현통사

(왼쪽) 백사실계곡을 표시하는 백석동천 바위
(오른쪽) 봄이 늦은 백사실계곡의 풍경

산천으로 둘러싸인 경치 좋은 곳, 백사실계곡

현통사 오른쪽으로 난 숲길은 백사실로 이어진다. 오솔길 양옆으로 국수나무, 산사나무가 무성하고, 개나리가 활짝 폈다. 백사실계곡에는 봄이 유난히 더디 온다. 도심에 벚꽃이 눈처럼 날릴 때에도 이곳에서는 여전히 겨울 냄새가 난다. 계곡물은 개구리, 도롱뇽, 맹꽁이, 가재가 살 정도로 깨끗한 1급수다. 그만큼 사람들의 발길이 적었다는 얘기이기도 하다.

백사실(명승 제36호)의 정식명칭은 '백석동천白石洞天'이다. 인근 주민들은 백사실계곡이라 부른다. 백사白沙 이항복의 별장이 있었던 곳으로 추정되기 때문이다. 지금은 건물터와 연못의 흔적만 남아 있다. 연못터에서 오른쪽 숲길로 조금만 걸으면 '백석동천'이라 새겨진 커다란 바위를 만난다. 백석은 백악(북악산)을 뜻하고, 동천은 '산천으로 둘러싸인 경치 좋은 곳'란 의미이다. 창덕궁 후원처럼 호젓한 느낌이 드는 공간이다. 예전에는 주민들이 주로 찾던 쉼터였는데, 지금은 외지인들도 알음알음 찾아와 소풍을 즐긴다.

유적 발굴 작업이 한창인 건물터 위로 등산로가 나 있다. 이 등산로를 따라 올라가면 '백사실약수터'가 나온다. 약수도 받고 운동도 할 겸 산길을 오르내리는 주민들을 종종 볼 수 있다.

등산로는 단단하게 다져진 흙길이고, 길 폭은 한 사람이 겨우 걸을 수 있을 정도로 좁다. 주민들이 약수를 뜨러 다니는 길이라 이정표는 없다. 산길을 20분 정도 올라가다 보면 길이 끝나는 곳에서 북악산길산책로와 만난다.

도심에 떠 있는 섬을 보다, 팔각정

북악산길산책로는 팔각정에 이를 때까지 차도와 나란히 이어진다. 산책로와 차도가 분리되어 있어 걷기에 안전하다. 산책로 양옆으로는 소나무와 개나리가 늘어서 있다. 바닥에 고무판이 깔려 있고, 경사가 완만하여 오르막이라도 숨이 차지 않는다. MTB자전거를 타고 올라가는 사람들도 종종 볼 수 있다. 길 중간에는 정자와 벤치도 놓여 있어 쉬어가기 좋다.

팔각정에 오르면 기세등등한 북한산 능선과 산자락 아래 자리 잡은 평창동 주택가가 발아래 펼쳐진다. 힘들게 산 정상에 오르지 않아도 서울을 한눈에 볼 수 있으니 고마운 일이다.

팔각정에서 도로를 건너면 '성북전망대'가 나온다. 전망대에서 바라본 풍경에 '서울이 이정도로 아름다운 곳이었나!' 하는 생각이 절로 든다. 산등성이를 휘감아 도는 성벽과 빌딩숲들이 바다 건너에 있는 아득한 섬처럼 보인다.

이곳에서부터 종착지인 삼청공원까지는 계속 내리막길이다. 중간 경유지인 숙정문탐방안내소까지는 837m 더 가야 한다. 제법 경사진 나무계단길이지만 쉬엄쉬엄 걸으면 그다지 힘들지는 않다. 가슴이 뻥 뚫리는 풍광을 보며 걸으니 걸음을 뗄 때마다 감탄사가 절로 나온다. '물속에서 가재가 물장구를 친다'는 뜻을 가진 수고해水鼓蟹다리를 건너면 금세 삼청각쉼터가 나타난다. 전망대 맞은편에 보이는 기와지붕의 건물이 삼청각이다.

삼청각쉼터에서 숙정문안내소로 내려간다. 숙정문안내소에서 성곽을 따라 위로 올라가면 숙정문과 백악마루, 창의문이 나오고, 안내소를 끼고 왼쪽길로 들어서면 말바위쉼터가 나온다. 왼쪽길은 서울 성곽과 나란히 이어진다. 울창한 숲길을 걷다 보면 깊은 산속에 들어와 있는 듯한 착각이 일기도 한다. 10분 정도 걸어 길이 성벽과 맞닿는 곳에 말바위쉼터가 있다.

(왼쪽) 팔각정으로 이어지는 북악산길산책로 (오른쪽) 숙정문쉼터에서 말바위쉼터로 이어지는 숲길

최고의 전망대, 말바위쉼터

이곳에서 봄이 무르익는 4월의 산야를 한 번이라도 봤다면 그 감동과 흥분을 잊지 못해 매년 산벚꽃이 필 때마다 다시 찾게 된다. 3층 높이의 전망대에 올라서면 서울시선정우수조망명소라는 표지판이 부끄럽지 않을 만큼 풍광이 아름답다. 알고 있는 초록색을 모두 동원해도 북악산의 신록을 표현하기에는 부족하다. 초록 융단 위에 불암산, 낙산공원, 한성대, 성북동 주택단지가 점점이 박혀 있다. 뒤로는 종로, 광화문, 경복궁, 창덕궁, 63빌딩과 남산의 서울N타워가 빤히 내려다보인다.

말바위쉼터이니 당연히 그 아래에는 말바위가 있다. 말바위란 이름의 유래를 찾아보면 조선시대에 말을 타고 산에 오른 문무백관이 시를 읊고 녹음을 만끽하기 위해 가장 많이 쉬던 자리여서 말馬바위라 부른다는 설이 있고, 백악(북악)의 산줄기 끝에 있는 바위라는 뜻의 말末바위라는 설도 있다. 어쨌거나 말처럼 생긴 바위는 분명 아니다. 성벽을 따라 내려가다 보면 삼청공원 쪽으로 내려가는 길로 들어선다. 계속 성곽길을 따라 걸으면 와룡공원이 나온다. 말바위쉼터에

말바위전망대 아래에 우뚝 서 있는 말바위

서 삼청공원 등산로 입구까지는 10분 정도 소요된다.

삼청공원에는 신갈나무, 때죽나무, 진달래, 노간주나무, 소나무, 팥배나무, 쪽동백나무 등이 자생한다. 서울에 공원이 많지만 삼청공원만큼 아늑한 분위기를 갖은 곳은 흔치 않다. 특별히 공원시설이 좋거나 숲속 경관이 뛰어난 것은 아니지만 고즈넉한 맛이 깊다. 산책로에 터를 잡은 튀밥처럼 생긴 하얀 조팝나무와 반들반들 윤이 나는 비비추가 숲에 생기를 불어넣는다. 그 길을 따라 5분 정도 걸으면 공원 정문이 나온다.

Travel Tip

> 북안산길산책로를 걸을 때는 운동화나 트레킹화를 신는 것이 좋다.

> 팔각정에서 숙정문쉼터로 내려와 와룡공원으로 가지 않고 숙정문 - 창의문 방면 성곽길을 걸어도 좋다. 신분증을 꼭 지참할 것.
> 문의: 숙정문안내소 02-747-2152~3 | 휴무: 월요일

> 전체 코스 중 중간지점인 팔각정에 한식당, 양식당, 커피숍과 매점, 화장실이 있다. 이외에는 매점이 없으므로, 백사실계곡에 오르기 전에 간식거리를 준비한다.

> 삼청공원에서 출발하여 백사실로, 역방향으로 걸어도 좋다. 하지만 남산 쪽 경관을 등지고 걸어야 하는 점이 아쉽다.

> 와룡공원에서 말바위쉼터로 갈 수도 있는데, 말바위안내소에서 신분증을 검사하므로 꼭 지참하자.
> 말바위 안내소 개장: 4~10월 09:00~15:00, 11~3월 10:00~15:00

> 삼청공원에서 삼청동길로 내려오는 길가에 카페와 박물관, 맛집들이 많아서 눈요기하는 재미가 쏠쏠하다. 힘이 남으면 북촌까지 둘러봐도 좋다.

'서울 북악산길산책로' 여행정보

● 가는 길

1 서울 → 백사실계곡
전철 1호선 경복궁역 3번 출구로 나와 버스 정류장에서 1711, 1020, 7212, 7022번 버스를 타고 세검정초등학교 앞에서 하차. 백사실계곡 이정표를 따라 걷는다.

2 백사실계곡 → 부암동
별장터를 바라보고, 오른쪽 숲길로 진입. 백석동천 바위를 지나 부암동 주택가가 시작된다. 부암동 주민센터 이정표를 따라 가다 보면 '산모퉁이' 카페를 지난다. 우회전하여 길을 따라 내려가면 '클럽에스프레소' 카페가 나오고 길을 건너면 부암동 주민센터와 경복궁역으로 가는 버스정류장이 보인다.

>>Tip<<
백사실계곡만 보고, 부암동의 카페나 맛집, 환기미술관을 찾아가려면 이 코스를 추천한다. 부암동 주민센터 방면으로 내려가지 않고, 좌회전하여 윗길로 올라가면 북악스카이웨이 오르는 길이 나온다.

3 백사실계곡 → 북악산길(팔각정)
백사실계곡에서 북안산길산책로로 가는 등산로는 이정표가 없다. 갈림길이 몇 군데 있는데, 넓은 길을 선택하여 위쪽 방향으로 숲길을 올라가면 팔각정으로 향하는 북악스카이웨이와 만난다.

4 서울 → 삼청공원
전철 3호선 안국역 2번 출구로 나와 종로2번 마을버스를 타고 감사원에서 하차. 내리막길로 내려가면 삼청공원 정문이 나온다. 공원 산책로를 따라 5분 정도 걸으면 말바위쉼터로 올라가는 등산로 입구가 보인다. 표지판이 잘 되어 있으므로 길찾기가 쉽다. 도보 20~30분.

5 서울 → 와룡공원
4번의 가는 방법과 거의 동일. 성균관대 후문 정류소에서 하차. 오르막길로 올라가면 와룡공원 입구가 보인다.

● 맛집

삼청동에는 맛집이 많다. 한식당인 큰기와집(02-722-9024)은 낙지볶음, 소갈비찜, 보쌈 등을 잘하고, 수와래(02-739-2122)는 스파게티, 청수정(02-738-8288)은 울릉도의 별미인 홍합밥을 잘하기로 유명하다. 이외 삼청동수제비(수제비 02-735-2965), 다락정(평양식 만두 02-725-1697), 눈나무집(김치말이국수, 떡갈비 02-739-6742), 담백한 화덕피자가 일품인 대장장이화덕피자(02-765-4298) 등이 있다. 점심시간대에는 예약이 필수다. 주말에는 당일예약을 받지 않는다. 그밖에 부암동 자하손만두(02-379-2648), flat274(02-379-2741), 치어스(02-391-3566) 등도 괜찮다.

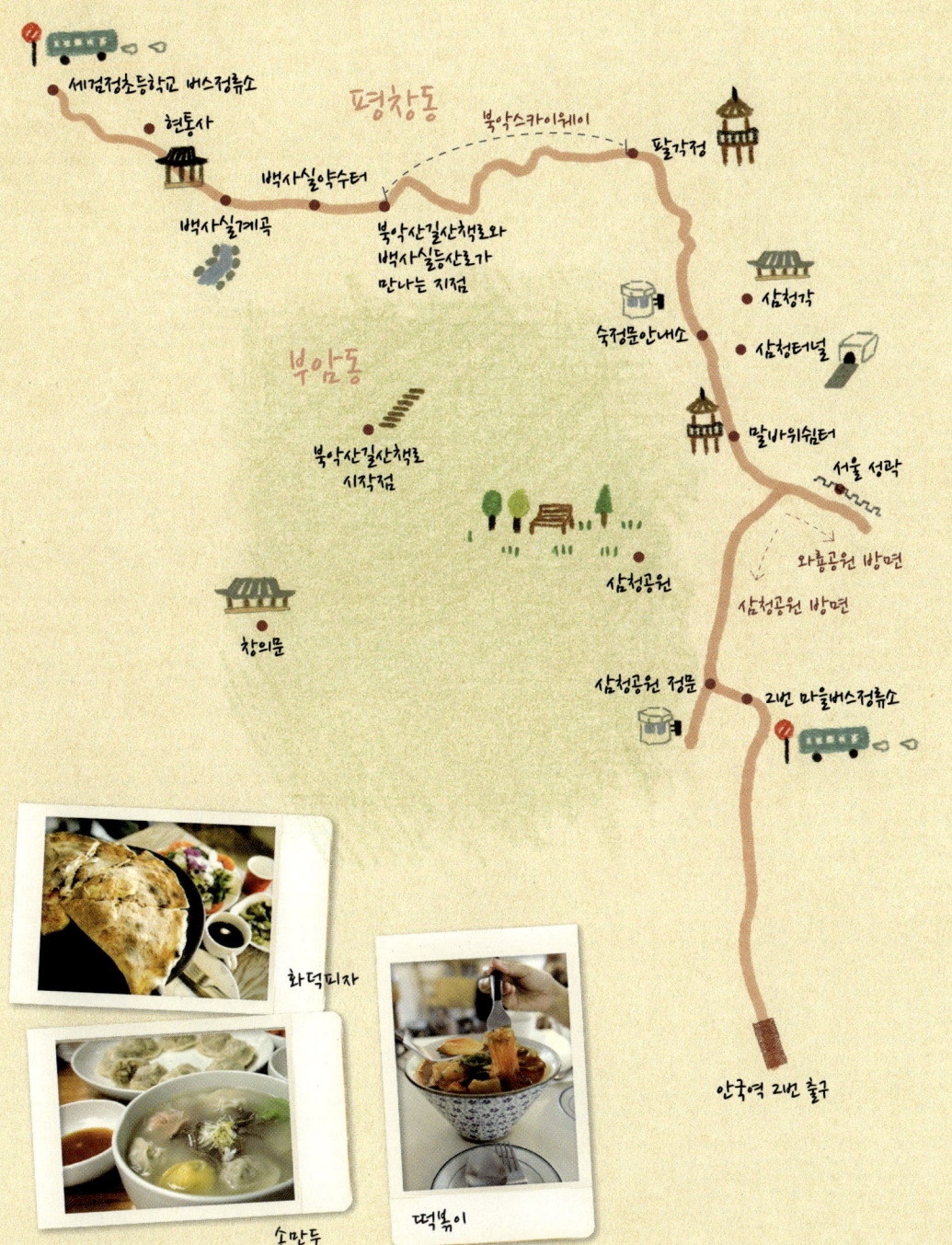

초록물을 가득 머금은 여름 여행지

SUMMER

여름에는 어디를 갈까?

월	메인 여행지	여행 테마	대중교통편	여행일수
6월	통영 소매물도	섬 트레킹		1박 2일
	청주 수암골 벽화마을	마을·산성 걷기		당일
	안동하회마을	하회마을 걷기, 하회탈춤 구경		당일
7월	울릉도	섬 일주		2박 3일
	괴산 화양구곡	계곡 트레킹		당일
	전주한옥마을	연꽃		1박 2일
	인천 무의도	섬 트레킹		1박 2일
	제주 우도	여름 휴가		1박 2일
8월	평창 동강 어름치마을	오지마을 체험		1박 2일
	양평 두물머리 산책로	연꽃		당일
	강릉 하슬라아트월드	이색적인 체험		1박 2일
	담양 명옥헌 원림	배롱나무꽃		1박 2일

SUMMER

6월의 첫번째 여행

몽돌길 건너 등대섬으로 가다,
통영 소매물도

소매물도는 80년대 '쿠크다스' 과자 CF로 세상에 널리 알려졌다. 하얀 드레스에 밀짚모자를 쓴 두 소녀가 외딴섬에 있는 등대지기를 만나러 가는 장면은 동화처럼 아름다웠다. 이 광고 방영 이후 등대섬은 '쿠크다스섬'이란 애칭을 얻게 됐다. CF가 방영된 지 20년이 넘은 지금도 사람들은 영상 속의 '환상의 섬'을 찾아 소매물도로 향한다.

※ 1박 2일 코스 ※

통영버스터미널 – 서호시장 – 소매물도(숙박) – 통영여객선터미널 –
강구안 중앙시장 – 동피랑마을 – 미륵산케이블카 탑승장 – 미륵산

총천연색 자연에 물들다

통영여객선터미널에서 소매물도행 정기여객선을 탄다. 배 위에서 바다를 바라보면 방파제 등대 사이로 고깃배들이 오가는 소소한 풍경이 눈에 들어온다. 1시간 20여 분만에 여객선은 자루처럼 생긴 선착장에 도착한다. 선착장에 내리면 맞은편 산비탈에 갯바위 굴딱지처럼 다닥다닥 붙은 마을이 보인다. 마을로 올라가는 비탈길은 돌멩이가 많고 메마른 흙길이라 발이 쭉쭉 미끄러진다. 길 양옆으로 슬레이트 지붕의 집들이 올망졸망 몰려 있다.

바닥만 보고 한참 걷다가 숨을 돌리려고 뒤돌아보면 놀라운 풍경이 펼쳐진다. 파랑, 주황 양철지붕 위로 짙푸른 바다가 팔딱이는 은갈치처럼 반짝인다. 복잡한 상념은 모두 날아가고 그저 아름답기만 하다. 길을 오르다 보면 풀숲 사이로 폐교가 보인다. 아이들이 뛰어놀던 운동장엔 바닷바람만 잠시 쉬었다 간다. 폐교를 지나면 길이 갈린다. 한쪽은 망태봉으로 곧장 올라가는 산길이고, 다른쪽은 해안절벽에 설치된 전망대로 가는 길이다. 산길을 선택하여 5분 정도 걸으면 망태봉 정상에 있는 소매물도 감시서가 나온다.

초소를 내려와 망태봉을 향해 가다 보면 어느 순

다솔펜트하우스 개

Jan.
Feb.
Mar.
Apr.
May
Jun.
Jul.
Aug.
Sep.
Oct.
Nov.
Dec.

선착장에서 폐교로 이어지는 비탈길에서 바라본 마을 전경

간 누가 먼저랄 것도 없이 흥분하여 소리치게 된다.

"와! 등대섬이다."

거북 등딱지처럼 생긴 초록섬이 보이고, 그 위에 새하얀 등대가 하나 자라나 있다. 등대섬은 현실에 존재하지 않는 미니어처 섬처럼 보인다. 손을 뻗어 손바닥으로 등대섬을 받치면 쏙 올라온다. 한달음에 달려가고 싶은 맘이 굴뚝같겠지만 등대섬으로 내려가는 길은 그리 호락호락하지 않다. 나무계단이 없는 비탈길 구간은 퍼석한 흙길에 돌멩이가 많아서 미끄러지기 십상이다. 이 거친 내리막길을 가다가 신발 밑창이 떨어지거나 엉덩방아를 찧는 사람들이 종종 보인다.

망태봉에서 내려와 공룡능선을 지나 등대섬 왼쪽 측면의 병풍바위를 바라보며 걷는다. 절벽과 탐방로는 아슬아슬하게 맞닿아 있다. 초원을 가로질러 걷다가 곤두박질칠 정도로 급경사를 이룬 계단을 내려가면 열목개에 도착한다. 열목개는 몽돌길로 소매물도와 등대섬을 아령처럼 연결한다. 어른 몸통만한 바윗덩이부터 주먹만한 몽돌까지 다양한 크기의 돌들이 모여 바다를 가른다. 몽돌들은 파도에 깎여 반질반질하기 때문에 미끄러지지 않으려면 뒤뚱거리며 조심스레 건너야 한다.

열목개가 끝나는 지점에서부터 등대섬 꼭대기 등대까지는 나무계단이다. 맨발로 걸어도 될 정도로 편한 길이다. 초원 위에 파란 하늘을 이고 선 하얀 등대가 눈부시게 빛난다. 등대전망대에 올라 소매물도 본섬을 바라보니 열목개로 연결된 두 섬이 사이좋은 형과 동생처럼 보인다. 등대 밑 해안절벽 아래로 깊이를 가늠할 수 없는 쪽빛바다가 출렁인다.

등대섬에 있을 때의 주의사항은 풍광에 취해 시간 가는 줄 모르고 있어서는 안 된다는 것이다. 자칫하면 섬에 갇히는 수가 있다. 등대 맞은편 바다로 노을이 질 무렵에 밀물이 들어와 열목개가 점점 가늘어진다. 길이 닫히기 전에 본섬으로 발길을 돌려야 한다. 운이 좋으면 열목개를 건너면서 눈물 나게 황홀한 일몰을 볼 수 있다.

관광객들이 마지막 배를 타고 썰물처럼 빠져나가면 소매물도는 다시 적막에 휩싸인다. 밤이 점점 깊어지면서 밤하늘의 별들이 화려한 빛을 자랑한다. 한밤의 별빛쇼가 시작되는 것이다. 이를 바라보고 있노라면 별무리 속으로 빨려 들어갈 것만 같다.

(왼쪽) 등대섬의 하얀 등대가 파란 하늘을 이고 우뚝 서 있다.
(오른쪽) 관광객들이 바다가 보이는 언덕에서 피크닉을 즐기고 있다.

인생을 아름답게 그리는 곳, 동피랑마을

통영여객터미널 지척에 있는 강구안의 중앙시장은 늘 사람들로 북적인다. 재래시장이 불경기라고는 하지만 강구안에서는 통하지 않는다. 중앙시장 골목을 지나가려면 행인들끼리 어깨가 부딪히지 않고서는 다닐 수가 없을 정도다. 장날(2, 7일)이면 시장통 골목 안이 인파로 넘실거린다. 중앙시장의 상인들은 친절하다. 물건도 안 사면서 사진만 찍는다고 타박하기는커녕 모델을 자처한다. "이거보다 더 큰 물고기 방금 잡았는데 대가리 보여줄까예?" 아주머니가 눈을 똥그랗게 뜬 채 죽은 커다란 방어 대가리를 도마 위에 올려놓는다. "저 큰 놈도 찍어볼라요?" 그러더니 큰 대야에 담긴 작은 철갑상어만큼 덩치 큰 방어를 건져 올린다. 번쩍이는 푸른 비늘의 방어가 펄쩍펄쩍 날뛰면서 이 대야 저 대야를 뛰어넘는다. 아주머니는 사진 다 찍을 때까지 방어와 실랑이를 한다. 주변 상인들과 구경꾼들이 한바탕 웃음꽃을 피운다. 넉넉한 인심에 가슴이 따뜻해져서 떠나는 곳이다.

중앙시장 골목길은 동피랑마을로 이어진다. 마을은 강구안이 한눈에 내려다보이는 언덕 위에 자리하고 있다. '동쪽 벼랑'에 있다 해서 동피랑이다. 이충무공이 설치했다는 옛 통제영의 동포루(망루)가 있던 곳으로 현재 복원 공사 중이다. 이 마을은 우리에게 벽화로 잘 알려져 있다. 2010년 봄 들어 벽화를 새 단장했다. 아이들을 소재로 한 벽화로 색감이 원색적이고 생동감이

(왼쪽) 늘 생기가 넘치는 중앙시장의 활어골목
(오른쪽) 동피랑구판장의 야외테라스에서 바라본 강구안 전경

동피랑구판장의 할머니와 동심을 불러일으키는 벽화들

있다. 골목 모퉁이를 돌 때마다 동화책 한 페이지를 넘기는 듯하다. 동피랑의 유일한 구멍가게인 '파고다카페'는 '태인카페'로 이름을 바꾸었다. 그밖에 동피랑쌈지교육장과 동피랑구판장도 들어섰다. 동피랑쌈지교육장은 동피랑에 온 사람들에게 휴식공간을 제공하고, 간단한 수공예품 만드는 법을 가르치기도 한다. 판매 수익금의 일부는 동피랑 주민을 위해 쓰인다고 한다. 쌈지교육장 맞은편에는 동피랑구판장이 있다. 예전부터 있던 가옥을 약간 손봐서 카페 겸 구멍가게로 활용하고 있다. 카페의 주인장은 연세 지긋한 할머니다. 구판장이란 이름답게 외갓집처럼 푸근한 분위기다. 이곳엔 기막힌 야외 테라스가 있다. 알록달록한 파라솔에 하얀색 싸구려 플라스틱 의자로 꾸몄지만 바닷가 고급 리조트의 테라스보다 풍광이 멋지다. 이곳에 앉아 있노라면 항구 특유의 끈끈한 바람이 코끝에 와 닿는다. 그 속에 통영 냄새가 배어 있다.

동피랑 담벼락에는 통영 사투리가 적혀 있다. "중앙시장서 폴딱거리는 괴기로 회도 떠 묵고, 써언한 매운탕에 밥도 마이 무-써 배도 부린께 다리품을 팔아 감서로 여, 저, 댕기보거로!" 이 글에 답글을 남겨두자. "서호시장서 써언한 매운탕에 밥도 마이 무-써 배도 부린께 다리품 팔아 감서로 여, 저, 댕기보고 간다아이가. 베리빡에 기린 기림이 참말로 이뻐네. 볼끼 쌔빗네. 그 뻬이라 동비랑 몽당서 강구안을 채리보이 갱치는 더 쥑이네. 속이 뻥 뚤피더라꼬."

미륵산에 올라 한려수도를 품다

미륵산케이블카의 인기는 상상을 초월한다. 주말이면 탑승 대기시간만 평균 2시간 반이 넘을 정도다. 미륵산은 해발 461m로 미륵도 중앙에 우뚝 솟아 있다. 1억 2천만 년 전 중생대 백악기 말에 분출된 화산으로, 산림청에서 선정한 한국 100대 명산 중 한 곳이다.

미륵산케이블카를 타고 승강장에 내리면 미륵산 정상까지는 나무계단이 놓여 있다. 이 계단을 따라 오르면 정상까지 20여 분 정도 걸린다. 계단 중간에 한산대첩전망대, 신선대전망대, 통영상륙작전전망대, 통영항전망대, 한려수도전망대, 당포해전전망대, 박경리묘소쉼터 등 총

미륵산전망대에 오르면 동양의 나폴리라 불리는 통영항과 한려해상공원이 한눈에 들어온다.

일곱 개의 전망대가 있다. 미륵산 정상에 올라 보면 '동양의 나폴리'라 불리는 통영항과 한려해상공원에 떠 있는 올망졸망한 섬들이 떼 지어 이동하는 고래들처럼 보인다. 치열했던 한산대첩의 현장도 한눈에 보인다. 하산할 때 케이블카를 타지 않고 미래사와 용화사 쪽으로 걸어 내려가는 것도 좋다.

Travel Tip

> 소매물도에서 꼭 해봐야 할 것이 4가지 있다. 소매물도 트레킹과 등대섬에서의 저녁노을 감상과 별 구경, 망태봉에서의 일출 감상이다. 소매물도 트레킹은 섬 정상인 망태봉에 올랐다가 새끼섬인 등대섬을 둘러보고 되돌아오는 코스이다. 소매물도와 등대섬 사이를 연결하는 열목개는 하루 두 번 물이 빠지면 드러난다. 등대섬으로 건너가기 위해서는 물때를 미리 알아둬야 한다.
> 물때 확인 홈페이지: www.badatime.com

> 소매물도에서 숙박하지 않고 통영 시내에서 묵는다면, 중앙시장 인근 문화동에 있는 청마거리와 세병관(국보 제305호), 당동에 있는 해저터널(등록문화재 제201호)과 통영운하를 둘러보면 좋다. 모두 도보로 이동 가능하다. 청마거리에는 청마가 이영도에게 편지를 부치던 청마우체국과 조선삼도수군통제영 본영이었던 세병관이 있다. 문화동사거리 모퉁이의 돌장승인 벅수도 눈여겨보자.

> 해저터널은 1932년 일제강점기에 건립된 터널로 통영과 미륵도를 연결하는 동양 최초의 해저 구조물이다. 해질녘에 충무교에서 통영대교 쪽을 바라보면 붉은 노을을 배경으로 다리를 건너는 차량들의 실루엣을 감상할 수 있다.

> 미륵산케이블카 표를 먼저 끊어놓고, 미륵산 인근에 있는 용화사, 미래사, 전혁림미술관, 전통공예관, 달아공원, 통영수산과학관 등을 둘러보다가 탑승하면 줄을 오래 서지 않아도 된다.

> 심야버스를 이용하면 소매물도 무박여행도 가능하다. 통영여객터미널 인근에 찜질방이 있다.

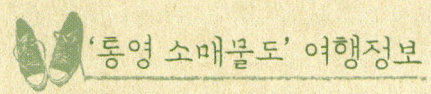
'통영 소매물도' 여행정보

● 가는 길

1 서울 → 통영
서울고속버스터미널에서 통영종합버스터미널까지 버스 1일 9회 운행(07:10~14:50), 심야버스 1일 1회 운행(00:30).
문의: 통영종합버스터미널 1688-0017

2 통영종합버스터미널 → 통영여객터미널
버스터미널 앞 정류장에서 시내버스로 30분, 택시로 10분 걸린다.
※통영에서 T-money카드 사용 가능
문의: 통영여객터미널 1666-0960

3 통영여객터미널 → 소매물도
정기여객선 1일 3회 운항.
운항시간: 통영-소매물도 07:00 11:00 14:30, 소매물도-통영 08:35 12:40 16:28
※날씨가 안 좋을 땐 출발 전날 운항여부를 반드시 확인.
문의: (주)한솔해운 055-645-3717,
(주)매물도해운 055-633-0051
홈페이지: http://nmmd.co.kr, www.maemuldotour.com

4 거제도 저구항에서 소매물도행 정기여객선이 운항.
운항 시간: 저구항 – 소매물도 08:30 11:00 13:30 15:30, 소매물도 – 저구항 09:30 12:05 14:30 16:15

5 통영여객터미널 → 중앙시장, 동피랑
중앙시장까지는 도보 20분, 택시로 5분. 동피랑까지는 도보 5분.

6 중앙시장 → 미륵산케이블카 승선장
중앙시장 버스정류소(데파트 쪽)에서 버스 100, 101, 141, 700번을 타고 SLS조선소, 케이블카하부역사정류소에서 하차 후 도보 500m, 택시로 20분(약 5.5km).

7 통영여객선터미널 → 해저터널
여객선터미널에서 해안선을 따라 도보 20분(약 1.2km).

>>Tip<<
통영운하 야경 사진을 찍으려면 충무교에 올라가서 통영대교 쪽으로 바라보면 된다. 충무교는 해저터널 위로 지나는 다리이므로 당동 쪽 해저터널 출입구로 들어가서 미수동 출입구로 나온 후, 충무교로 올라가면 된다.
문의: 통영 관광 브랜드콜 한려수도콜 055-644-8000

● 맛집

소매물도에서는 식당이 귀하다. 소매물도에서 오래전부터 산장을 하고 있는 다솔펜트하우스(055-642-2916)의 따개비밥, 홍합밥은 추천할 만하다. 통영여객선터미널 인근에서는 터미널 맞은편 원조풍화김밥(055-644-1990)의 충무김밥과 서호시장 내 원조시락국(055-646-5973)의 시락국, 미주뚝배기(055-642-0742)의 해물뚝배기가 유명하다. 중앙시장의 뚱보할매김밥집(055-645-2619)과 항남동 오미사꿀빵(055-645-3230)도 맛집이다.

● 숙소

소매물도에서는 다솔펜트하우스(055-642-2916)와 소매물도펜션(055-644-5377)의 시설이 가장 낫다. 이외에는 하얀산장(055-642-8515) 민박집이 있다. 항남동에 강구안이 한눈에 들어오는 나폴리모텔(055-646-0202), 명성모텔(055-641-6003), 강구안에 있는 찜질방 통영해수랜드(055-645-7700)와 통영스터미널 인근에 있는 통영워터피아(055-649-7100)를 추천한다.

충무김밥

오미사꿀빵

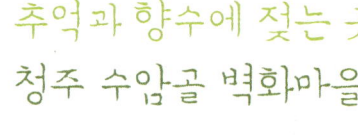

6월의
두번째 여행

추억과 향수에 젖는 곳, 청주 수암골 벽화마을

수암골은 청주 우암산 기슭에 자리 잡은 달동네다. 한국전쟁 때 피란민들이 정착해 살던 곳이다. 2007년에 마을 골목길에 벽화가 그려지면서 사진 촬영 명소로 입소문이 났다. 그 후 〈카인과 아벨〉, 〈제빵왕 김탁구〉 등의 인기 드라마들이 촬영되면서 순식간에 관광지로 부상했다. 지금도 수암골의 정겨운 벽화와 드라마의 추억을 좇는 이들의 발길이 끊이지 않는다.

당일 코스

수암골 — 🚌 — 청주고인쇄박물관 — 🚌 — 상당산성

팔봉제빵점에서 추억을 맛보다

수암골은 상당구 수동과 우암산을 합쳐서 부르는 지명이다. 정작 청주 사람들에겐 수암골보다 수동이라는 지명이 더 익숙하다고 한다.

수암골을 찾아가는 길은 그리 어렵지 않다. 북청주터미널이나 청주버스터미널에서 시내버스를 타면 한번에 갈 수 있다. 수암골 벽화마을 입구에 인기 드라마였던 〈제빵왕 김탁구〉의 '팔봉제빵점' 세트장이 들어서 있다. 원래는 2층 규모의 갤러리였는데 건물을 빌려서 오픈세트장으로 꾸민 것이다. 드라마가 끝난 뒤에도 찾는 사람들이 줄지 않자 세트장을 계속 유지하고 있다. 1층에는 실제로 '추억의 빵'을 팔고 있고, 2층은 카페로 운영하고 있다. 주말이면 빵을 사려고 몰려드는 관광객들로 매장 안에 발 디딜 틈이 없다. 유달리 맛있는 빵이 아닌데도 사람들은 옛날 크림빵에 대한 추억을 떠올리며 그 맛에 열광한다.

Jan.
Feb.
Mar.
Apr.
May
Jun.
Jul.
Aug.
Sep.
Oct.
Nov.
Dec.

수암골 골목에서 동심으로 돌아가다

팔봉제빵점 맞은편 골목으로부터 수암골 벽화골목이 시작된다. 골목 입구에는 수암골에 하나밖에 없는 구멍가게인 '삼충상회'가 있다. 파란 바탕에 흰 손글씨로 쓴 간판이 정겹다. 가게 담벼락에는 숨바꼭질 하는 아이들이 그려져 있고, 맞은편 담벼락엔 수암골을 지키는 황금색 호랑이가 골목길을 환하게 밝히고 있다.

골목길을 따라 올라가면 수암골 전체지도가 그려진 흰 담벼락이 보인다. 지도가 야무진 밤톨처럼 생겼다. 가운데로 난 골목을 중심으로 가느다란 골목들이 갈빗대처럼 양옆으로 뻗어 있다.

수암골에는 한 사람이 간신히 지나갈 수 있을 정도로 비좁은 골목길이 많다. 그래서 골목 이름도 '가는 골목길'이다. 그 골목마다 웃음과 과거에 대한 향수를 불러일으키는 벽화들이 빼곡하다. 낡은 골목길에 붉은 꽃들이 흩날리고, 층층계단엔 물고기들이 헤엄친다. 허물어지기 직전의 담벼락과 슬레이트 지붕 사이에 노랑 바탕에 빨강 땡땡이 칠을 한 양철 연통이 삐죽이 고개를 내밀고 있다. '이 집엔 발레리나를 꿈꾸었던 아이가 살았을까'하고 생각하게 만드는, 어여쁜 발레리나 벽화도 있다. '기능인의 집 최원만씨댁'이라 적힌 글자 옆에 그려진 재봉틀 그림에서는 집주인의 자부심이 느껴진다.

수암골에는 아이들이 등장하는 벽화가 유난히 많다. 벽화 속 아이들은 하나같이 생기발랄하다. 벽화 속에서 아이들의 왁자지껄 떠드는 소리가 들릴 듯하다. 수암상회의 아이스케끼통 앞에서 아이스크림을 손에 쥔 아이들, 담벼락에 옹기종기 모여 흙장난을 하는 아이들, 목젖이 보이도록 환하게 웃는 아이들, 전봇대에서 '무궁화꽃이 피었습니다' 놀이를 하는 아이들, 입 속에 음식물을 가득 문 아이들이 금방이라도 밖으로 뛰어나올 것만 같다.

수암골 맨 위쪽에 올라 슬레이트지붕 너머를 보면 청주 시내의 분주한 모습이 생동감 있게 보인다. 그에 비해 수암골은 어린 시절에서 시간이 멈춘 듯하다. 그런 느낌을 받는 순간 마음이 여유로워지고 발길이 느긋해진다. 마을 공터 빨랫줄에 걸린 빨래처럼 산들바람에 온몸을 맡긴 채 여유를 즐겨보는 건 어떨까.

수암골 벽화골목 들머리에 있는 삼충상회

수암골의 동화같은 벽화들

역사 속을 거닐다, 고인쇄박물관

　　청주에서는 수암골 외에도 고인쇄박물관과 상당산성이 들러볼 만하다. 고인쇄박물관은 『직지』(백운화상초록불조직지심체요절白雲和尙抄錄佛祖直指心體要節)에 관한 자료와 유물들을 모아둔 박물관이다. 『직지』는 현존하는 세계에서 가장 오래된 금속활자본으로 1337년 청주의 흥덕사에서 간행되었지만, 지금은 프랑스 국립도서관에 소장돼 있다. 초가집 모양을 본뜬 고인쇄박물관의 외관은 특히 인상적이다.

　　전시실에는 고서, 인쇄기구, 흥덕사지 출토 유물 등 2천 6백여 점의 유물들이 전시돼 있다. 『직지』의 상세한 제작과정을 밀랍인형으로 실감나게 재현해놓았다. 시연실에서는 목판인쇄와 금속활자인쇄를 직접 체험해볼 수 있다.

　　고인쇄박물관을 관람한 후 시간 여유가 있다면, 상당산성(사적 제212호)도 빼놓을 수 없다. 상당산성은 백제시대 때 토성으로 축조됐다가 조선시대에 석성으로 개축되어 오늘에 이르고 있다. 주말이나 공휴일엔 남문 앞 잔디광장에 돗자리를 깔고 휴식을 취하거나 성곽길을 걷는 사람들이 무수히 많다.

　　상당산성은 동·서·남방에 성문이 있는데, 성곽길을 돌려면 남문에서부터 걷기 시작하면 된다. 성곽을 한 바퀴 도는 데 걸리는 시간은 한 시간 남짓(4.3㎞)이다. 성곽의 높이는 4.7m로 높은 편은 아니지만, 산등성이에 위치해 있어서 발밑에 펼쳐지는 청주 시내의 전경을 마음껏 즐길 수 있다. 성곽길의 경사가 완만하여 어린아이들도 편하게 걸을 수 있다.

(왼쪽) 청주고인쇄박물관에 전시돼 있는 직지영인본　(오른쪽) 초가집을 형상화한 청주고인쇄박물관 외관

상당산성 성곽길에서 바라본 청주 시내 풍경

상당산성의 매력은 성곽길 옆으로 숲길이 나란히 이어진다는 것이다. 시원한 풍광을 감상하고 싶다면 성곽길을, 햇볕을 피해 아늑한 숲길을 걷고 싶다면 오솔길을 고르자. 두 길 사이를 잇는 통로가 곳곳에 있어 수시로 오가며 걸을 수 있다. 길섶에 핀 수많은 야생화가 눈을 즐겁게 할 것이다. 성곽길의 종착점엔 한옥마을이 있다. 산성마을은 '닭백숙과 대추술'로 유명하다.

Travel Tip

> **제빵왕김탁구팔봉제빵점** 요금: 단팥빵, 크림빵, 소보루빵 개당 1천 5백 원, 음료는 메뉴마다 다름.

청주고인쇄박물관 문의: 043-200-4511 | 홈페이지: www.jikjiworld.net
개관: 09:00~18:00 | 휴관: 매주 월요일, 1월 1일, 설날, 추석 당일 | 입장료: 무료
상당산성 문의: 043-200-2227~8 | 개장: 09:00~18:00 | 연중무휴 | 입장료: 무료

> 수암골에서 고인쇄박물관까지의 거리는 약 3㎞ 정도이고, 택시를 타면 3천 원 남짓 요금이 나온다. 두 사람 이상 동행자가 있을 경우 택시를 이용하는 것이 낫다.

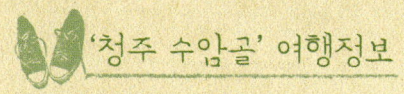
'청주 수암골' 여행정보

● 가는 길

1 서울 → 청주

① 동서울터미널에서 청주시외버스터미널(가경터미널)까지 직행버스 운행(06:50~09:10, 1시간 30분 소요).

② 서울고속버스터미널에서 청주여객북부정류소까지 버스 1일 10회 운행(배차간격 10~20분, 1시간 40분 소요).

>>Tip<<
서울 출발 기준으로 청주시외버스터미널보다 청주여객북부정류소에서 수암골로 가는 것이 빠르다.

문의: 청주시외버스터미널(가경동) 1688-4321, 043-235-8841, 청주여객북부정류소 043-225-3388

2 청주시외버스터미널 → 수암골

터미널 앞에서 버스 105, 516, 511, 831, 747 버스를 타고 우암초등학교앞 정류소에서 하차. 우암초등학교 담길 따라 도보 15분, 약 40분 소요.

홈페이지: www.cjbus.or.kr

3 청주여객북부정류소 → 수암골

정류소 앞에서 우암초등학교 방면 버스 40-1, 111, 712, 516, 831번을 타고 우암초등학교앞 정류소에서 하차.

4 수암골 → 고인쇄박물관

버스 832번을 타고 10분.

5 고인쇄박물관 → 상당산성

고인쇄박물관 맞은편에서 버스 862, 863번을 타고 상당산성에서 하차(배차간격 60분, 50분소요).

6 상당산성 → 청주시외버스터미널

산성남문에서 버스 862번을 타고 도청정류소에서 하차 후 105, 405번으로 환승해 터미널로 이동한다.

7 상당산성 → 청주여객북부정류소

산성남문에서 버스 862번을 타고 도청정류소에서 하차 후 832번 버스로 환승해 터미널로 이동한다.

● 맛집

수암골 인근 소영칼국수(043-224-2642)는 2대째 이어온 칼국수집이다. 풍부한 고명과 걸쭉하고 고소한 국물이 일품이다. 청주대 후문 쪽에는 파전식당이 몰려 있는데 삼미파전(043-259-9496)의 음식이 맛깔나다. 상당산성의 산성마을은 대추술과 닭백숙으로 유명하다. 대우장식당(043-252-3306), 신라장식당(043-256-8972)이 추천할 만하다. 청주여객북부정류소 앞의 청주왕호두과자(043-224-5225)도 청주의 별미 간식거리다.

● 숙소

상당구 고인쇄박물관 인근에는 시설 좋은 라마다플라자청주호텔(043-290-1000)과 청주백제관광호텔(043-908-6677)이 있다. 흥덕구의 리호관광호텔(043-233-8800), 버스터미널과 가까워 교통이 편리한 청주갤러리관광호텔(043-267-1121)도 추천할 만하다.

청주시

상당산성

청주여객북부정류소
수암골
청주고인쇄박물관

청주시외버스터미널

칼국수

산성마을 묵밥

6월의
세번째 여행

나룻배를 타고 부용대에 오르다, 안동하회마을

안동하회마을은 낙동강이 마을을 감싸 안고 흐른다고 해서 "물동이동", 한자로 "하회河回"라는 이름이 붙었다. 풍산 류씨의 집성촌으로 징비록, 양진당, 충효당 등 서애 류성룡과 관련된 유적과 유물들을 볼 수 있고, 그 외에도 옥연정사, 겸암정사, 병산서원 등 운치 있는 고택들이 마을을 채우고 있다. 무엇보다 이 마을을 찾는 사람들의 가슴을 뛰게 하는 것은 바로 하회별신굿탈놀이이다.

※ 당일 코스 ※

병산서원 - 하회동탈박물관 - 하회마을 - 옥연정사 - 화천서원 - 부용대 - 하회마을

백정처럼 놀아볼까, 하회별신굿탈놀이

하회마을 입구에 들어서자 막걸리처럼 걸걸한 사내의 목소리가 들려온다. 그 소리를 따라가면 하회별신굿탈놀이전수회관에 가 닿는다. 회관 안에서 하회별신굿탈놀이(중요무형문화재 제69호)의 백정마당이 벌어지고 있다. 목소리의 주인공인 백정이 어깨에 도끼, 칼, 망태를 메고 풍물 장단에 맞춰 덩실덩실 어깨춤을 추며 무대를 휘젓고 다닌다. 그때 소 한 마리가 어슬렁어슬렁 무대 안으로 들어온다. 소가 무대를 한 바퀴 슬슬 돌다가 갑자기 뒷다리를 번쩍 쳐들더니 구경꾼을 향해 오줌을 갈긴다. 구경꾼들은 오줌벼락을 맞고도 배꼽을 잡고 즐거워한다. 소를 지켜보던 백정이 "저 놈의 소새끼, 여기에 있었구나. 저 놈을 잡아다가 여기서 큰 잔치나 벌여야 될따. 앗-따, 저놈의 소새끼 불알이 크다 해서 뚝 따 묵으마 양기에 억시기 좋을 시더. 으하하" 백정은 도끼로 소의 머리를 사정없이 내리쳐 잡는다. 백정이 소의 배를 갈라 염통과 우랑(소의 불알)을 꺼내고 구경꾼들에게 염통을 내민다. "보소, 샌님들. 염통 사소 염통요. 헤헤, 아무도 안살라니껴? 그라마, 염통 사묵지 마고 쓸개나 염통 없는 양반 사 넣어 보소. 염치없는 양반 염치 생기니대이." 백정은 칼과 도끼를 휘두르며 한바탕 춤을 추다가 천둥소리에 놀라 허겁지겁 퇴장한다.

백정은 소를 때려잡는 거침없는 몸짓과 통쾌한 대사를 통해 신분차별에서 오는 제

Jan.
Feb.
Mar.
Apr.
May
Jun.
Jul.
Aug.
Sep.
Oct.
Nov.
Dec.

하회별신굿탈놀이의 등장인물인 할미, 백정, 양반, 선비, 주지, 파계승이 함께 어울리며 흥겨운 탈놀이를 펼친다.

도적 모순과 양반들의 위선적인 작태를 풍자하는 인물이다. 그는 구수한 안동 사투리와 걸쭉한 입담으로 구경꾼들과 호흡을 맞추고, 현장감 있는 애드리브로 그들을 배꼽 빠지게 웃긴다.

모두가 함께 호흡하다

하회별신굿탈놀이는 상설공연장에서 무동마당, 주지마당, 백정마당, 할미마당, 파계승마당, 양반·선비마당의 여섯 마당이 공연된다. 1년에 한 번 열리는 정기공연에서는 당제, 혼례마당, 신방마당까지 펼쳐진다.

공연할 때 쓰는 탈은 신비로운 힘을 지녔다. 허리가 ㄱ자로 휜 할미가 허리춤에 대롱대롱 쪽박을 차고 꼬부랑꼬부랑 춤을 추면 관객들도 덩달아 엉덩이가 들썩인다. 부네가 교태를 부리며 눈웃음을 살살 치면 저도 모르게 몸이 배배 꼬이면서 입고리가 샐쭉 올라간다. 중의 음흉한 웃음소리에는 손발이 오그라든다. 백정의 몸짓은 거칠고 걸걸해서 잘못했다간 도끼로 뒤통수를 얻어맞을 것만 같다.

출연자들은 각자 개성이 강하면서도 공통점이 있다. 무대에서 혼자 떠들며 놀다가 퇴장하지 않는다는 것이다. 남녀노소, 외국인이 뒤섞인 구경꾼들과 함께 호흡하고, 대화하며, 그들이 놀이판에 적극적으로 참여할 수 있도록 판을 짠다. 이것이 탈놀이의 진정한 멋과 맛이 아닐까. 하회별신굿탈놀이를 안동지방에 국한된 지역공연이려니 얕잡아보면 오산이다. 매회 공연마다 공연장이 구경꾼들로 가득 차고, 안동사투리를 알아듣지 못하는 외국인들도 열광하는 이유는 직접 관람해봐야 알 수 있다.

돌계단을 오르는 서애 선생과 마주치다

안동하회마을은 2010년 8월, 유네스코세계문화유산으로 등재되고, 부용대, 병산서원, 민속박물관 인근 세트장이 드라마〈추노〉의 촬영지가 되면서 방문객들이 날로 늘고 있는 추세다. 가지를 사방으로 뻗친 신목은 이미 나무가 아닌 신령처럼 보인다. 신목 둘레에는 수많은 사람들의 소원이 적힌 종이들이 빼곡이 걸려 있다. 하회마을의 무사안녕뿐만 아니라 종이에 적힌 소원까지 모두 들어줄 만큼 영험한 나무라는 믿음 때문인 듯하다. 하회마을의 집들은 신목을 중심으로 강을 향해 배치되어 있다. 더불어 큰 기와집을 가운데 두고 주변의 초가들이 원형을 이루며 배치되어 있는 것도 특징이다. 기와집과 초가집 사이로 난 고샅길을 한가롭게 거닐어보기도 하고, 낙동강물 유유히 건너는 나룻배를 바라보고 있노라면 시간이 과거로 흐르는 것 같다.

(왼쪽) 신목 주위에 관광객들이 묶어둔 소원지가 주렁주렁 달려 있다. (오른쪽) 소원지에 소망을 쓰고 있는 관광객

하회마을 전체를 조망하고 싶다면 부용대에 올라야 한다. 하회마을 강기슭에서 나룻배를 타고 강을 건넌 다음 산길을 10분 정도 걸어 올라가면 부용대에 도착한다. 부용대에서 바라본 풍경은 아기자기하다. 푸른 낙동강과 하얀 백사장, 울창한 만송정 솔숲에 둘러싸인 마을이 한 아름에 들어올 듯하다. 소복하게 얹은 초가지붕이 정겹고도 풍요롭다. 나룻배를 타려는 사람들이 개미 행렬처럼 까마득하게 보인다.

부용대 아래에는 겸암 류운룡의 제자들이 건립한 화천서원과 서애 류성룡이 후학을 가르치기 위하여 지은 옥연정사가 있다. 이곳은 주변 풍광이 뛰어나고 기품 있는 곳으로 배용준, 전도연 주연의 영화 〈스캔들〉의 촬영지이기도 하다. 하회마을에서 삐걱거리는 나룻배를 타고 강을 건너와 강기슭의 돌계단을 올라 옥연정사에 드는 서애 선생을 상상해본다.

하회마을에 갔다면 반드시 거쳐야 할 곳이 병산서원이다. 이 서원은 서애 류성룡과 그의 아들 류진을 배향한 곳이다. 전형적인 서원 구조로 그다지 특별해 보이지 않음에도 수많은 이의 사랑을 받은 이유는 건물과 자연이 한 몸처럼 조화를 이루고 있기 때문이다. 화산을 등지고, 병산과 낙동강을 마주하고 앉아 자연과 호흡하는 최고의 서원 건축물이다. 나무계단을 따라 만

부용대로 가는 나룻배

(왼쪽) 병산서원 만대루에서 바라본 풍경 (오른쪽) 옥연정사 전경

대루에 올라본다. 만대루에 오르면 강가의 모래밭이 은빛으로 반짝이고, 강에 푸른 산 그림자가 드리워진 선경을 감상할 수 있다.

Travel Tip

> **안동하회별신굿 상설공연 안내**
> 장소: 안동하회마을 탈춤공연장 |
> 공연시간: 1~2월 매주 토·일요일 14:00~15:00, 3~12월 매주 수·금·토·일요일 14:00~15:00 | 관람료: 무료

> 하회마을을 나오면서 하회동탈박물관도 들러보자. 하회탈을 비롯하여 우리나라 각 지방과 세계 각국의 탈을 전시하고 있다. 하회동탈박물관에서 탈을 관람하고 안동한지공예전시관에 들러 하회탈을 직접 만들어 보는 것도 좋겠다. 한지로 만든 다양한 공예품들이 전시돼 있고, 한지를 이용한 탈, 닥종이 인형, 생활소품 만들기 체험을 할 수 있다. 두 곳 모두 하회마을 재래상가 안에 있다.
>
> 문의: 하회동탈박물관 054-853-2288, 안동한지공예전시관 054-853-3639

> **안동시티투어 안내:** 하회마을권역코스, 도산서원권역코스, 맞춤여행코스, 단체문화해설 동행가이드코스가 있다.
> 문의: 054-855-7519 | 홈페이지: www.andongtour.kr |
> 요금: 하회마을권역코스, 도산서원권역코스 성인 2만 5천 원, 소인 2만 3천 원 (식사는 자기 부담) | 투어시간: 하회마을권역코스, 도산서원권역코스 10:00 출발, 17:30 도착(1일 1회 운행).

> 하회마을과 부용대를 오가는 나룻배가 운행하지 않을 경우, 택시를 이용한다(약 6.3km).

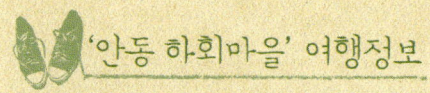
'안동 하회마을' 여행정보

● 가는 길

1 서울 → 안동
동서울터미널에서 안동버스터미널까지 버스 1일 40회 운행(06:00~20:30, 배차간격 30분, 2시간 30분 소요), 센트럴시티터미널에서 1일 18회 운행(06:10~22:00).
문의: 안동버스터미널 1688-8228

2 안동버스터미널 → 병산서원
터미널 길 건너편에서 하회마을행 46번 시내버스를 타고 병산서원에서 하차(병산서원 경유버스는 1일 3회 운행, 07:50 10:30 14:40). 이 버스는 20분 후쯤 (09:00 11:40 16:00에 출발) 다시 하회마을을 거쳐 안동 시내로 되돌아간다. 병산서원을 관람할 수 있는 시간은 20분 정도 되는 셈. 여유 있게 보려면 하회마을을 둘러보고 택시를 타거나 도보로 1시간 정도 걸어서 병산서원으로 들어가는 방법이 있다.
문의: 안동버스 054-859-4571

3 안동버스터미널 → 하회마을
터미널 뒤편에 있는 건널목을 건너 호암기사식당 앞에서 버스 46번을 타고 하회마을에서 하차(1일 7회 운행, 06:20~18:20). 또는 택시이용(요금 약 2만원).
하회마을에서 하차 후, 재래상가 안에 있는 하회마을 매표소 앞에서 셔틀버스(수시 운행, 5분 소요)를 타고 하회마을 입구까지 간다.
※병산서원을 경유하는 버스 노선: 안동버스터미널 → 하회마을 → 병산서원 → 하회마을 → 안동버스터미널

4 하회마을 → 부용대
낙동강가에서 나룻배를 타고 강을 건너거나 하회마을 주차장까지 나와서 택시를 타고 화천서원까지 간다. 나룻배는 주로 주말·공휴일에만 수시 운행하며, 겨울철에는 주말이라도 강이 얼면 운행하지 않는다. 요금은 편도 3천 원.
문의: 하회마을 나룻배 054-853-0109

5 하회마을 → 병산서원
6km 거리, 택시로 10분(요금은 약 8천 원).
※하회마을에서 낙동강가를 따라 1시간 정도 걸으면 병산서원까지 갈 수 있다.

6 하회마을 → 안동버스터미널
하외마을 입구에서 버스 46번을 타고 이동한다.
※1일 7회 운행 (06:20~18:20)

● 맛집

안동에서는 간고등어구이와 헛제사밥, 안동찜닭이 별미이다. 안동하회마을 주차장 인근에 있는 솔밭식당(054-853-0660)은 간고등어와 안동찜닭을 잘 한다. 옥류정(054-854-8844)은 헛제사밥으로 유명하다. 안동 구 시장의 찜닭골목에 가면 찜닭을 전문으로 하는 식당이 즐비한데 그중 유진식당(054-854-6019), 위생찜닭(054-852-7411), 원조안동찜닭(054-855-8903), 종손찜닭(054-855-9457)이 추천할 만하다. 헛제사밥은 월영교 맞은편 맛50년헛제사밥식당(054-821-2944)과 까치구멍집(054-855-1056), 안동민속음식의집(054-821-2944), 터줏대감(054-853-7800)이 추천할 만하다.

헛제사밥

안동 간고등어

안동찜닭

● **숙소**

안동 하회마을 안에 있는 북촌댁(054-853-2110)은 양반가 체험을 할 수 있고, 감나무집(054-853-2975)은 전통문화 체험이 가능하다. 안동 시내에는 굿스테이로 지정된 안동파크호텔(054-853-1501)이 있다. 고택체험을 하고 싶다면 하회마을 내의 민박집이나 농암종택(054-843-1202), 화천서원(054-854-0663), 옥연정사(054-857-7005), 치암고택(054-858-4411), 수애당(054-822-6661)을 예약하면 된다.

6월의
네번째 여행

동해 먼바다의 화산섬, 울릉도

울릉도는 화산 폭발로 생긴 종 모양의 화산섬이다. 섬 중앙에 가장 높은 성인봉이 우뚝 서 있고, 그 북쪽에 울릉도 유일의 평지인 나리분지가 위치해 있다. 화산섬이라는 특별한 자연환경 덕택에 울릉도만의 독특한 볼거리와 먹을거리가 그득하다.

2박 3일 코스

1일 묵호항 또는 포항항 — 울릉도 도동항 — 육로일주(도동 - 통구미 - 남양 - 향목전망대 - 현포전망대 - 천부 - 섬목) — 도동(숙박)

2일 해상일주유람선 — 내수전전망대 — 내수전 — 석포 옛길 — 석포 — 천부버스정류장 — 나리분지(숙박)

3일 성인봉 산행(나리분지 - 성인봉 - 도동) — 행남등대 해안산책로 — 저동항 — 도동항

절벽길을 따라 춤추다

울릉도가 어떤 섬인지 알고 싶다면 먼저 육로일주를 해봐야 한다. 육로를 다니는 교통수단으로 울릉도 일주버스와 지프형 택시(6인승), 관광버스(30인승 미니버스), 렌터카 등이 있다. 여유를 가지고 찬찬히 살펴보고 싶다면 도보(약 10~12시간)로 자유롭게 다녀도 된다.

육로일주의 출발점은 도동항이다. 도동항은 울릉도에서 가장 번화한 곳으로 각종 편의시설이 밀집해 있다. 혼잡한 상가지대를 빠져나오면 곧 호젓한 사동리 바닷길이 나온다.

울릉도의 해안도로는 들쑥날쑥한 절벽의 곡선에 맞춰 좌우로 물결친다. 그러다 보니 차들도 덩달아 춤을 추게 된다. 사동리를 지나 통구미로 들어서면 느닷없이 바닷가에 거북을 닮은 바위가 나타난다. 일명 거북바위가 바라보는 방향에 통구미가 있다. 통구미 뒤로 솟은 해안절벽은 도끼로 뚝 찍어서 던져 놓은 듯하다. 코뿔소 뿔처럼 날카롭게 솟아 있는 절벽 꼭대기에는 울릉도를 대표하는 나무인 향나무의 자생지(천연기념물 제48호)가 자리하고 있다.

통구미를 뒤로 하고, 서면 소재지인 남양리를 지나 나선형의 수층교와 몇 개의 터널을 통과하면 태하리가 나온다. 태하리에는 해신당인 성하신당이 있다. 이곳은 주민들

에게는 감히 범접하기 어려울 만큼 신성한 곳이다. 신당에서는 매년 정기적으로 제사를 지낼 뿐 아니라 어선을 진수하기에 앞서 무사안녕을 기원하며 제를 올리기도 한다. 성하신당 주변에 있는 태하해변에는 오징어 건조대가 늘어서 있다. 유명한 울릉도 오징어 중에서도 태하에서 건조한 오징어의 맛을 으뜸으로 친다.

 태하에서 꼭 가봐야 할 곳은 향목전망대다. 전망대가 있는 향목 정상부까지 모노레일카를 타고 이동한다. 모노레일 승강장에서 숲길을 걸어 울릉등대(태하등대)를 지나면 향목전망대가 나온다. 전망대에서 바라보는 대풍감의 풍경은 장관이다. 절벽은 수직으로 깎아질러 바다로 떨어지고, 멀리 송곳산이 우뚝하다. 바다 빛깔은 옥색에서 감색으로 먹물 번지듯 변해간다.

 향목전망대에 올라보았으니 현포전망대도 빼놓을 수 없다. 향목에서 다시 태하마을과 현포령을 거쳐서 현포마을에 다다른다. 푸른 산채밭과 울긋불긋한 함석지붕이 정겹다. 현포 앞바다에는 코끼리 형상의 공암(구멍 뚫린 바위, 코끼리바위)이 있다. 멀리서 보면 아기코끼리가 바다에 코를 박고 있는 것처럼 보이지만, 코와 몸 사이에 뚫린 구멍의 크기는 소형 선박들이 어렵지 않게 드나들 수 있을 정도로 크다. 공암 옆으로는 노인 얼굴을 한 노인봉과 송곳을 닮은 송곳산(추산)이 삐죽 솟아 있다.

(왼쪽) 수직으로 깎아지른 대풍감의 풍광이 경이롭다. (오른쪽) 통구미 거북바위 뒤로 초승달이 뜬 풍경

(왼쪽) 천부에서 섬목으로 가는 해안도로에 버티고 선 바위굴
(오른쪽) 울릉도 토종식물인 섬말나리

　삼선암으로 가는 길에 바위굴이 길을 막고 서 있다. 바위 사이로 버스 한 대가 지날 정도의 틈만 뚫려 있다. 버스가 그 사이를 지날 때는 절벽에 부딪히지 않을까 하는 조바심이 난다. 콧구멍 같은 틈새로 차들이 들락거리는 풍경이 이색적이다. 천연 에어컨이라 불릴 정도로 냉풍이 뿜어져 나오는 풍혈을 지나면 순환버스의 종점인 천부정류장에 도착한다. 나리분지나 해안도로 끝인 섬목으로 가기 위해서는 이곳에서 마을버스(승합차)로 갈아타야 한다.
　나리분지는 울릉도 유일의 평지다. 옛날 이곳에 정착한 사람들이 섬말나리 뿌리를 캐어 먹고 살았다고 해서 나리골이라 불렀다 한다. 먼지를 잔뜩 뒤집어쓴 마을버스가 꼬불꼬불한 비탈길을 힘겹게 올라간다. 깔딱고개 정상을 간신히 넘어선 버스가 가파른 내리막을 곤두박질치듯 내달린다. 산꼭대기에 접시처럼 평평한 지형이 있다니 신기할 따름이다. 더구나 그곳에는 십여

현포전망대에 오르면 현포마을과 공암, 추산, 노인봉이 바라보인다.

가구가 마을을 이루어 살고 있다. 작은 마을이지만 식당, 민박집, 버스정류소와 교회, 공원, 야영장 등 있을 건 다 있다. 옛날 주민들이 살았던 투막집과 너와집은 대부분 사라지고 보존용으로 세 채만 남아 있을 뿐이다. 나리분지는 화산재로 덮여 있어 논농사가 불가능하다. 그래서 더덕, 취나물, 고비 등의 산나물과 옥수수를 재배한다. 이곳의 산나물로 만든 산채정식은 눈이 휘둥그레질 만큼 맛깔스럽다. 그 맛을 잊지 못해 일부러 나리분지를 찾는 사람들이 있을 정도다.

옛길을 주머니에 넣다, 내수전 – 섬목 구간

울릉도 해안일주도로(44.2km)의 내수전 – 섬목 구간(4.4km)은 아직 미개통 상태다. 이 구간에 저동 내수전마을과 북면 석포마을이 위치해 있다. 두 마을을 잇는 산길이 내수전–석포 옛길이다. 요즘 들어 외지인들이 즐겨 찾는 트레킹 코스로 다시 각광받고 있다.

내수전–석포 옛길 걷기는 내수전일출전망대 아래 주차장에서 출발한다. 석포마을까지는 3.4km의 거리로, 1시간 30분 정도 소요된다. 길이 편안해서 누구나 크게 힘들이지 않고 걸을 수 있다. 옛길에 들어서면 동백나무, 너도밤나무, 마가목, 해송, 섬피나무들이 울창하다. 덩굴들이 나무를 휘감고 고비·관중 같은 양치식물들이 길섶을 뒤덮고 있다. 한여름 뙤약볕도 밀림같이 우거진 신록을 뚫지 못한다. 안개가 자욱하게 낀 날에는 나무들이 "하하" 입김을 뿜어내며 살아 움직일 것만 같다. 걸음을 뗄 때마다 진한 흙냄새가 배어 올라온다. 신비로움 속에 두려움과 기대감이 교차한다.

옛길의 중간 지점에는 정매화골 쉼터가 있다. 정매화라는 주막집 여인이 살았던 곳이다. 정매화는 이 길을 오가다가 사고를 당한 사람들에게 많은 도움을 주었다고 한다. 쉼터 옆으로 계곡물이 콸콸 쏟아져 내린다. 정매화는 없지만, 그녀가 살던 터는 남아 여전히 길을 오가는 사람들에게 쉼터를 제공하고 있다.

해안절벽 위에 자리 잡은 석포마을에는 시야가 훤히 트인 전망대가 있다. 이곳에서 보면 바다 건너 죽도가 손에 잡힐 듯 가깝고, 관음도가 한달음에 건너뛸 만큼 이웃해 있다. 내수전–석포 옛길은 주머니 속에 꼭꼭 숨겨두었다가 남몰래 꺼내 걷고 싶은 길이다.

(왼쪽) 내수전 옛길에 놓인 외나무다리–지금은 번듯한 나무다리로 바뀌었다.
(오른쪽) 원시림이 울창한 내수전 옛길은 신비로운 분위기를 자아낸다.

바람이 풍경을 울린다, 성인봉

울릉도는 우리나라에서 눈이 가장 많이 오는 지역이다. 12월에서 이듬해 3월 사이에 평균 50일 정도 눈이 내린다. 한 번에 1m 넘게 쌓이는 경우가 다반사일 만큼 적설량도 많다. 성인봉에서는 5월 초에도 잔설을 볼 수 있다고 한다.

성인봉(해발 984m)은 1,000m도 안 되지만, 정상에 오르기는 만만치 않다. 그래도 나리분지(해발 400m)에서 출발하면 그나마 수월하게 산행을 할 수 있다. 나리분지와 알봉분지를 지나면 너도밤나무, 섬피나무, 섬단풍나무가 우거진 성인봉원시림(천연기념물 제189호)이 나타난다. 약수터인 신령수 이후로는 오르막길이다. 계단이 놓여 있는데 겨울에 눈이 많이 쌓이면 흔적조차 보이지 않는다. 계단이 끝나는 지점부터 정상 부근까지는 줄곧 능선을 타야 한다. 정상이 가까워질수록 경사가 심해진다. 대기가 불안정해서 거센 바람이 미친듯이 불기도 한다. 겨울에는 나뭇가지에 쌓인 눈이 녹았다가 갑자기 추워진 날씨에 얼어붙으면서 얼음꽃을 피운다. 비즈처럼 반짝이는 얼음꽃은 바람이 불 때마다 "챙챙" 청아한 소리를 낸다. 첩첩산중 절집에 울려 퍼지는 풍경소리보다 맑다. 바람을 헤치고 성인봉 정상에 오르면 성인봉, 말잔등, 미륵봉, 나리령, 송곳산이 알봉분지를 품듯이 에워싼 풍경이 발아래 펼쳐진다. 송곳산 너머로 푸른 바다가 아득하게 보인다. 성인봉 산행은 기본 체력만 있으면 등산 초보자라도 가능하다. 코스에 따라 다르지만 대략 4~6시간쯤 소요된다.

(왼쪽) 폭설에 뒤덮인 성인봉 정상 (오른쪽) 성인봉 등산로에 눈꽃이 활짝 핀 모습

행남등대 해안산책로에 있는
아찔한 나선형 계단

전설에 울고 장관에 웃다, 행남등대

행남등대 해안산책로는 도동항여객터미널에서 행남등대를 거쳐 저동항의 촛대바위까지 이어지는 해안산책로다. 악어 등가죽처럼 거친 해안절벽 옆구리를 따라 길이 나 있기 때문에 오르내림이 많다. 절벽에는 파도의 침식작용으로 생긴 해식동굴이 곳곳에 있다. 해식동굴로 인해 길이 끊긴 구간에는 구름다리가 놓여 있다. 다리를 건널 때, 바닥 틈새로 일렁이는 파도가 보이면 등골이 오싹해진다. 섬조릿대가 빼곡한 대숲과 털머위가 무성한 해송숲을 지나면 행남등대가 보인다. 등대 전망대에서 바라보는 무지갯빛 구름다리 해안산책로와 저동항 촛대바위의 절경은 말로 형용하기 어려울 만큼 장관이다. 행남등대에서 높은 해안절벽에 위치해 저동항으로 가기 위해서는 높이가 57m나 되는 수직 나선형 계단(소라계단)을 내려가야 한다. 계단을 내려갈 때 바닥을 내려다보면 현기증이 절로 난다. 나선형 계단을 내려와 연이어 있는 구름다리를 건너면 저동항에 도착한다. 저동항 방파제 앞에는 촛대바위가 우뚝 솟아 있다. 이 바위는 고기잡이를 나간 아버지를 애타게 기다리던 딸이 기다림에 지친 나머지 바위로 굳어버렸다는 전설을 가지고 있어, '효녀바위'라고도 불린다. 전설은 눈물 없이 들을 수 없을 정도로 슬프지만 촛대바위와 어우러진 저동항 해돋이의 아름다움은 두고 두고 잊혀지지 않을 것이다.

Travel Tip

> 뱃멀미가 심해서 울릉도에 못 간다는 것은 쓸데없는 걱정이다. 탑승 30분 전에 멀미약을 복용하면 대부분 순탄하게 울릉도까지 간다.

> **육로관광:** 도동항 주차장에는 관광안내소가 있고, 여행사가 많다. 관광버스나 택시를 이용할 경우, 시간도 절약하고 기사에게 울릉도 정보를 상세히 들을 수 있다는 장점이 있다. 울릉도 정기노선버스(우산버스)를 이용할 경우에는 명소마다 내려서 구경하고, 다음 버스(대략 40분 간격)를 타고 이동하면 된다.
> 문의: 관광버스(054-791-6866), 울릉택시(054-791-2315), 개인택시(054-791-2612), 울릉도정기노선버스(054-791-7910, 8000, 저동에서 도동, 천부까지 18회, 천부에서 나리분지까지 9회, 도동에서 봉래폭포까지 18회, 천부에서 관음도까지 9회 운행)
> 요금: 관광버스 1인당 1만 8천 원(3~4시간 소요), 택시 1대당 12만 원(4~5시간)
> ※육로일주할 때에는 바닷가쪽 창가에 앉아야 해안 절경을 제대로 감상할 수 있다.

> 3박 4일 일정이라면 독도전망대, 해상유람선 관광을 하고, 죽도나 독도까지 둘러볼 수 있다. 독도전망대에 가려면 도동약수공원에서 케이블카를 타면 된다. 도동 약수공원 가는 길에 도동약수터와 독도박물관이 있다.

> **해상관광** 문의: 054-791-4477 | 운행: 비수기 1일 2회(08:00 15:40 성수기 증편 운행) | 요금: 성인 2만 5천 원, 소인 1만 2천 원 | 2시간 소요

> 죽도는 울릉도 부속섬 중 가장 큰 섬으로 대나무가 많아 죽도라고 한다. 현재 1인 1가구가 살고 있다. 죽도행 정기여객선은 없고, 비정기유람선이 관광시즌에만 운항한다. 사전에 출항 확인 필수.
> 문의: 죽도 054-791-0150, 4468, 0123, 도동관광안내소 054-790-6454

> 독도는 배가 뜨는 날이 많지 않으므로(1년에 50일 정도), 유람선이 뜬다면 모든 일정을 제쳐두고 타야 한다.

> **태하 - 향목 모노레일** 운행: 4/1~10/31 06:00~19:00, 11/1~익년 3/31 08:00~18:00 | 요금: 성인 왕복 4천 원, 편도 2천 2백 원

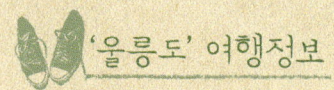

'울릉도' 여행정보

● 가는 길

1 포항·묵호·후포·강릉여객선터미널에서 울릉도행 여객선 이용(약 3시간 소요).

① 포항여객선터미널에서 1일 1회 왕복 운항(09:40).

문의: 포항여객선터미널 054-242-5111~5

② 묵호여객선터미널에서 1일 1회 왕복운항 (09:00).

※ 묵호항과 묵호여객선터미널은 위치가 다르므로, 꼭 위치를 파악해 두자.

문의: 묵호여객선터미널 1666-0980

③ 후포여객선터미널에서 1일 1회 왕복운항 (후포출발: 3월~11월 2주 토요일 9:30, 11월 3주~2월 휴항, 성수기, 연휴 증편운항 일, 월, 수, 금, 토 09:30 | 울릉도출발: 3월~11월 2주 일요일 14:30, 11월 3주~2월 휴항, 성수기, 연휴 증편운항 일, 화, 목, 금 14:30)

문의: 후포여객선터미널 1644-9605

④ 강릉여객선터미널에서 1일 1~2회 운항. 저동항 입항(3/1~7/27·8/22~11/30 월~토 08:40, 일 07:30 14:00, 7/28~8/21 매일 10:00, 12/1~2/28 토 10:00).

문의: 강릉여객선터미널 1577-8665

>>Tip<<

서울에서 묵호와 강릉여객선터미널(안목항)로 가는 셔틀버스가 운행 중이다.

문의: 묵호 셔틀버스 1899-4607

강릉 셔틀버스 1588-6244

※ 여객선의 출항 횟수와 시각, 운항여부는 날씨, 계절, 요일, 성수기 등의 요인에 따라 수시로 변동되므로 미리 전화로 확인해야 한다.

문의: 울릉도동여객선터미널 054-791-0801~3

(ARS 054-791-4811~3)

홈페이지: 울릉도순환버스(우산버스) 시각표 확인 www.ulleung.go.kr

2 도동항 → 천부(해안도로)

울릉도 우산버스가 도동에서 천부까지 왕복 18회, 나리분지까지 9회 운행(배차간격 40분).

문의: 우산버스 054-791-7910, 8000

3 내수전 → 석포 옛길

① 내수전에서 출발할 경우: 도동에서 저동을 거쳐 내수전까지 버스 1일 18회 운행(배차간격 30~50분 간격, 15분 소요) → 내수전 버스 종점에서 내수전 전망대 입구까지 약 2km 구간은 도보나 택시로 이동한다. 택시를 권장, 요금은 1만 2천 원 내외.

② 석포에서 출발할 경우: 천부에서 선창, 석포(섬목)까지 운행하는 마을버스 1일 4회 왕복 운행.

· 천부 → 선창, 석포(섬목 방면) 09:00 10:40 13:30 15:30

· 석포 → 천부 09:20, 11:00, 13:50, 15:50

4 천부 → 나리분지

마을버스 1일 9회 왕복 운행.

(천부발 07:35 08:15 09:45 11:20 12:35 14:25 16:15 17:20 18:00)

● 맛집

울릉도는 지리적, 지형적으로 독특한 자연환경을 가지고 있어서 별미가 많다. 약초해장국은 물엉겅퀴라는 약초를 넣어 끓인 해장국이다. 국물이 얼큰

하고 시원해서 아침 해장용으로 최고다. 99식당의 오징어내장탕은 오징어 내장 전체를 넣어 맑은 탕을 끓인다. 담백해서 해장국으로 인기다. 99식당(054-791-2287), 다애식당(054-791-1162)

산채비빔밥과 산채전은 울릉미역취, 섬부지갱이, 고비, 삼나물, 명이, 전호, 땅두릅 등으로 요리한다. 나리분지의 산마을(054-791-4643), 나리촌(054-791-6082)

울릉약소불고기는 약초들을 먹고 자랐기 때문에 육질에 약초 특유의 향과 맛이 배어 있고, 질기면서도 고소한 식감이 독특하다. 향우촌(054-791-0686), 경주식육식당(054-791-3034), 암소한마리식당(054-791-4898)

따개비밥과 홍합밥은 손톱만한 따개비와 홍합을 듬뿍 넣어 밥을 짓고 양념장에 비벼먹는다. 보배식당(홍합밥 054-791-2683), 신애분식(따개비칼국수 054-791-0095)

꽁치물회는 주민들이 즐겨먹는 향토음식으로 비리지 않고, 고소하다. 바다회센터(054-791-4178)

● 숙소

사동의 대아리조트(054-791-8800)와 마리나관광호텔(054-791-0020), 도동항 주변의 칸모텔(054-791-8500)과 성인봉모텔(054-791-2078), 세운모텔(054-791-2171) 등이 추천할 만하다. 저동항에 황제 모텔(054-791-8900), 경주모텔(054-791-3703), 낙원장(054-791-0580), 비둘기모텔(054-791-7090), 동해섬모텔(054-791-2343) 등의 숙박업소가 있다. 북면 천부리에는 청림장여관(054-791-6028)이 있다.

오징어내장탕

산채정식

약소불고기

따개비밥

7월의
첫번째 여행

아홉 굽이 아홉 색깔,
괴산 화양구곡

트레킹을 좋아한다고 해도 한여름은 피하고 싶은 것이 인지상정이다. 하지만 시원한 계곡길이라면 얘기가 달라진다. 충북 괴산 청천면 화양리에 한여름에도 걷기 좋은 계곡길이 있으니 그곳은 바로 화양구곡華陽九曲이다.

※ 당일 코스 ※

화양동청소년수련원 - 화양동 입구 - 화양구곡 트레킹 - 자연학습원

진경산수화 속으로 들어가다

화양동계곡은 속리산국립공원에 속해 있다. 푸른 산과 맑은 계곡이 어우러진 풍경은 잘 그린 진경산수화 못지않게 아름답다. 2011년에 국립공원관리공단에서 선정한 '베스트자연경관 100선'에 뽑힌 것이 어쩌면 당연한 일이다. 이처럼 아름다운 풍광이 훼손되지 않고 고이 보존될 수 있었던 것은 괴산이 충북 내륙의 깊은 곳에 위치한 덕분이리라.

일찍이 화양동의 진가를 알아본 사람은 우암 송시열(1607~1689)이다. 우암은 화양동에 은거해 말년을 보내면서 제자들을 양성했다. 훗날 그의 제자가 우암을 기리는 의미로 화양동의 아홉 굽이(1곡 경천벽, 2곡 운영담, 3곡 읍궁암, 4곡 금사담, 5곡 첨성대, 6곡 능운대, 7곡 와룡암, 8곡 학소대, 9곡 파천)에 이름을 붙이고 화양구곡이라 불렀다.

화양구곡길은 1곡에서 출발하여 9곡까지 있어서 계곡을 거슬러 올라가는 산책 코스다. 산책로의 경사가 완만하고 길도 잘 닦여 있어서 평지를 걷는 것과 다를 바 없다. 노약자들도 어렵지 않게 걸을 수 있다. 물길을 따라 걷고 싶다면 9곡에서 출발하면 된다.

화양구곡 진입로

Jan.
Feb.
Mar.
Apr.
May
Jun.
Jul.
Aug.
Sep.
Oct.
Nov.
Dec.

숲속에서 강을 만나다, 경천벽 – 금사담

　　화양청소년수련원 앞 버스정류소에 내려 5분 정도 걸으면 제1곡인 경천벽擎天壁이 보인다. 계곡가에 우뚝 선 절벽의 위풍당당한 모습은 하늘이라도 떠받칠 기세다. 우암은 이 바위에 '화양동문華陽洞門'이라는 글씨를 남겼다.

　　주차장과 탐방안내소를 지나면 계곡 옆으로 자연관찰로가 이어진다. 느티나무가 우거진 산책로에는 노란 애기나리가 지천이다. 숲을 빠져나와 대로를 걷다가 화양이교를 건너면 제2곡인 운영담雲影潭에 이른다. 계곡 뒤에 버티고 선 수직바위가 마치 병풍을 둘러놓은 듯하다. 상류에서 흘러 내려온 계곡물이 이곳에 고여 커다란 연못을 만들어놓았다. 구름의 그림자가 비칠 만큼 맑다는 뜻의 이름처럼 진초록 빛깔의 소沼에 파란 하늘이 담뿍 담겨 있다. 물가 주변에는 고운 모래밭이 펼쳐져 있어 깊은 산속에 강이 흐르는 듯하다. 수심이 얕고 모래밭도 있어 구곡 중에서 물놀이하기에 좋은 조건이지만 국립공원 내에서는 수영이 금지되어 있다.

　　2곡 운영담에서 3곡 읍궁암泣弓巖은 지척이다. 읍궁암은 우암이 자신의 제자 효종이 죽자 새벽마다 올라가 웅크리고 통곡했던 바위다. 그 사연은 슬프지만 너럭바위에 걸터앉아 탁족을 하거나 낚시를 즐기기에는 더없이 좋은 곳이다.

(왼쪽) 화양구곡 자연생태탐방로　(오른쪽) 운영담

화양구곡 최고의 절경으로 꼽히는 제4곡 금사담

읍궁암 주변에는 만동묘와 우암을 제향한 화양서원, 우암의 묘소와 신도비 등이 있다. 만동묘는 우암이 임진왜란 때 조선에 파병을 해준 명나라 신종과 의종의 위패를 모시고 제사를 지냈던 곳이다.

4곡 금사담金沙潭은 화양구곡 최고의 절경으로 손꼽힌다. 그 이름에 어울리게 물속의 모래가 금싸라기 같다. 금사담의 수직 절벽 위에는 우암의 독서재讀書齋인 암서재巖棲齋가 '백년송'처럼 자리 잡고 있다. 암서재가 바라보이는 바위에 다리를 늘어뜨리고 앉아 망중한을 즐겨본다. 바위에 부딪혀 새하얗게 부서지는 물결을 굽어보면 눈이 시릴 정도로 청량감이 느껴진다.

푸른 물에 발 담그니 여기가 무릉도원이다, 첨성대 – 파천

화양일교 위에서 고개를 들어 도명산 산기슭을 바라보면 5곡 첨성대瞻星臺가 보인다. 장기알을 차곡차곡 쌓아 놓은 듯한 모양이다. 자연적으로 형성된 바위라고 믿기지 않을 만큼 독특하게 생겼다. 별을 관측하기 좋은 바위라고 하여 첨성대란 이름이 붙었다. 5곡을 지나면 6곡 능운대에 이른다.

6곡 능운대凌雲臺는 우뚝 솟아 구름을 찌를 듯한 바위라는 이름과는 달리 주의 깊게 살피지 않으면 놓치기 쉬운, 존재감이 미약한 바위다. 능운대를 지나면서부터는 상가들이 사라지고, 숲길만 이어진다. 관람객들도 현저히 줄어 한적한 산책을 즐기기에 좋다. 산책로 아래로 흐르는 계곡물이 "쏴쏴" 소낙비 쏟아지는 소리를 내며 시원하게 바위를 타 넘는다. 가로수가 잎이 무성하게 돋은 나뭇가지를 부채처럼 펼쳐 뜨거운 햇살을 막아준다.

7곡 와룡암臥龍巖은 길게 누운 용이 꿈틀거리는 모양을 닮았다. 역동적인 바위의 모습과는 달리 물결은 잔잔해서 탁족을 즐기기에 좋다.

길게 누운 용이 꿈틀거리는 모양을 닮은 제7곡 와룡암

도명산 등산로 입구의 철다리 위에 서면 8곡 학소대鶴巢臺가 제대로 보인다. 옛날에 백학이 이곳 절벽에 집을 짓고 새끼를 쳤다고 해서 학소대라 불린다. 철다리를 되돌아 나와 가던 길을 계속 이어 걷는다. 9곡 파천巴串은 숲에 가려져 있어 산책로에서는 보이지 않는다. 안내판 뒤로 이어지는 숲길을 통과해서 계곡으로 내려가야 제 모습을 볼 수 있다. 흐르는 물결이 용의 비늘을 닮았다 하여 파천이라 한다. 하얀 빛깔의 너럭바위들이 밀가루 반죽을 밀대로 밀어놓은 것처럼 계곡가에 자리 잡았다. 넙적한 바위에 앉아 물장구를 치며 주

계곡을 가로지는 외다리

변 풍광을 감상하고 있자면 신선놀음이 따로 없다. 햇살이 뜨거우면 바위 뒤나 나무그늘 아래로 피하면 된다. 파천을 지나 상류로 계속 올라가면 선유동계곡으로 이어진다.

화양구곡길은 편도 1시간 30분 정도 소요되는 거리다. 계곡마다 들러 탁족이라도 하다 보면 3시간은 족히 걸린다. 이 길은 당일 트레킹 코스로도 좋지만 계곡 앞에서 하룻밤 묵으며 열대야의 무더위를 날려보는 것도 괜찮을 듯하다.

Travel Tip

> 파천에서 15분 정도 더 올라가면 자연학습원이 있다. 학습원 옆 슈퍼(자연식당) 앞에서 버스를 타고 청주로 나가면 된다. 이 버스가 화양동 입구에 있는 화양청소년수련원 정류소에도 들른다(학습원에서 수련원까지 약 10분 소요). 9곡에서 출발할 경우 학습원 앞에서 내려서 1곡까지 걷고, 화양동입구정류소에서 이 버스를 타면 된다.

> 화양동구곡에 오고갈 때 청주터미널을 거칠 예정이라면 청주 명소와 연계해서 1박 2일로 일정을 짜면 좋다. 화양청소년수련원입구정류소에서 청주시외버스터미널까지 1시간 10분 소요.

> 국립공원 안에 있어 야영과 취사나 수영이 금지된다. 야영은 매표소 밖에 있는 화양동 야영장에서만 가능하다.

'괴산 화양구곡길' 여행정보

● **가는 길**

1 서울 → 화양청소년수련원/충북자연학습원
동서울버스터미널에서 화양동정류소까지 버스 1일 1회 운행(13:00, 3시간 30분 소요).
문의: 청주고속·시외버스터미널 1688-4321

2 서울 → 청주 → 화양청소년수련원/학습원
서울고속버스터미널에서 청주고속버스터미널까지 고속버스 수시 운행(1시간 40분 소요) → 청주시외버스터미널(고속버스터미널 길 건너 맞은편)에서 화양청소년수련원 또는 학습원행 직행버스(송면행)를 탄다. 1일 8회 운행(07:20~17:40, 배차간격 1~2시간, 1시간 10분 소요).

3 화양청소년수련원 → 청주시외버스터미널
버스 1일 8회 운행(07:00 10:00 13:00 14:00 15:20 16:40 18:10 19:30).
문의: 학습원 앞 버스매표소(자연식당) 043-833-8406

● **맛집**

괴산의 별미는 올갱이해장국이다. 청주시외버스터미널 인근에 있는 서울식당(043-832-2135)과 기사식당(043-833-5794)이 유명하다. 화양구곡 금사담 인근에 식당과 민박을 겸한 상가들이 몰려 있다. 동원개미식당(043-832-4572), 화양식당(043-832-4392), 선유동휴게소(043-833-8008) 등이 있다. 괴산읍내에서는 담북장이 맛있기로 소문난 전원식당(043-832-0098)을 추천한다.

● **숙소**

운영담, 금사담 부근에 민박집들이 있다. 시설이 오래되어 깔끔한 편은 아니다. 금사담 앞의 금성민박(043-832-4351)과 운영담 부근 산장민박(043-832-4365)이 그중 시설이 괜찮다. 화양동 입구에서 차로 10여 분 떨어진 곳에 구름속소나무펜션(043-834-2245)이 있다.

화양동청소년수련원
화양동 입구 사거리
화양동 탐방지원센터
1곡 경천벽
3곡 읍궁암
4곡 금사담
자연학습원
암서재
7곡 와룡암
화양구곡 트레킹 시작점
식당밀집
선유구곡길 방면
2곡 운영담
9곡 파천
8곡 학소대
화양동서원
6곡 능운대
5곡 첨성대

청주고속터미널

자연학습원 버스매표소

7월의
두번째 여행

맛에 취하고 멋에 취하는 도심 속 전통마을, 전주한옥마을

전주는 역사와 전통이 깃든 고장으로 옛 도시의 풍미를 그대로 간직하고 있다. 격조 있고 정갈한 맛과 멋의 도시, 전주의 한옥마을은 그런 진면목을 그대로 보여주고 있다. 사계절 어느 때 방문해도 좋지만 그중에서도 덕진 연못에 연꽃이 피는 여름이 좋다. 전주의 옛스러운 미를 대변하는 덕진연 못 홍련은 꽃송이가 탐스럽고 향이 짙어 찾는 이들의 마음을 사로잡는다.

1박 2일 코스

한옥마을 -👣- 경기전 -👣- 전동성당 -👣- 오목대 -👣- 전주향교 -👣- 양사재 -👣-
전주천 -👣- 객사길 -👣- 풍남문 -🚗- 막걸리촌 -🚗- 한옥마을(숙박) -🚗- 덕진공원

연꽃과 밀회를 즐기다, 덕진공원

덕진연못은 전주 사람들에게 오랜 친구처럼 편안한 공원이다. 후백제를 세운 견훤이 911년 도성을 방위하기 위하여 만들었다고 하는데, 이 설이 사실이라면 1천 년이나 한 자리를 지킨 셈이다. 그 정도 지조라면 전주 사람들이 애착을 가질 만하다.

덕진연못이 자리한 덕진공원은 전주고속버스터미널에서 차로 약 5분 거리에 있다. 공원 입구에 들어서면 코가 막힌 사람도 향을 맡을 수 있을 정도로 진한 연꽃향이 풍겨온다. 그 향기는 젊은 날의 엄마 얼굴에서 맡았던 분 냄새처럼 달콤하다. 전국의 내로라하는 연꽃들과 비교해도 이처럼 향이 짙은 곳은 없다. 연못 둘레에는 늘 사진가들이 이른 아침부터 진을 친다. 그들은 연꽃의 외형뿐만 아니라 그 향기까지 담으려고 애를 쓴다.

덕진공원 안에 있는 연꽃자생지는 면적이 42,975㎡(약 1만 3천 평)로 공원 면적의 3분의 2를 차지할 정도로 넓다. 양산으로 써도 될

Jan.
Feb.
Mar.
Apr.
May
Jun.
Jul.
Aug.
Sep.
Oct.
Nov.
Dec.

덕진연못의 홍련

덕진연못의 홍련은 향이 짙고 생김새가 단아하다.

만큼 널찍한 연잎이 수면 위를 두텁게 덮었다. 무성한 연잎 사이로 볼연지처럼 발그레한 홍련이 수줍게 얼굴을 내밀었다.

　덕진연못에 핀 연꽃은 대부분이 홍련이다. 꽃송이 하나가 어른 머리만하다. 꽃잎마다 세로 주름이 선명해서 분홍색 주름종이를 써서, 정성껏 만든 연등을 연못 위에 동동 띄워놓은 것처럼 보인다. 흙탕물 위에 불꽃처럼 피어난 홍련의 모습은 고고하면서도 단아하다. 덕진연못의 연꽃은 꽃봉오리가 활짝 열려도 헤벌쭉 흐트러지지 않는다. 분홍치마를 입고 수줍은 미소를 띤 색시처럼 함초롬하다. 연꽃은 흙탕물에서 피지만 더럽혀지진 않는다. 오히려 물을 정화한다. 불가에서 연꽃을 높이 평가하는 이유도 이런 특성 때문이라고 한다.

　연못 중앙에는 아담한 현수교가 있다. 그 위를 걸으면 연꽃 사이를 헤치며 유유자적하는 오리가 된 기분이다. 다리 난간 사이로 손을 뻗으면 연꽃을 건질 수 있을 것만 같다. 덕진연못의 연꽃향에 오롯이 취해보고 싶다면 야간산책을 권한다. 여름에는 공원의 야외극장에서 영화 상영까지 한다니 일석이조 아닌가.

골목길에서 길을 잃다, 전주한옥마을

덕진공원에서 한옥마을까지는 차로 10분 정도 걸린다. 한옥마을은 최근에 마친 보수공사로 인해 옛 모습이 많이 사라졌다. 골목과 가옥들이 너무나 말끔해서 드라마 세트장을 보는 듯하다. 외관은 한옥풍인데 실내는 양식당 분위기의 퓨전카페들도 들어섰다. 그 풍경이 낯설기도 하지만 굴러 들어온 돌이 박힌 돌을 뺀 것처럼 밉살맞진 않다. 전주한옥마을은 애초에 전통한옥마을이 아니었다. 오히려 개화기에 지어진 개량형 한옥이 많았다. 전주한옥마을의 특징은 조선시대의 전통한옥마을, 현대의 다운타운, 그리고 그 사이에 과도기적인 전근대 한옥마을이 공존하고 있는 데 있다. 시간이 지나며 옛 멋이 조금씩 사라지고 있기는 하지만 그 빈자리를 새로운 문화가 채워가고 있다.

골목길은 두 팔을 벌리면 손끝이 담장에 닿을 정도로 비좁고, 미로처럼 얽혀 있다. 막다른 골목인 듯하면서도 길이 이어진다. 그 사이에 아기자기한 공방들과 소규모의 박물관, 한옥체험관, 한지공장, 전통찻집들이 석류알처럼 빼곡히 들어찼다. 길을 잃고 여기 기웃, 저기 기웃 헤매는 재미가 쏠쏠하다.

(왼쪽) 한옥마을 꽃담
(오른쪽) 동락원 뒷마당의 장독대

(왼쪽) 경기전의 대나무밭 (오른쪽) 비잔틴풍의 전동성당

　골목을 빠져나와 한옥마을의 중심대로인 태조로로 나오면 경기전과 전동성당이 마주보고 있다. 경기전(사적 제339호)은 태조 이성계의 어진(보물 제931호)을 모시기 위해 태종 때 지어진 건물이다. 경기전 안에는 태조의 어진과 전주사고 건물과 예종의 태실이 보존돼 있다. 경기전은 전주의 심장과 같은 공간이지만, 외지인의 눈에는 역사유적지 이상의 의미는 없을지도 모른다. 그런데 경기전에 여러 번 드나들다 보면 전주 사람들처럼 고목 그늘 아래에 자리를 잡고 앉아 휴식을 즐길 수 있는 여유가 생기니 신기한 일이다.
　전동성당은 1791년 신유박해 때에 한국 천주교 최초의 순교자가 처형된 곳에 세워진 성당이다. 성당의 주춧돌은 천주교 신자들이 대거 처형되었던 풍남문 성벽을 헐어낸 돌이다. 그 배경은 참혹해도 전동성당의 외관은 비잔틴풍의 로마네스크 양식으로 지어져 아름답다. 전동성당의 상징물인 종탑 부분은 둥근 기둥에 12개의 창을 내고, 우산을 펼친 모양의 지붕을 얹었다. 양 옆 두 개의 돔은 8각형 기둥에 8개의 창을 내어 화려한 건축미를 살렸다.

억새의 바다에 빠지다

　　태조로 오르막 끝 언덕에는 오목대가 있다. 태조 이성계가 왕이 되기 전 남원 황산벌에서 왜구를 토벌하고 개경으로 돌아가던 중 이곳에 들러 연회를 베풀고 대풍가를 불렀다고 한다. 오목대는 한옥마을에서 전망이 가장 좋은 곳이다. 마을을 굽어보면 기와 지붕들이 처마를 맞대고 옹기종기 모여 있고, 그 둘레로 자동차들이 쉴 새 없이 오가는 장면을 볼 수 있다. 이처럼 과거와 현대가 공존하는 풍경이 한옥마을의 지금 모습이다. 오목대와 전주천을 연결하는 산책로를 걷다 보면 양사재와 전주향교, 전통문화센터, 한벽당이 차례로 나타난다.

　　전주향교(사적 제379호)는 고려시대에 창건됐다. 너른 마당에는 수령이 400년이나 된 은행나무 다섯 그루가 있다. 그 모습이 자못 위세 등등해서 해거름 녘에 붉게 물든 모습을 보면 신령스러울 정도다. 대성전 우측에 있는 은행나무는 수컷이 암컷으로 변하여 은행이 열린다는 자웅나무로서 지금도 이 은행을 따서 제사를 지낸다고 한다.

　　전주향교 바로 옆에는 향교의 부속건물로서 유생들을 교육했던 양사재가 있다. 한옥의 원형을 잘 간직하고 있는 건물로 지금은 한옥숙박시설로 사용 중이다. 케케묵은 기왓장에 반질반질 윤이 나는 마룻장, 까맣게 손때 낀 갈라진 기둥, 무엇보다 군불을 때는 구들장이라 하룻밤 묵고 싶은 맘이 간절해진다. 한벽당, 전통문화센터를 지나 한벽굴을 통과하면 전주천 산책로가 나온다. 전주천은 봄에도 산책하기 좋지만 가을에 더욱 운치가 있다. 가을이 오면 전주천

태조 이성계가
대풍가를
불렀던 오목대

변에 억새꽃들이 뽀얗게 피어난다. 억새가 천변을 뒤덮은 풍경은 마치 운해를 연상시킨다. 억새는 찰랑이는 머릿결보다 보드랍고 탄력 있다. 산들바람이라도 불면 은빛으로 반짝이며 민들레 홀씨처럼 흩날린다.

술에 취하고 분위기에 취하다

한옥마을에 어둠이 깔리면 낮 동안의 분주함은 온데간데없이 사라지고 시골마을처럼 적막해진다. 긴 여름밤을 한옥마을 안에서만 보내기 지루하다면 다운타운인 객사길로 야간투어를 하는 것도 좋다. 한옥마을에서 객사길까지는 도보로 20분 정도 걸린다. 가는 길에 야간 조명을 밝힌 풍남문(보물 제308호)을 볼 수 있다. 풍남문은 서울로 치면 남대문격이다. 전주에는 원래 4개의 성문이 있었는데, 일제강점기에 동·서·북문이 철거되고 풍남문만 남았다. 풍남문 주위의 성곽도 허물어지고, 지금은 성문만 남아 로터리 역할을 하고 있다.

객사길 입구에 있는 객사는 조정에서 사신이 오면 묵었던 곳이다. 객사길 중앙에는 화려한 루미나리에가 휘황찬란한 불을 밝혀 서울 명동 한복판처럼 불야성을 이룬다. 객사길에서 저녁

가을이면 전주천에 억새꽃이 만발하여 은빛 물결을 일으킨다.

을 먹거나 윈도우쇼핑을 해도 좋고, 전주의 명물로 알려진 막걸리촌을 찾아가도 좋다. 삼천동, 서신동, 효자동, 평화동, 경원동에 막걸리타운이 형성되어 있다. 막걸리촌의 음주문화는 독특하다. 막걸리 한 주전자를 주문하면 안주가 한 상 가득 따라 나온다. 막걸리를 추가할수록 주전자당 술값은 내려가고 안주는 고급스러워진다. 주당들에게 이보다 좋은 천국이 있으랴? 맥주가 당긴다면 소박한 '전주가맥'을 즐겨도 좋다. 가맥이란 '가게에서 파는 맥주'의 준말이다. 주당들 사이에서는 가맥의 인기가 전주비빔밥, 전주한정식 못지않다. 가맥의 원조집인 '전일갑오'는 맥주보다 안주로 나오는 황태와 갑오징어로 유명하다. 연탄불에 바삭하게 구워진 안주와 독특한 비법으로 제조된 양념장이 끊임없이 손님을 불러들인다. 한옥마을에서 10여 분만 걸으면 된다.

(위) 객사길의 루미나리에
(아래) 막걸리촌에서 막걸리 한 잔

Travel Tip

> **덕진공원** 문의: 063-239-2607 | 개원: 하절기 10:00~22:00(6~9월), 동절기 10:00~20:00(1~5월, 10~12월)

> 한옥마을은 도보여행을 하기에 좋은 곳으로 여자 혼자 다녀도 전혀 무섭지 않다.

> 답사하기 전에 경기전 앞에 있는 관광안내소에서 지도를 받아서 갈 곳을 체크하며 다니면 길 찾기가 편하다.

> 전동성당과 풍남문, 오목대에 야간조명이 켜진다.

> 치명자산에 오르면 전주천이 가로지르는 전주시의 풍광을 한눈에 조망할 수 있다. 치명자산성지에서 산길을 약간만 올라가면 된다.

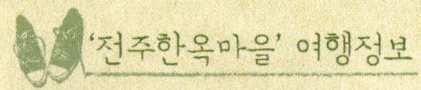
'전주한옥마을' 여행정보

● 가는 길

1 서울 → 전주
센트럴시티터미널에서 전주버스터미널까지 버스 수시 운행(05:30~21:40, 배차간격 10~20분), 동서울터미널에서 전주버스터미널까지 버스 수시운행(05:30~24:00, 배차간격 10~20분, 2시간 45분 소요).
문의: 전주고속버스터미널 063-277-1572

2 전주버스터미널 → 한옥마을
버스 79번을 타고 전동성당, 한옥마을에서 하차.

3 전주고속버스터미널 → 덕진공원
금암1동사무소에서 버스 383, 1, 380, 381, 385, 970, 752, 684, 165를 타고 덕진공원정류소에서 하차.

4 전주역 → 덕진공원
역 앞에서 버스 337번 이용.
문의: 전주역 063-243-7783

5 전주고속버스터미널에서 덕진공원까지는 2.3km, 한옥마을까지는 3.2km 정도 된다. 덕진공원까지는 택시를 이용해도 기본요금이면 충분하다.

● 맛집

덕진공원 인근에 전주비빔밥으로 유명한 고궁(063-251-3211)이 있고, 간식거리로 전북대 구정문 쪽에 상추튀김전문점들이 있다. 한옥마을 공예품전시관 인근 다문(063-288-8607)은 한정식을, 백련마을(063-286-3091)은 연밥을 잘한다. 중앙동 일대에 비빔밥집이 몰려 있는 가운데 가족회관(063-284-2884), 성미당(063-287-8800)이 눈에 띄고, 백반집으로는 한국집(063-284-2224), 한밭식당(063-284-3367), 광장식당(063-282-3641)이 유명하다. 중앙동의 가본집(063-284-4602)은 메밀소바와 콩국수를, 함흥냉면(063-282-9946)은 냉면을 잘한다. 콩나물국밥은 고사동의 삼백집(063-284-2227), 경원동의 왱이집(063-287-6980), 가맥집은 경원동의 전일갑오(063-284-0793)와 풍남동의 전주임실슈퍼휴게실(063-288-1896)이 널리 알려져 있고, 전동성당 근처의 베테랑칼국수집(063-285-9898)은 칼국수 맛집으로 입소문이 자자하다.

● 숙소

한옥마을 안에는 한옥숙박체험을 할 수 있는 곳이 많은데 동락원(063-285-3490)과 전주한옥생활체험관(063-287-6300)에서는 전통혼례나 장 담그기, 떡매치기, 인절미 만들기, 한지공예 등 전통체험도 할 수 있다. 이외에 아세헌(063-287-1677), 학인당(063-284-9929), 양사재(063-282-4959) 등이 있고, 덕진공원과 전주역 인근 아중리에 시설 좋은 모텔들이 많다. 전주관광호텔(063-280-7700), 리베라호텔(063-232-7000), 히딩크여관(063-242-5665), 궁관광호텔(063-255-3311) 등도 추천할 만하다.

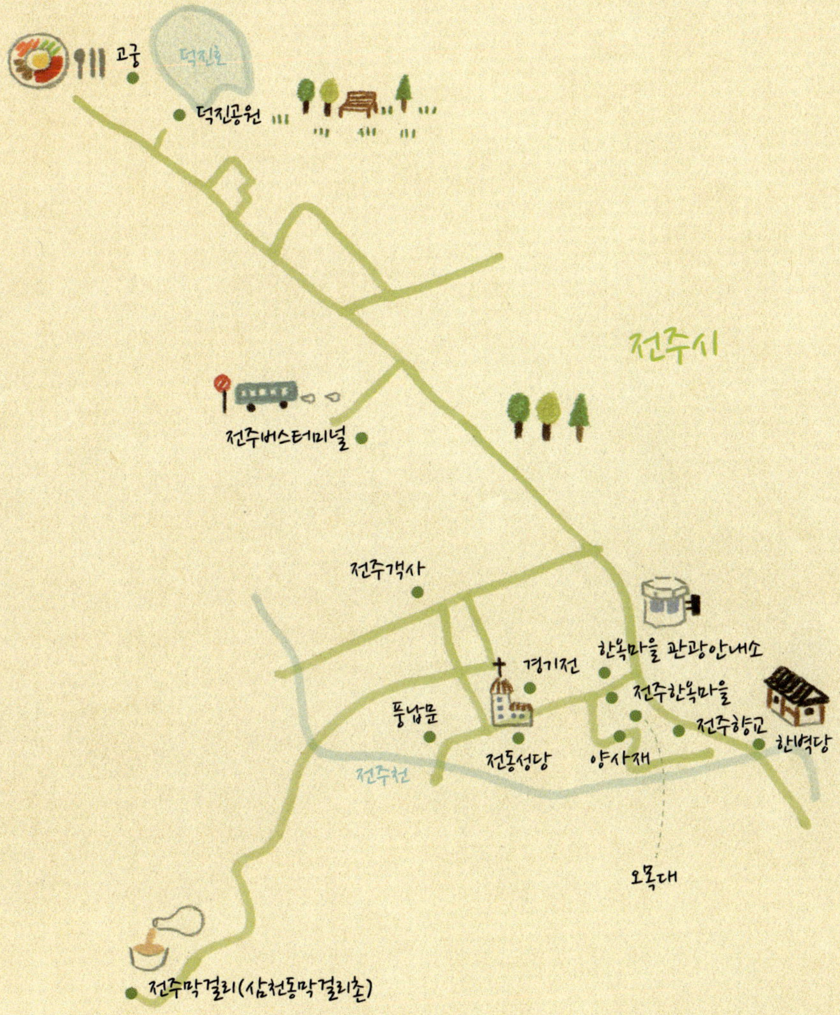

고궁
덕진호
덕진공원
전주시
전주버스터미널
전주객사
한옥마을 관광안내소
경기전
전주한옥마을
풍남문
전주향교
한벽당
전동성당
양사재
전주천
오목대
전주막걸리(삼천동막걸리촌)

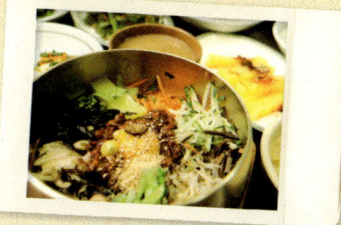

전주비빔밥

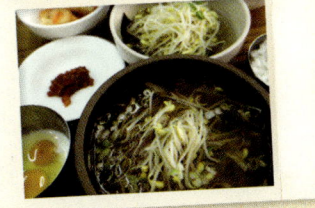

콩나물국밥

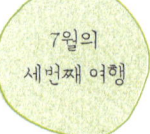

새우깡 같은 섬, 인천 무의도

무의도는 새우깡처럼 물리지 않는 섬이다. 홍시빛 노을이 깔리는 하나개 해수욕장과 하루에 단 두 번만 바닷길을 열어주는 실미도, 인천 연안 섬들을 손금 보듯 보여주는 호룡곡산 전망대가 사람들의 마음을 시도 때도 없이 잡아끈다.

1박 2일 코스

광명항 – 호룡곡산 – 하나개해수욕장 – 큰무리마을(숙박) – 실미도유원지

산을 타면서 바다를 감상하는 곳

무의도행 페리호를 타려면 잠진도선착장으로 가야 한다. 주말에는 선착장이 승선 준비를 하는 차량들로 붐빈다. 무의도 큰무리선착장에 도착하면 마을버스가 배 도착시각에 맞춰 섬을 돌기 때문에 굳이 차가 필요하지 않다. 잠진도선착장에서 무의도까지는 배로 7~8분 걸린다. 갑판에 올라 새우깡 먹는 갈매기를 잠깐 구경하다 보면 어느새 하선 안내방송이 들린다.

하선하는 사람들 중에는 등산복 차림을 한 사람들이 많다. 그들은 국사봉과 호룡곡산에 오르려는 등산객들이다. 무의도는 섬인데도 산을 즐기러 오는 사람들이 많다. 산을 타면서 바다를 동시에 감상할 수 있기 때문이다. 호룡곡산과 국사봉은 각각 해발 246m, 230m의 나지막한 산이지만 국사봉 – 호룡곡산까지 종주하려면 3시간 30분 정도 걸린다.

가벼운 트레킹 정도만 하고 싶다면 하나개해수욕장에서 출발하여 호룡곡산 전망대에 올랐다가 광명항(샘꾸미선착장)으로 하산하거나 거꾸로 광명항에서 호룡곡산을 거쳐 하나개해수욕장 쪽으로 하산하면 된다. 이 코스는 왕복 2시간 반 정도면 충분하다. 광명선착장에서 시작해서 하나개로 내려오는 코스가 오르막 경사가 심하지 않아 좀 더 수월하다.

Jan.
Feb.
Mar.
Apr.
May
Jun.
Jul.
Aug.
Sep.
Oct.
Nov.
Dec.

'환상의 길'을 걷다, 호룡곡산

큰무리선착장에서 마을버스를 타고 종점인 광명항(생꾸미선착장)으로 간다. 광명항에서 마을로 올라가는 길 중간에 등산로 안내판이 있다. 안내판 뒤로 동네 뒷산 약수터 가는 길처럼 야트막한 덤불숲이 보인다. 등산로 전반부는 나무가 잘아서 왼편으로 바다가 온전히 보인다. 그래서 바다를 보며 걸을 수 있다는 장점이 있다. 가끔 나타나는 돌계단 외에는 단단한 흙길이고, 오르막 경사가 심하지 않다. 호룡곡산은 등산복을 갖춰 입지 않아도 슬렁슬렁 산책하듯 오를 수 있다. 어른보다 몸이 가벼운 아이들은 다람쥐처럼 뛰어 올라간다.

숲길은 숨바꼭질하듯 바다로 나갔다가 숲으로 들어갔다를 반복한다. 바다로 돌출한 바위에 올라서면 전망대가 필요 없을 정도로 풍광이 장쾌하다. 산 중턱에 불끈 솟은 마당바위와 부처바위를 지나면 정상 부근부터 경사가 급해진다. 밧줄을 잡고 숨을 몰아쉬며 돌계단을 오르면 전망대가 기다린다. 해발 200m가 약간 넘는 산이지만 전망만큼은 높은 산 못지않게 시원스럽다. 정면으로 하나개해수욕장, 인천항과 인천대교, 인천국제공항과 영종도신시가지가 아파트 앞동처럼 훤히 보인다. 등을 돌려 반대쪽 바다를 바라보면 대부도, 선재도, 영흥도, 대이작도, 소이작도, 승봉도, 자월도 등 인천 연안의 오밀조밀한 섬들이 고래등처럼 떠 있다. 바다로 내달리는 숲은 초록카펫을 깔아놓은 것처럼 폭신폭신하게 느껴진다. 숲의 밀도가 빽빽해서 싱싱한 브로콜리를 보는 듯하다.

(왼쪽) 호룡곡산으로 올라가는 등산로 (오른쪽) 환상의 길에 숨어 있는 계곡

서어나무숲을 빠져나오면 바다가 보이는 환상의 길을 만난다.

하산할 때는 하나개해수욕장 방면 '환상의 길'로 방향을 잡는다. 호룡곡산 산행의 백미는 해안절벽과 숲이 친구처럼 어우러지는 '환상의 길' 코스다. 길 초반에 나타나는 서어나무숲은 한 사람만 지나갈 수 있을 정도로 조붓한데다 서어나무가 하얀 껍질에 다람쥐처럼 검은 줄무늬를 지니고 있어 이국적인 분위기를 풍긴다. 숲을 지나 활엽수가 무성한 오솔길을 걷다 보면 이내 가파른 내리막 너덜지대에 이른다. 넘어지지 않으려고 바닥만 보고 걷다 문득 들려오는 파도소리에 고개를 들면 해안절벽과 바다가 눈앞에 펼쳐진다. 한걸음 내딛을 때마다 뒤로 비껴가는 해안절벽의 풍광에 입이 벌어진다. 숲이 깊어지는가 싶은 순간 계곡물 흐르는 소리가 들린다. 한여름인데도 계곡물은 손가락이 시릴 정도로 차다. 빛이 잔잔히 새어 들어오는 계곡에서 세수를 하고, 하나개해수욕장까지 이어지는 호젓한 숲길을 걷는다. 걷는 내내 해안절벽에 부딪치는 파도소리와 산새소리, 경쾌한 계곡물 소리가 발자국을 따른다. '환상의 길'이란 이름이 헛되지 않음을 실감한다. 이어 자연학습관찰로를 지나면 하나개해수욕장 입구가 나온다.

개펄은 살아 있다, 하나개해수욕장

하나개는 '섬에서 가장 큰 개펄'이라는 뜻이다. 하나개해수욕장은 해변의 생김새가 초승달처럼 부드럽게 휘었다. 해안가는 모래밭이고, 바다로 나아갈수록 개펄이다. 모래를 손에 쥐면 아이스크림처럼 사르르 녹아내린다. 바닷물은 동해처럼 푸르다. 해변에 원두막 형태의 색색깔 방갈로가 줄지어 서 있는 풍경이 이국적이다. 방갈로에 난 창으로 일몰을 감상하거나 파도소리를 들으며 잠을 청하는 것은 특별한 추억거리이다. 인천국제공항이나 영종도 신도시가 가까워서인지 이 해수욕장에는 외국인들이 많다. 수영복 차림으로 해변을 활보하며 공놀이를 즐기는 그들을 보면 덩달아 신이 난다. 물이 빠지기 시작하면 진득한 개펄이 드러난다. 흙이 발가락 사이로 스멀스멀 삐져나오는 감촉을 즐기면서 해 저무는 해변을 거니는 기분은 이루 말할 수 없이 좋다. 하나개해수욕장은 일몰 명소로 유명하다. 여름에는 일몰 시각이 늦으니 당일여행의 경우 배시각에 유의하도록 하자.

하나개해수욕장에는 드라마 〈천국의 계단〉과 영화 〈칼잡이 오수정〉 세트장이 있다. 내부를 관람할 수는 없지만 흰색 그랜드 피아노와 어우러진 이국적인 세트장을 배경으로 기념촬영을 할 수는 있다.

(왼쪽) 하나개해수욕장의 〈천국의 계단〉 세트장 (오른쪽) 황금빛 노을이 물든 하나개해수욕장의 개펄

하나개해수욕장과 더불어 무의도를 대표하는 명소가 실미도이다. 이 섬은 큰무리선착장에서 2km 정도 떨어진 곳에 위치해 있는데, 하루에 두 번 썰물 때마다 무의도와 연결되는 징검다리가 드러난다. 실미도 사건의 실제 현장이자 영화 〈실미도〉를 80% 이상 촬영한 무대로 영화의 대흥행과 함께 급부상했다. 무의도가 유명세를 타게 된 것도 영화 덕이라 할 수

실미도유원지의 울창한 해송숲

있다. 실미도와 마주보는 무의도 해변에는 실미도유원지가 조성돼 있다. 아름드리 노송군락이 풍성한 그늘을 만들어주므로 숲속에서 텐트를 치고 야영을 즐기는 여행객들이 많다.

실미도유원지의 점심 무렵 풍경은 한가롭기 그지없다. 삼삼오오 여행을 온 관광객들이 해변에서 공놀이를 하거나 바다가 보이는 전망 좋은 식당에서 회나 해물탕, 조개찜, 영양굴밥 등의 식사를 즐긴다. 해질 무렵 노송숲 사이로 지는 해를 바라보노라면 한여름 더위가 냉큼 물러난다.

이런 일도 있었구나!

실미도 사건

1971년 8월 23일 실미도에 있던 특수부대원들이 기간병들을 살해하고 탈출해 청와대로 향하던 중 자폭한 사건이다. 이 일이 있기 3년 전인 1968년에 김신조를 비롯한 북한의 게릴라들이 청와대 부근까지 침투한 1·21사태가 발생했다. 당시 중앙정보부는 그에 대한 보복으로 평양에 침투해 김일성 주석을 암살하기 위한 '684부대'를 창설해 3년 4개월 동안 실미도에서 지옥훈련을 시켰다. 하지만 1970년대에 들어와

남북 간의 긴장이 완화되자 이 부대의 존재를 은폐하기 위해 정부는 기간병들에게 31명의 훈련병 전원을 제거하라고 명령했다. 그러나 인간병기나 다름없던 훈련병들에게 기간병 24명 중 18명이 사살 당했다. 실미도를 탈출한 대원들은 버스를 탈취해 서울까지 진입했다가 대방동에서 자폭했다.

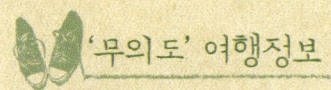

'무의도' 여행정보

● 가는 길

1 서울 → 인천국제공항

코레일 공항철도 AREX를 타고 인천국제공항역에서 하차.

2 인천국제공항 → 잠진도 선착장

공항 3층 5번 승강장에서 버스 222번 이용(배차간격 60분, 30분소요) 또는 인천공항 3층 2번 승강장에서는 버스 302, 306번을 탄다. 자주 다니지만 잠진도선착장 입구의 거잠포에 정차하기 때문에 내려서 10여 분 정도 걸어야 한다.

3 잠진도 선착장 → 무의도

카페리호 1일 12회 운항.

운항시간: 월~목요일 07:30~19:00, 금~일요일·공휴일 ~20:00, 운항시각과 횟수는 물때 및 비수기와 성수기에 따라 차이가 있으니 반드시 확인을 해야 한다.

문의: 무의해운 032-751-3354~6

홈페이지: www.muuido.co.kr

4 국립해양조사원 홈페이지(www.khoa.go.kr)에서 실미도의 물때를 확인할 수 있다.

5 무의도 마을버스 한 대가 배의 도착과 출발시각에 맞춰 큰무리선착장 - 큰무리마을 - 실미유원지 - 개안마을 - 하나개해수욕장 - 광명항 구간을 운행한다.

문의: 영풍운수 032-751-5554, 예성교통 기사 010-3045-4493

● 맛집

무의도는 바지락칼국수와 영양굴밥, 조개찜이 유명하다. 냄비에 넘치도록 담긴 여러 종류의 조개들을 보면 군침이 절로 난다. 큰무리선착장 주변에 위치한 큰무리식당(032-751-8822), 선창식당(032-752-4090)에서 활어회, 매운탕, 해물탕을 잘한다. 실미유원지의 실미식당(032-751-7778)과 송림정식당(032-752-6752)에서는 영양굴밥과 조개찜 등을 맛볼 수 있다. 광명항에는 해오름식당(032-751-0399), 광명식당(032-752-9203) 등이 있다.

● 숙소

큰무리선착장과 광명(생꾸미)선착장 일대, 실미해수욕장, 하나개해수욕장 일대에 숙소들이 모여 있다. 실미해수욕장번영회(032-752-4466)와 하나개해수욕장번영회(032-751-8833)가 인근 민박집을 알선해주고 있다. 하나개해수욕장에는 80여 개의 소형 방갈로가 들어서 있다. 큰무리선착장 인근 큰무리마을의 무의아일랜드가족호텔(032-752-5114), 무의스토리(032-751-6644), 무의바다(032-752-9800)가 시설이 잘 갖추어져 있고, 가족들이 묵기에도 좋다.

무의아일랜드

해안선
길 ━━

인천국제공항역

큰무리선착장

무의아일랜드가족호텔

실미도
실미해수욕장

무의도

국사봉(230m)

하나개해수욕장
하나개쪽 등산로 입구
<천국의 계단> 촬영지
서어나무 군락지
광명항쪽 등산로 입구
호룡곡산(246m)
광명(샘꾸미)선착장
소무의도
환상의 길

영양굴밥

바지락칼국수

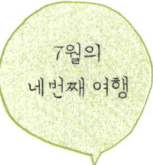

천천히 걷고 오래 머물고픈 섬, 제주 우도

7월의 네번째 여행

성산항에서 바다 건너편의 우도를 보면 손에 잡힐 듯 가깝게 느껴진다. 우도는 머리를 들고 누워 있는 소를 닮았다. 소의 머리 부분에 해당하는 섬의 남단에는 우도봉(높이 132.5m)이 불쑥 솟아 있다. 푸른 초원과 검은 돌담, 비취빛 바다가 어우러진 섬에서 소처럼 느릿느릿 걸어보자.

1박 2일 코스

우도 올레길(숙박) - 🚌 - 성산일출봉 - 🚌 - 섭지코지 - 🚌 - 김영갑갤러리

현무암 돌담길을 친구삼아 걷다, 올레길

우도행 철부선은 성산항을 출발해서 약 15분 만에 천진항에 도착한다. 우도를 둘러보는 방법에는 여러 가지가 있다. 자전거, 스쿠터, ATV 등을 빌려 타도 되고 관광버스나 순환버스를 이용해도 좋다. 그렇지만 우도의 자연을 되새김질하며 여행하고 싶다면 올레길을 따라 걷는 게 가장 좋다.

우도 올레길의 매력은 현무암 돌담길을 친구삼아 걷는 데 있다. 집의 담장은 가슴 높이로 제법 높지만, 들녘 밭둑의 돌담은 허리 높이를 넘지 않는다. 우도 전역에 밭돌담이 흔하지만 그중에서도 오봉리와 서광리 돌담이 특히 아름답다. 구멍이 숭숭 뚫린 돌담 틈으로 바닷바람이 무시로 들락거린다. 허리를 굽히고 돌담에 난 바람구멍을 카메라 뷰파인더 삼아 들여다보자. 4월에는 노란 유채꽃과 초록 호밀이, 5~6월에는 붉은 꽃양귀비가 바람결에 일렁이고 있을 것이다.

우도 올레길 이정표

Jan.
Feb.
Mar.
Apr.
May
Jun.
Jul.
Aug.
Sep.
Oct.
Nov.
Dec.

(왼쪽) 서빈백사해변의 홍조단괴
(오른쪽 위) 하수고동의 해녀상 (오른쪽 아래) 하수고동마을의 갯매꽃

우도의 밤은 낮보다 아름답다

　　서빈백사西濱白沙해변은 제주도에서 가장 아름다운 해변으로 이름났다. 해변은 눈 덮인 듯 하얗고, 바닷물은 햇빛에 비추어 본 옥반지처럼 영롱하다. 서빈백사해변이 유달리 하얀 것은 홍조단괴(천연기념물 제438호) 해변이기 때문이다. 홍조단괴란 해조류 성분이 퇴적해 생긴 물질로 그 생김은 하얀 차돌멩이와 비슷하다. 그 감촉을 느끼기 위해 신발을 벗고 해변을 걷노라면 함지박에 쌀을 문지를 때처럼 "사그락, 사그락" 소리가 난다.

　서빈백사해변 외에 우도 주민들이 아끼는 해변은 하수고동해수욕장이다. 이곳에 가면 하회탈 미소를 띤 해녀상이 모래밭에 서서 여행자를 반기고 있다. 검은빛을 띤 해변의 모래를 한 움큼 움켜쥐면 밀가루처럼 손가락 사이로 흘러내린다. 수심이 얕은데다가 조개까지 잡을 수 있어 가족 단위 여행객들에게는 안성맞춤이다. 초여름날 밤에는 수십 척의 멸치잡이 어선들이 집어등을 밝히고 조업하는 장관을 볼 수 있다. 그 풍경은 마치 바다에 별꽃이 핀 것 같다.

우도에 머물 시간이 길지 않다면 우도봉만 다녀와도 좋다. 우도봉 아래에는 '검은 모래'라는 뜻의 검멀레해변이 있다. 그 끝에는 '동안경굴東岸鯨窟'이 숨어 있다. 입구는 좁아도 내부 공간은 동굴음악회를 열 수 있을 만큼 넓고 웅장하다. 두 개의 동굴이 붙어 있는 모습이 마치 콧구멍처럼 보여 '고래콧구멍동굴'이라고도 한다. 동안경굴의 입구는 썰물 때만 보인다.

검멀레 해안에서 주민이 운행하는 스피드보트를 이용하면 주간명월晝間明月과 후해석벽後海石壁을 볼 수 있다. 우도봉 아래의 광대코지 해안절벽(후해석벽)에 큰 해식동굴이 뚫려 있는데, 오전 10~11시 바다에 비친 햇살이 이 동굴 천장에 반사되면서 보름달이 뜬 것처럼 보이는 광경을 주간명월이라 한다. 때를 맞추기가 어렵긴 하지만 보트를 타고 동굴 안으로 들어가는 경험만으로도 닭살이 돋을 만큼 스릴이 넘친다.

초여름 꽃양귀비가 필 즈음에는 검멀레해변에서 우도봉으로 바로 올라가는 계단길보다 우도 저수지 쪽으로 둘러가는 것이 좋다. 우도봉 정상이 가까워질수록 귓가에 스치는 바람소리가 요란해진다. 늘 바람이 끊이지 않는다 하니 바람마저도 오래 머물고 싶은 곳인가 보다.

우도봉에 있는 우도등대에 오르면 조각보를 펼친 듯한 우도의 풍광이 한눈에 들어온다.

정상에는 옛 등대와 새 등대가 나란히 서 있다. 옛 등대는 1906년 3월에 제주도에서 처음으로 불을 밝힌 등대였다. 지금은 등대박물관으로 활용되고 있다. 등대 앞에 서서 걸어왔던 길을 되돌아보면 초록빛 들녘 가운데 올망졸망 들어앉은 마을과 집과 집을 연결하며 흐르는 돌담, 푸르다 못해 검은빛을 띤 바다가 알록달록한 조각보를 펼쳐놓은 듯하다. 바다 건너로 족두리 모양을 한 성산일출봉과 부드러운 능선을 그리며 흘러가는 오름들을 아우른 한라산까지 보인다. 여기서 바라본 풍경은 우도팔경 중 하나인 지두청사이다.

대부분의 여행객들에게 우도는 잠깐 머무는 정거장 같다. 이 섬은 넓지 않아서 둘러보는 데 5시간이면 충분하긴 하다. 하지만 그런 경우 안타깝게도 우도봉 해넘이와 해돋이는 볼 수 없다. 땅거미가 내려앉고 등대조명이 켜지기 시작하면 하늘과 바다 사이에 무지개빛 스펙트럼이 걸린다. 우도봉을 향해 누운 풀들이 바람에 일어나고, 어선들의 불빛이 바다 위에 하나씩 점을 찍는다. 검푸른 밤하늘에 뜬 창백한 초승달과 첫새벽 푸르스름한 아침공기를 느껴보지 않고서는 우도를 여행했다 말할 수 없다. 우도의 밤은 낮보다 아름답기 때문에.

우도봉의 일몰

(왼쪽) 성산일출봉에 올라 일몰을 기다리는 사람들
(오른쪽 위) 성산일출봉 일출
(오른쪽 아래) 성산일출봉에서 바라본 야경

일출봉이 아니라 일몰봉이다

　우도행 철부선이 들락거리는 성산항에서는 성산일출봉이 지척이다. 성산일출봉은 바다에서 화산이 분출하면서 생성된 화산섬이다. 지금은 육지와 성산일출봉 사이에 모래와 자갈이 쌓여서 육지와 연결됐다. 일출봉 정상까지 가려면 가파른 경사면에 조성된 수백 개의 돌계단을 20여 분간 올라가야 한다. 오르는 길이 만만치 않음에도 수많은 사람들이 고생을 감수하며 오르고 또 오른다. 성산일출봉 정상에서 일출을 보기 위해서다. 일출봉에 오르면 정상에 원형 경기장만한 분화구가 있다. 분화구 둘레로 99개의 바위 봉우리가 성벽처럼 빙 두르고 있다. 관광객들은 거친 바위 봉우리 위에 다닥다닥 매달려 일출을 기다린다. 푸른 새벽, 우도와 섭지코지, 오조리해안과 종달리의 지미봉, 다랑쉬오름과 한라산 정상이 발아래 펼쳐져 있다. 가파른 계단을 오르느라 거칠어진 숨을 고르는 사이 바다 밑에서 해가 솟구친다. 축구공만한 해가 대지를 선홍빛으로 물들인다. 성산일출봉 10만 년 역사의 감동이 한순간에 밀려온다. 이에 못지않은 게 성산일출봉에서 바라보는 일몰이다. 그 장관을 보고 나면 '성산일몰봉'이란 이름도 잘 어울리겠다는 생각이 절로 들 것이다.

　성산일출봉의 다른 볼거리를 꼽으라면 해안가에서 열리는 해녀 물질공연이다. 성산리 어촌계 소속 해녀들이 매일 오후 1시 30분과 3시, 두 차례 공연을 한다. 제주도에서도 흔히 볼 수 없는 공연이라 인기만점이다. 공연 관람 후, '해녀의 집'에서 해녀들이 갓 잡은 해산물을 맛보는 것도 특별한 재미이다.

송이는 버섯이 아니다, 붉은오름

성산일출봉에서 약 6km 떨어진 곳에 섭지코지가 있다. 그곳으로 가는 길에 신양해수욕장을 지난다. 이 해수욕장은 해안선이 오목하게 들어가 있어 아기를 품는 요람처럼 포근한 느낌을 준다. 신양해수욕장 입구부터 병목처럼 좁아져서 사람 코 모양으로 돌출한 곳이 섭지코지다. 해안절벽 위의 너른 풀밭에 갖가지 야생화들이 무리지어 피어 있다. 성산일출봉처럼 웅장한 맛은 없으나 가볍게 산책을 즐기기엔 더할 나위 없이 좋다. 섭지코지의 지질은 '송이'라는 붉은 화산재로 이루어져 있는데 공갈빵처럼 속이 비어 있고, 발바닥에 닿는 감촉이 폭신하다.

송이로 이루어진 '붉은오름'에 등대가 자리하고 있다. 철계단을 밟고 등대에 오르면 섭지코지와 성산일출봉의 풍광이 한눈에 들어온다. 인근의 볼거리로는 외적 침입 시에 봉화불을 피웠던 연대와 드라마 〈올인〉에서 송혜교가 머물던 수녀원 세트장, 그리고 우리나라 최초의 드라마 박물관인 올인하우스가 있다.

초록빛의 초원에 붉은 송이가 섭지코지의 풍광을 더욱 돋보이게 한다.

이런 곳도 있어요!

김영갑갤러리

김영갑은 제주도를 미치도록 사랑한 사진작가다. 그는 세상을 떠나기 3년 전에 성산읍 삼달리에 있는 폐교를 빌려 갤러리를 개관하고, 한라산의 옛 이름을 따서 '두모악'이라 이름 지었다. 두모악에는 생전에 그가 작업했던 작업실과 작품 20만 점이 전시·보관돼 있다. 제주 오름의 사계와 해녀의 삶이 그의 사진 속에 되살아난다. 두모악의 정원은 황톳길과 돌담, 야생화가 어우러진 조경이 제주의 축소판을 보는 듯하다. 곳곳에 놓인 토우는 제주 사람처럼 정겹다.

> **우도를 다양하게 여행하는 방법**
> ①자전거 하이킹: 해안도로는 약 13km이며, 2~3시간 정도 잡으면 된다.
> 문의: 제주하이킹 064-711-2200, 바이크빌리지 010-3100-1414 |
> 대여료: 1시간 3천 원, 6시간 이상 1만 4천 원
> ②검멀레해변 스피드보트 타기: 주간명월과 후해석벽은 배를 타야 볼 수 있는 풍경이므로 한 번쯤 타볼 만하다. 포토존에서 기념촬영과 명소 설명을 해준다. 수시로 운행된다. 문의: 064-784-6678 | 요금: 성인 1만 원, 어린이 5천 원
> ③우도 올레길 1-1코스 걷기
> 코스: 천진항 - 쇠물통언덕 - 서빈백사해수욕장 - 하우목동항 - 하고수동해수욕장 - 비양도 입구 - 검멀레해변 - 망동산 - 우도등대 - 돌칸이 - 천진항(하우목항)
> 거리 및 소요시간: 총15.9km, 4~5시간(우도봉만 다녀올 경우 2km로 1시간 정도 걸린다) 제주올레 홈페이지: www.jejuolle.org
> ④버스 관광
> 마을버스와 같은 우도순환버스가 있고, 우도의 명소를 도는 투어버스가 있다. 모두 선착장에 배가 들어오는 시각에 맞춰 운행한다.
> · 우도순환버스
> 문의: 064-782-6000 | 운행구간: 우도항 - 영일동 - 비양동 - 하고수동 - 전흘동 - 주흥동 - 중앙동 - 하우목동 - 상우목동 - 서천진동 - 우도항(약 30분 소요) | 요금: 성인 1천 원, 어린이 4백 원
> · 우도순환버스
> 운행구간: 우도봉 - 검멀레해변 - 동안경굴 - 하고수동해수욕장 - 우도박물관 - 서빈백사(2시간 소요) | 요금: 성인 1천 원, 어린이 5백 원

> 우도 특산물로 땅콩이 유명하다. 길쭉한 일반땅콩과 달리 동글동글하고, 아주 고소하다. 올레길을 걸을 때 간식으로 준비하면 입이 심심하지 않다.

> 우도는 그늘이 없으므로 자외선 차단에 주의한다. 선크림과 모자는 필수.

> 성산일출봉 일출과 일몰을 보려면 인근에 숙소를 잡는 게 편하다. 펜션과 호텔, 장급 여관 등 숙소와 음식점이 많다.

> **김영갑갤러리**
> 문의: 064-784-9907 | 홈페이지: www.dumoak.co.kr |
> 개관: 09:30~18:00(7~8월 19:00, 11~2월 17:00), 입장은 문 닫기 30분 전까지 |
> 휴관: 매주 수요일(단, 7~8월에는 휴관 없음) | 입장료: 어른 3천 원, 어린이 1천 원

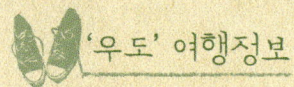
'우도' 여행정보

● 가는 길

1 제주시외버스터미널 → 성산항

동회선일주도로(성산행) 버스를 타고(2시간 소요) 성산포에 하차 후 도보 5분.

문의: 제주시외버스터미널 064-753-1153

서귀포시외버스터미널 064-739-4645

제주관광안내 064-710-3314

홈페이지: 제주시외/시내버스시간안내 www.jeju.go.kr

2 성산항 → 우도

성산항에서 천진항 또는 하우목동항행 배 이용.

문의: 성산항 064-782-5671

운항시간: 우도행 08:00~18:30, 성산행 07:00~18:00

(운항간격 1시간)

3 우도 → 성산일출봉

동회선일주도로(성산행)버스를 타고 성산리 입구에서 하차 후 2km 정도 걷는다. 택시는 기본요금.

문의: 성산콜택시 064-784-8585

4 성산일출봉 → 섭지코지(6km)

성산리 입구 버스정류장에서 동회선일주도로(제주-성산리-서귀)버스를 타고 신양리 입구에서 하차 후 도보 30분. 택시를 권장한다.

5 섭지코지 → 두모악(12km)

읍면순환(서귀-고성)버스를 타고 삼달1리에서 하차 후 도보 20분.

홈페이지: 제주시내교통안내 http://cyber.jeju.go.kr

● 맛집

천진항 인근에 있는 우도횟집(064-783-0508)은 우도의 대표적인 맛집이다. 각종 신선한 자연산 횟감을 저렴한 값에 맛볼 수 있다. 서빈백사해수욕장 맞은편에 있는 로그하우스펜션(064-782-8212)은 전복죽과 해물뚝배기를 추천할 만하다. 하수고동해수욕장 앞의 해와달그리고섬(064-784-0941)은 자연산 생선회와 우럭조림, 물회를 잘한다. 이외에 일해식당(회 064-782-5204), 늘봄가든(백반 064-783-7615), 일출회관(흑돼지 요리 064-782-0334) 등이 있다. 성산항 진입로에 갈치와 고등어요리 전문점인 전라도식당(064-782-8873)과 전복죽으로 유명한 오조리해녀의집(064-784-0893)이 있다. 일출봉 주차장 인근에는 해물뚝배기 식당들이 즐비하다. 우리봉식당(064-782-0032), 청진동뚝배기(064-782-1666), 해오름식당(064-782-2256) 등이 있고, 관광객들이 일출을 보고 내려오는 시각에 맞춰 아침부터 영업한다.

● 숙소

서빈백사해수욕장 맞은편에는 로그하우스펜션(064-782-8212)과 빨강머리앤의집(064-784-2171)이 괜찮다. 검멀레해변 맞은편의 동굴리조트(064-784-6678)와 바다풍경리조트(064-784-8335)는 식당과 매점을 갖추고 있고, 우도봉과 가까워 우도봉에서 일몰이나 일출을 보기에 좋다. 성산일출봉 인근에 일출봉관광호텔(064-782-8801), 성산해맞이콘도민박(064-784-5225), 보물섬펜션(064-784-0039), 미도모텔(064-782-0820)이 있다.

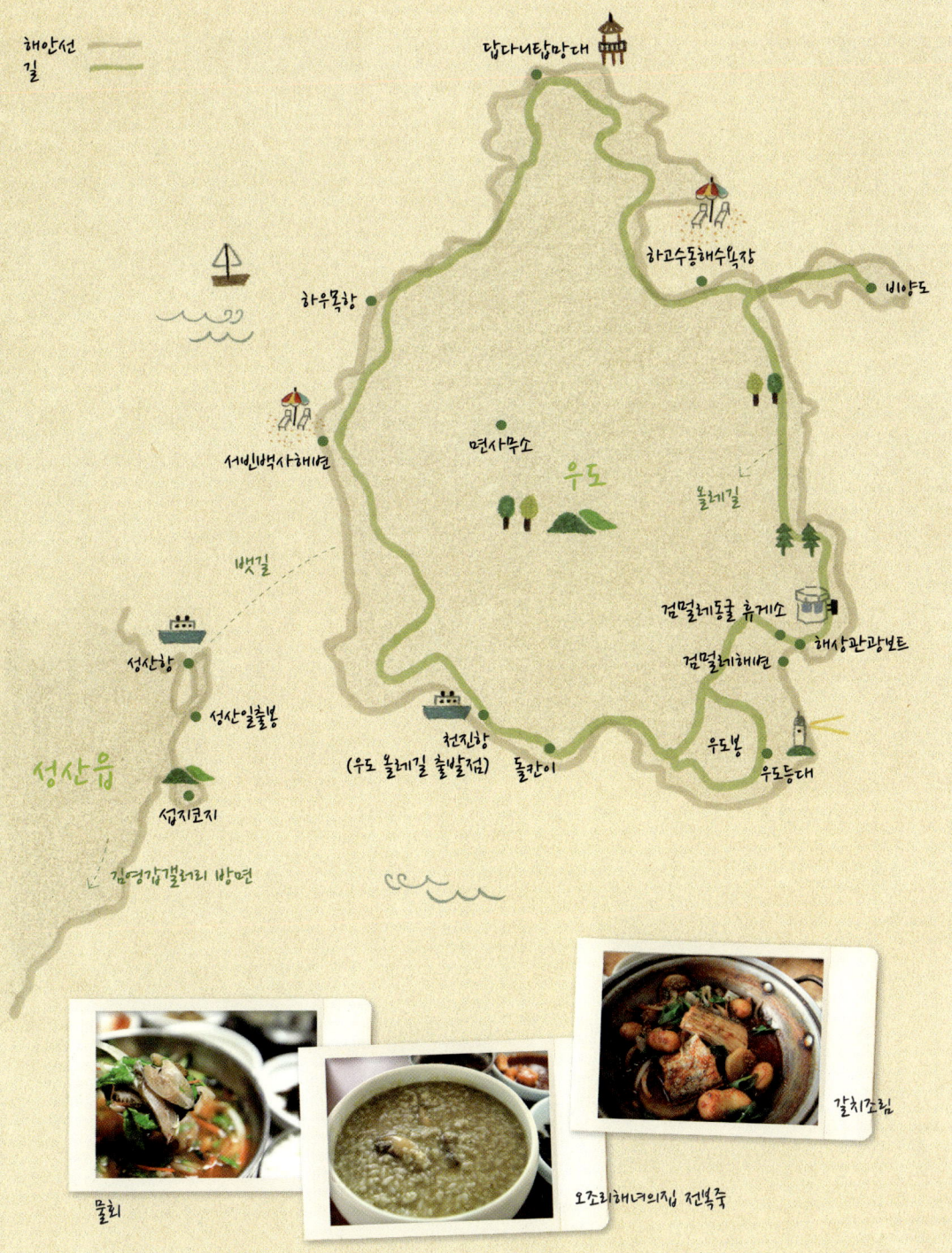

8월의 첫번째 여행

강원도의 힘, 평창 동강 어름치마을

동강이 백운산을 만나는 곳에 어름치마을이 있다. 깨끗한 물에만 알을 낳는 다는 어름치가 택한 곳답게 이 마을은 자연 그대로의 모습을 간직하고 있다. 도시의 번잡함에 시달리다 못해 새로운 활력이 필요하다면 이곳을 찾아 며칠 쉬어가는 것도 좋다. 도시생활에 찌든 심신을 말끔히 정화할 수 있을 것이다.

1박 2일 코스

어름치마을 -👣- 백룡동굴 - 래프팅 - 동강 -👣- 어름치마을(숙박) -👣- 칠족령 -👣- 평창동강민물고기생태관

오지마을로 떠나다

동강 어름치마을은 백운산과 동강에 둘러싸인 오지마을이다. 백운산 기슭에는 동강할미꽃 자생지와 백룡동굴(천연기념물 제260호)이 있고, 동강에는 어름치(천연기념물 제259호)가 서식한다. 생태계의 보고라는 자연 조건 덕택에 2010년에 문화체육관광부에서 선정한 '생태관광모델마을'로 지정되었다. 이 마을에서는 연중 어름치 산란탑 관찰과 백운산 칠족령 트레킹, 백룡동굴 탐방, 동강 래프팅 등 생태체험 프로그램을 운영하고 있다. 그중에서도 백미는 백룡동굴 탐사체험이다.

백룡동굴은 약 5억 년 전 고생대에 생성된 석회암 동굴이다. 이 동굴을 최초로 발견한 사람은 주민 정무룡 씨다. 백운산의 '백'자와 정무룡 씨의 '룡'자를 따서 '백룡동굴'이라 이름 지었다. 그 후로 30년이 지난 2010년 7월에 일반인에게 개방됐다.

백룡동굴 탐사는 일반적인 동굴관람과 확연히 다르다. 백룡동굴은 동굴 본래의 모습을 최대한 보존하기 위해 인공시설물을 거의 설치하지 않았다. 조명도 없을 뿐만 아니라 납작 엎드려야만 통과할 수 있는 좁은 통로(일명 '개구멍')도 넓히지 않고 그대로 두었다. 이 구멍을 통과하려면 온몸을 동굴 바닥에 끌어야 한다. 또한 천정에 매달린 종유석에 머리를 부딪치는 사고에 대비해 헬멧을 착용해야 한다. '동굴관람'이 아니라 '동굴탐사'라고 부르는 이유가 거기에 있다.

Jan.
Feb.
Mar.
Apr.
May
Jun.
Jul.
Aug.
Sep.
Oct.
Nov.
Dec.

5억만 년의 신비를 탐험하다, 백룡동굴

　　백룡동굴탐사는 하루에 총 9회, 정해진 시각에만 가능하다. 1회 관람인원은 20명으로 제한하며 동굴탐사 안내원의 안내를 받아야 한다. 동굴탐사에 들어가기에 앞서 백룡동굴생태체험관에서 우주복 같은 탐사복과 랜턴이 달린 헬멧과 장갑, 장화를 착용해야 한다. 탐사가 시작되면 안내원을 따라 백룡동굴로 이동한다. 동강을 따라 걷다가 산기슭으로 나 있는 계단을 오른다. 이곳에서부터 동굴 입구까지 절벽 옆구리를 타고 이어지는 나무데크를 10여 분 걷는다.

　　동굴 입구에 서면 동굴 안에서 서늘한 공기가 뿜어져 나온다. 동굴 내부는 연중 13°를 유지하고 있으니 천연 에어컨이나 다름없다. 동굴로 입장하기 전에 안내원으로부터 주의사항을 듣는다. 이때부터 탐방객들 사이에 긴장감이 감돈다.

　　깜깜한 동굴 안에서는 발바닥이 더듬이가 되어야 한다. 발밑을 더듬거리며 안으로 들어갈수록 동굴의 우윳빛 속살이 드러난다. 동굴은 원래 검은 빛이 아니다. 사람이 드나들면서 동굴 벽면이 검게 변색되는 것이다. 헬멧의 불빛과 앞사람에만 의지하여 전진한다. 동굴 사방에 삿갓, 남근, 송곳, 에그프라이, 베이컨 등 다양한 형상을 한 종유석과 석순들이 가득하다. 촛농이 흘러내린 듯한 모양의 거대한 석순이 길목을 막아서기도 한다. 천장에는 촉수를 뻗은 말미잘 모양, 화려한 샹들리에 모양의 종유석이 주렁주렁 달려 있다. 바닥은 울퉁불퉁 거칠고, 축축하다. 앞쪽에서 첨벙첨벙 물소리가 들린다 싶으면 곧 웅덩이가 나타난다. 갑자기 병목 현상이 일어나면 곧 개구멍이 나타날 테니 대비를 해야 한다. 20여 명의 탐방객 중에 구멍을 통과

백룡동굴 탐사 전에 안내원이
탐방객들에게 주의사항을 전달하고 있다.

(위) 동굴보호를 위해 조명도 설치하지 않은 백룡동굴은 석회암 동굴의 본모습을 보여준다.
(아래) 백룡동굴에서 자라고 있는 우윳빛 에그프라이 종유석

하지 못하는 사람이 없다 해도 미리 겁먹을 필요는 없다. 50분 정도 걸으면 도착지점인 '광장'에 도착한다. 반구형의 광장은 블랙홀처럼 빛을 빨아들인다. 22명의 불빛은 광장을 밝히기에 턱없이 부족하다. 성인 키의 수십 배 높이는 됨직한 천장과 불꽃처럼 튀어오른 석순들, 커튼처럼 드리워진 날카로운 종유석들이 뒤엉킨 혼돈의 공간이다. 안내원이 "불빛을 잠깐 꺼보세요. 그리고 5억 년 동안 잠들어 있던 동굴의 기운을 느껴보세요"라고 말한다. 모든 불이 꺼지면 2분 정도 온몸의 감각기관으로 암흑세계를 느껴야 한다. 우주를 떠다니는 유성, 깊은 바다 속을 유유히 헤엄치는 물고기, 엄마의 자궁에서 유영하는 태아가 된 기분이 든다. 오랫동안 잊을 수 없는 이색적인 경험이다.

발에 옻칠한 개를 쫓다

칠족령은 백운산(해발 882.4m)을 넘어 어름치마을과 제장마을을 잇는 고개다. 칠족령 등산로 입구는 어름치마을에서 차로 10분 정도의 문희마을에 있다. 등산로 입구에서 전망대까지 약 1.7km 거리를 왕복하는 데 2시간 30분 정도 소요된다. 등산로 초반 15분 정도만 가파른 비탈길이고, 나머지 구간은 평탄한 흙길이다.

칠족령이란 이름의 유래가 재밌다. 옛날에 옻칠을 하며 살던 선비가 개를 한 마리 기르고 있었는데, 어느 날 이 개가 발足에 옻칠漆을 하고 도망을 갔다. 선비가 그 발자국을 따라갔다가 오메가형의 동강 물굽이를 발견했다. 그로 인해 칠족령이란 이름이 붙게 된 것이다. 이곳은 아직까지 사람들의 발길이 잦지 않은지 길이 조붓하다. 손톱만한 야생화가 지천이고, 생전 처음 보는 화려한 버섯들도 몸을 숨기고 있다가 문득문득 튀어나온다.

칠족령 전망대에 서면 동강이 호리병 모양으로 굽이치며 유유히 흐르고 있다. 산맥이 물결치듯 뻗어 내려가다가 '아차' 하는 순간에 산자락 하나를 흘려놓고 간 듯한 풍경이다. 짙은 청록 빛깔을 띤 동강을 뚫어지게 내려다본다. 강바닥의 모래가 아른거릴 정도로 물이 맑다.

칠족령 전망대에 오르면 동강의 오메가형 물돌이를 감상할 수 있다.

물결에 몸을 맡기다

여름 레포츠 하면 래프팅을 빼놓을 수 없다. 그런데 어름치마을에서 진행하는 동강래프팅은 물놀이보다 동강 탐사에 주목적을 두고 있다. 그 때문에 역동적인 스릴감을 기대했다면 아쉬울 수도 있다. 동강을 병풍처럼 둘러싼 주변의 산세를 구경나왔다는 마음가짐으로 느긋하게 물살에 몸을 맡겨보자. 래프팅 코스는 절매나루에서 진탄나루까지로 약 1시간 30분 정도 걸린다. 동강의 물결은 대체로 호수처럼 잔잔해서 보트가 미끄러지듯 흘러간다. 그렇지만 여울을 맞닥뜨리면 조심해야 한다. 도중에 여울이 세 곳 정도 나타나는데, 어느 때는 강물이 회오리처럼 급물살을 일으키며 보트를 덮치기도 한다. 동강래프팅은 4월부터 10월까지 진행하며 예약은 필수다.

동강에서 래프팅을 즐기는 어름치마을 방문객들

Travel Tip

> 백룡동굴 탐사는 1일 9회 진행한다. 어름치마을의 백룡동굴생태체험학습장에서 현장 매표하며, 3, 4, 7회차만 인터넷 예약이 가능하다.
> 문의: 033-332-1260 | 홈페이지: www.maha.or.kr | 관람료: 어른 1만 5천 원, 청소년·어린이 1만 원, 6세 이하와 65세 이상은 동굴 입장이 제한된다.

> 동굴탐사와 래프팅에 대비하여 여벌옷과 수건을 넉넉히 챙겨야 한다.

> 어름치마을에 여름휴가를 오는 여행객이 많은 반면, 숙소가 넉넉지 않다. 성수기에는 한 달 전에 미리 예약해야 한다. 마을 안에는 생필품을 파는 슈퍼가 하나뿐이니 숙박 시 부식과 물품을 미리 준비해 가는 것이 좋다.

> 5월 한 달간 어름치마을에서 어름치 산란탑 관찰 행사를 연다. 서울에서 매주 토~일요일 차량이 출발하니 이 기회를 이용해도 좋다.

> 어름치마을에서 진행하는 생태프로그램 패키지(백룡동굴 탐사, 칠족령, 래프팅, 숙박 등)를 이용하면 편리하다.

'평창 동강 어름치마을' 여행정보

● 가는 길

1 서울 → 정선
동서울터미널에서 정선행 버스 1일 9회 운영(07:10~18:46) 미탄시내버스영업소에서 하차.
문의: 미탄시내버스영업소 033-332-3723

2 정선 → 어름치마을
마하리로 가는 시내버스(1일 3회 운행, 06:50~14:55)를 타고 동강어름치마을에서 하차. 택시로는 미탄에서 어름치마을까지는 약 15분 소요.
문의: 미탄콜택시 033-377-9899

3 영월버스터미널에서 미탄행 버스(1일 3회 운행, 06:50~14:55)를 타고 어름치마을에서 하차.
문의: 영월버스터미널 033-374-2450

4 평창버스터미널에서 미탄행 버스(1일 1회 운행, 18:20)를 타고 어름치마을에서 하차.
문의: 평창시내버스영업소 033-332-2966

5 어름치마을과 인근 문희마을에 있는 펜션을 예약하면 펜션에 따라 미탄시내버스영업소에서 어름치마을까지 픽업서비스를 해주기도 한다.

● 맛집
어름치마을 안에 동강레포츠 식당을 이용하면 된다. 어름치마을 인근 기화리에 기화송어횟집(033-332-6277)은 송어회를 잘한다. 창리에 있는 대림장(033-332-3844)은 계장백반으로 유명하다.

● 숙소
어름치마을 안에 펜션단지가 조성돼 있다. 최근에 지어진 건물이라 시설이 깔끔하다. 아스테리아펜션(010-5363-4321), 생태펜션(033-333-6600), 이레산장(010-6282-3220), 향원펜션(033-563-3303), 시골밥상펜션(033-332-4134) 등이 있다. 어름치마을 에서 차로 10분 정도 떨어진 문희마을에도 펜션단지들이 있다. 문희농박(033-333-9435), 뜨라래펜션(033-333-6689), 백운산방(033-334-9891), 청호산장(033-334-3000)이 있다.

송어회

어름치마을 펜션

이런 곳도 있어요!

평창동강민물고기생태관

20여 개의 수족관에 동강에서 서식하는 45종의 민물고기들을 전시하고 있다. 물고기뱃속탐험관, 물속탐험, 동강 뗏목체험 등의 체험 시설을 갖추고 있다.

문의: 033-330-2138~40

홈페이지: http://fish.maha.or.kr

관람료: 성인 2천 원, 어린이 1천 5백 원 | 휴관: 월요일

8월의
두번째 여행

강물 따라 연꽃 따라 걷다,
양평 두물머리 산책로

두물머리는 북한강과 남한강이 만나는 곳이다. 이른 아침 피어나는 물안개와 옛 정취가 남아 있는 나루터, 강가에 우두커니 선 느티나무가 어우러진 풍경은 한 폭의 수묵담채화를 보는 듯하다. 매년 7월이면 이 일대와 인근에 있는 세미원에 연꽃이 만발하므로 여름 나들이 장소로는 그만이다.

※ 당일 코스 ※

세미원 -👣- 두물머리 -👣- 소나기마을(황순원문학촌)

개울 풍경을 보며 더위를 잊는다, 세미원

서울 용산역에서 중앙선을 타면 한 시간 만에 양수역에 도착한다. 서울에서 그리 멀지 않은 거리인데도 전원적인 풍경이 아직 많이 남아 있다. 양수역에서 세미원까지는 걸어서 10분 정도 걸린다. 세미원은 연꽃테마공원으로 알려져 있지만 실제로는 연꽃의 수질 정화 능력으로 강물에 들어 있는 중금속과 부유물질을 제거하기 위해 만든 자연정화공원이다. 한강의 물이 세미원에 있는 6개의 연못을 거치면서 정화된 후 팔당댐으로 흘러간다.

세미원의 정문인 불이문을 통과하면 반도지가 반갑게 맞이한다. 반도지는 한반도 모양의 연못으로 각종 수초들과 단아하게 핀 수련이 자태를 뽐낸다. 반도지 양옆으로 작은 시냇물이 흐르고 징검다리가 놓여 있다. 개울가 옆으로 꽃들이 흐드러지게 피고, 졸졸졸 흐르는 물소리가 경쾌하다. 징검다리를 건너 너른 풀밭으로 나오면 가운데 수십 개의 항아리가 원형으로 놓여 있다. 항아리마다 시원스런 물줄기가 뿜어져 나와 한여름의 더위를 식혀준다.

Jan.
Feb.
Mar.
Apr.
May
Jun.
Jul.
Aug.
Sep.
Oct.
Nov.
Dec.

세미원 산책로에 있는 모네의 정원을 보면 프랑스 화가 모네의 〈수련못〉이 떠오른다.

 세미원의 연꽃밭은 양수대교 아래 자리 잡고 있다. 이곳은 그 규모만으로도 입이 벌어질 만하다. 무성한 연잎들이 수면을 완전히 뒤덮고, 꽃대가 어른 눈높이까지 자란 광경은 보기 어려운 진풍경이다. 마치 강물 위에 수만 개의 연등이 떠 있는 듯하다. 연밭 사이로 외나무다리처럼 생긴 산책로가 조성돼 있어 연꽃 사이를 거닐 수 있다. 다리 폭이 한 사람이 지나다닐 수 있는 정도이기에 조심스럽게 건너다가 맞은편에서 사람이 오면 옆으로 살짝 비켜줘야 한다. 그래도 그 덕에 천천히 거닐며 연꽃향을 음미할 수 있다.

 남한강가를 따라 이어지는 산책로도 운치가 있다. 산책로 바닥에는 빨래판 모양의 발판이 징검다리처럼 박혀 있다. 이것은 '물을 보면 마음을 씻고 꽃을 보면 마음을 아름답게 하라 觀水洗心, 觀花美心'는 세미원의 가르침을 담고 있다. 산책로 끝에 위치한 '모네의 정원'은 프랑스 화가 모네의 '수련못'을 떠오르게 한다. 그의 작품에서 튀어나온 듯 연못 위를 가로지르는 구름다리가 그림만큼이나 아름답다.

강물이 되어 강물을 만나다, 두물머리

세미원을 나와 양수파출소 앞 다리를 건너면 두물머리 산책로로 이어진다. 세미원에서 두물머리까지 이어지는 강변 산책로를 거닐면 마치 고향의 황톳길을 걷는 듯 푸근하다. 길가에 옥수수, 고추가 심어져 있고, 잠자리들이 날아다니는 풍경에 도시 생활에 찌든 심신이 정화되는 느낌이다. 가로수길을 벗어나면 드넓은 연꽃밭이 펼쳐진다. 연꽃들이 해바라기처럼 삐죽이 꽃대를 피워 올렸다. 꽃잎이 떨어진 연꽃들은 한여름 땡볕 아래 알알이 연밥을 만든다.

산책로 중간지점에는 석창원이 있다. 이곳은 창포정원을 온실로 끌어들인 공간이다. 조선 정조 때 창덕궁에 있던 온실을 재현했다고 한다. 양반들이 경치 좋은 곳을 찾아 이동하면서 풍류를 즐겼다는 수레형 정자와 어른보다 큰 백자 항아리들이 인상적이다. 석창원에서 두물머리 맨 안쪽에 있는 느티나무로 향하는 길가에는 갖가지 꽃들이 피어 길손들의 마음을 환하게 밝혀준다.

두물머리 끝에 자리한 느티나무는 400여 년을 살면서 이곳의 터줏대감이 되었다. 이제는 이 나무로 인해 두물머리가 더욱 빛이 난다 할 정도다. 느티나무는 마치 한 그루처럼 보이지만 실은 세 그루다. 사방으로 가지를 뻗친 모습은 남한강처럼 넉넉해 보인다. 느티나무가 긴 팔을 뻗어 만든 넓은 그늘은 관광객들에게 더없이 고마운 휴식처를 제공한다. 느티나무 아래 벤치에 앉아 유유히 흐르는 남한강과 황포돛배를 바라보고 있노라면 온갖 시름이 강물에 씻겨 내려간다.

(왼쪽) 가로수가 우거진 두물머리 산책로
(오른쪽) 두물머리의 터줏대감인 느티나무 세 그루가 시원한 그늘을 만들어준다.

수숫단 속에서 소나기를 피하다, 소나기마을

　소나기마을로 가기 위해서는 두물머리에서 양평역 쪽으로 되돌아 나와 문호리 행 버스를 타야 한다. 버스 차창으로 스치는 농촌마을의 풍경은 평온하고 넉넉하다.
　소나기마을은 황순원의 대표작인 〈소나기〉를 비롯한 그의 작품 속 배경을 구현한 문학공원이다. 공원 안에는 그의 문학관과 묘소가 있다. 이곳에 황순원의 문학관이 세워지게 된 사연도 재미있다. 소나기에 나오는 "어른들 말이, 내일 소녀가 양평읍으로 이사 간다는 것이었다. 거기 가서는 조그마한 가겟방을 보게 되리라는 것이었다"는 대목에 착안해 양평군 내에서 장소를 물색했다고 한다.
　황순원문학관은 수숫단 모양을 형상화한 원뿔형이다. 전시실은 육필원고와 도장, 만년필, 훈장, 저서 등 그의 소장품과 유품, 작업실들로 채워졌다. 옛날 교실로 꾸며진 남폿불영상실에서는 1960~70년대 〈소나기〉 이후의 이야기를 애니메이션으로 재구성한 영상을 보여준다. 소나기가 내리거나 바람이 부는 장면에서는 실제로 소나기가 내리고 바람이 불어 재미를 더한다. 야외 전경이 한눈에 들어오는 문학카페의 볕 좋은 창가에 앉아 황순원의 작품을 e-book, 음성, 영상 등을 통해 입체적으로 감상할 수도 있다.
　문학관을 둘러본 후에는 소나기마을 산책로를 걷는다. 중심 광장인 '소나기광장'에는 매일 두 시간에 한 번씩 소나기가 내린다. 그럴 땐 재빨리 수숫단 속으로 몸을 숨기면 된다. 산책로에는 서울에서 전학 온 소녀와 시골 소년의 풋풋한 사랑 이야기에 등장했던 배경들이 소설 전개

(왼쪽) 수숫단 모양을 형상화한 황순원문학관 외관　(오른쪽) 소나기마을 냇가에 놓인 징검다리

순서에 따라 테마별로 재현되어 있다. 소년과 소녀가 소나기를 피해 숨어 들어갔던 수숫단을 재현해놓은 '수숫단오솔길', 소나기를 피해 소년이 소녀를 업고 건너던 장면을 재현한 '너와 나만의 길' 등이 산책로에 조성돼 있다. '목넘이고갯길'을 넘어 데크를 따라 내려가면 계곡이 나온다. 계곡에는 소설처럼 징검다리가 놓여 있다. 관람객들이 소녀처럼 징검다리에 쪼그리고 앉아보기도 하고, 빠지지 않도록 조심스레 건너기도 한다.

수숫단오솔길

소나기마을은 아이들보다 첫사랑에 대한 아련한 추억이 있거나 잃어버린 동심을 되찾고 싶은 어른들이 방문하면 더 좋은 곳이다.

Travel Tip

> **세미원**
> 문의: 031-775-1834 | 홈페이지: www.semiwon.or.kr |
> 개원: 3~10월 09:00~18:00(입장은 17:30까지), 11~2월 09:00~17:00(입장은 16:30까지) |
> 휴관: 매주 월요일 | 관람료: 4천 원

> 세미원 안에는 식당이 없고, 음료와 차, 아이스크림을 파는 휴게소만 있다. 입장권으로 휴게소에 파는 모든 메뉴(3천 원 상당)를 교환해서 먹을 수 있다.

> 연꽃은 정오가 지나면 꽃봉오리를 닫기 시작하므로 오전에 다녀오는 것이 좋다. 세미원이나 두물머리는 그늘이 많지 않으므로 모자, 양산을 준비하자.

> **소나기마을**
> 문의: 031-773-2299 | 홈페이지: www.sonagi.go.kr | 개장: 3~10월 09:30~18:00, 11~2월 09:30~17:00 | 휴관: 매주 월요일, 명절(월요일이 공휴일인 경우 그 다음날) |
> 입장료: 2천 원

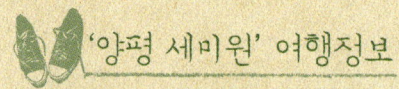 '양평 세미원' 여행정보

● 가는 길

1 서울 → 양평(세미원)

①전철: 중앙선 양수역에서 하차해 내리막으로 직진하면 길 끝에 양서문화체육공원 입구가 나온다. 체육공원을 마주보고 좌회전하면 바로 세미원 입구다.

②버스: 청량리에서 양수리행 버스 167, 8, 8-2번을 타고 양수리차고지, 양수리삼거리 정류소에서 하차 또는 전철 2호선 강변역에서 양수리행 버스 2000-1번을 타고 문화체육공원에서 하차하면 된다. 배차 간격은 30분.

③기차: 청량리역에서 덕소까지 기차 이용, 덕소에서 2000-1, 167번 버스로 환승한다(2000-1번 버스는 문화체육공원에서 하차, 167번은 종점에서 하차).

2 세미원 → 두물머리: 도보 이동.

3 두물머리 → 소나기마을

양수역 인근 버스정류소에서 문호리행 버스를 타고 종점에 하차(15분 소요), 수능리행 버스(5분 소요)로 갈아타고 수능1리(황순원문학관)에서 하차.

※양수역에서 문호리로 가는 버스는 30분에 한 대꼴로 운행한다. 문호리 버스 종점에서 수능리로 가는 버스는 자주 없으니 택시를 타는 것이 낫다. 문호리 버스 종점에 택시 2대가 대기하고 있다.

4 문호리 → 소나기마을(황순원문학관)

문호리 버스종점에서 버스 6-6번(배차간격 40분) 이용. 마진배 정류소 하차. 소나기마을까지 도보 1.3km로 이동

5 양수역 → 소나기마을

버스 1일 2회(양수역발 11:45, 20:35).

6 귀경할 때는 문호리에서 청량리행 8, 8-2번 버스를 타도 된다. 1일 3회 운행(06:40 11:30 16:30).

● 맛집

세미원 인근 용담리에 육콩이네(유기농쌈밥 031-773-6733), 양수가든(갈비 031-772-6025), 동남가든(031-774-4229). 조안면에 기와집순두부(콩탕 031-576-9009)가 있다. 문호리의 서종가든(두부전골 031-773-6035)과 남촌집(청국장 031-771-6647), 풀하우스(오리훈제 031-771-3109) 등이 있다.

● 숙소

양수리에 쌍떼펜션(031-775-0141), 그린토피아펜션(031-774-7929), 양수1리마을민박(031-772-6335)이 있고, 소나기마을 가까이에 스파테마펜션인 무지개마을(010-6655-7686), 소나기펜션(031-774-2616)이 있다.

유기농쌈밥

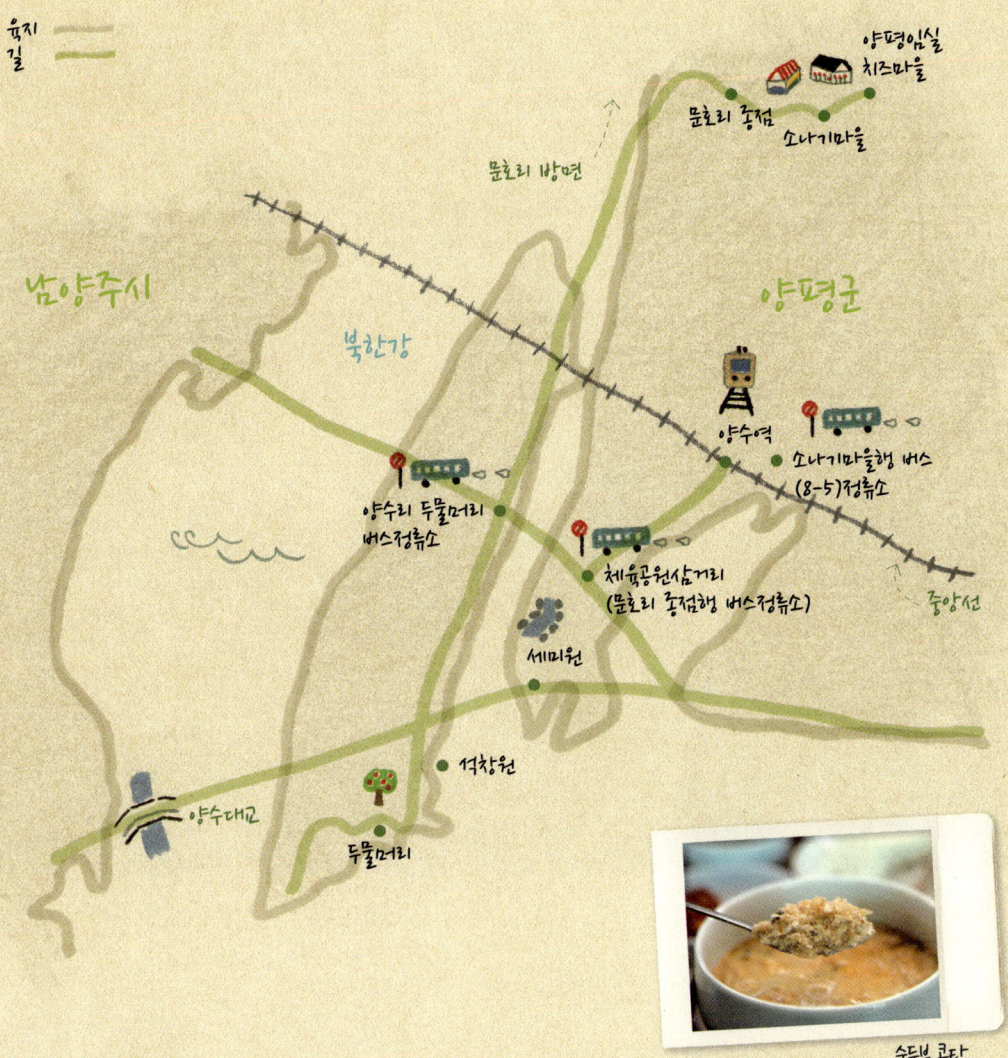

순두부 콩탕

이런 곳도 있어요!

양평 임실치즈마을

소나기마을 안에는 '양평 임실치즈마을'이 있다. 전북 임실치즈마을의 분점으로 치즈와 스파게티 만들기, 딸기 따기, 송아지 우유 먹이기 등의 체험프로그램을 진행한다. 사전 예약 필수. '목넘이고갯길'을 지나 계곡을 건너면 보인다.

문의: 031-771-1505 | 홈페이지: www.kcheesecook.co.kr

8월의
세번째 여행

푸른 추억 만들기, 강릉 하슬라아트월드

동해바다에서 특별한 추억을 만들고 싶다면 이 세 가지를 기억하자. 첫째, 하슬라아트뮤지엄호텔에 숙박한다. 정동진 등명해변이 한눈에 들어오는 천혜의 고지에 위치해 있다. 둘째, 강릉-삼척간 바다열차에 오른다. 동해안의 절경을 두루 섭렵할 수 있다. 셋째, 삼척해양레일바이크를 탄다. 용화-궁촌 간 해변을 신나게 달려보자.

※ 1박 2일 코스 ※

강릉 - 🚌 - 하슬라아트월드 - 👣 - 하슬라아트뮤지엄호텔(숙박) - 🚗 - 바다열차(정동진역~삼척역) - 🚐 - 삼척해양레일바이크(용화역~궁촌역) - 🚗 - 환선굴

세상의 중심에 서다

정동진역에서 강릉 방향으로 2km 남짓 떨어진 곳에 등명해변이 있다. 이곳은 여름 휴가철, 동해안 곳곳의 해변이 혼잡할 때도 유달리 한적하다. 해변의 규모가 정동진해변보다 작아도 풍광만은 결코 뒤지지 않는다.

이 등명해변을 전체적으로 조망할 수 있는 곳이 하슬라아트월드이다. 이곳은 산기슭에 조성된 조각공원으로 자연과 조각품이 하나로 어우러진 공간이다.

산책을 하다 보면 숲길 곳곳에서 '돌맹이사람'을 만난다. 돌맹이에 웃는 사람의 얼굴을 그려놓은 작품이다. 돌맹이사람과 눈인사를 나누고 다시 오솔길을 걷는다.

산비탈이 시작되는 지점부터 숲은 사라지고 정원이 나타난다. 나무데크 산책로가 산비탈면을 지그재그로 타고 넘는다. 산책로 중간에 자란 나무들은 데크에 난 구멍을 통과해 자랐났다. 자연을 배려하는 마음이 고스란히 전해온다.

바다 전망이 좋은 곳에 금속 소재의 의자들이 놓여 있다. '고백의 자리'라는 이름을 가진 이 의자에 앉으면 누구든 시인이 된다. 공원 꼭대기에는 소똥으로 작품을 만들어 전시해 둔 '소똥전시관'과 미술체험활동을 할 수 있는 '솟대미술관'이 있다. 소똥전시관은 쇠똥구리가 굴려놓은 소똥덩어리처럼 생겼고, 솟대미술관은 럭비공을 세워놓은 모양이다.

Jan.
Feb.
Mar.
Apr.
May
Jun.
Jul.
Aug.
Sep.
Oct.
Nov.
Dec.

하슬라아트월드에 전시된 작품들

 '시간의 광장'이라는 작품은 제주도 오름의 분화구를 닮았다. 움푹 팬 '시간의 광장' 속에서 골바람이 올라와 벌겋게 상기된 얼굴을 금세 식혀준다. 초승달처럼 생긴 '하늘전망대' 속으로 들어가면 오로지 하늘과 바다만 보인다. 세상의 중심에 선 듯 가슴이 벅차오른다. 하슬라아트월드의 작품들은 온몸으로 느끼는 오감체험형 작품이므로 '예술'을 부담스러워 하는 사람들도 친근하게 다가갈 수 있다.

작품의 일부가 되다, 하슬라아트뮤지엄호텔

하슬라아트월드가 야외 전시장이라면 하슬라아트뮤지엄호텔은 실내 전시장이다. 빨강, 파랑, 노랑의 원색 블록을 쌓아올린 듯한 외관이 호기심을 강하게 자극한다. 내부 구조도 여느 호텔과는 다르다. 객실마다 다른 인테리어로 각각의 개성을 드러내고 있다.

모든 객실이 바다를 향하고 있어 객실 침대에 누워서도 동해 일출을 감상할 수 있다. 흰색을 메인 칼라로 써서 전체적으로 화사한 느낌을 준다. 호텔 외관이 직선을 강조한 반면 인테리어는 곡선을 위주로 표현했다. 그중에서 어머니의 자궁을 모티브로 한 '자궁침대'가 대표적인 작품이다. 둥근 나무 프레임 속에 폭신한 매트리스와 이불이 구름처럼 깔려 있다. 그 위에 누우면 몸이 솜사탕처럼 녹아드는 느낌이 든다. 바다가 보이는 테라스에 놓인 욕조는 깊은 산골 옹달샘을 연상케 한다. 손톱만한 색깔 타일로 섬세하게 장식한 화장실과 모던함과 고전미를 조합한 젠 스타일의 소품들이 환상적인 세계를 만든다. 세상에서 가장 귀한 손님이 된 듯한 기분을 만끽할 수 있다.

호텔 레스토랑 '張'은 레스토랑과 미술관이 결합된 공간이다. 전망 좋은 레스토랑에서 식사도 즐기고, 미술품 감상도 할 수 있으니 낭만을 즐기기에 더없이 좋다.

(왼쪽) 어머니의 자궁처럼 둥근 모양을 한 자궁침대
(오른쪽) 하슬라아트뮤지엄 안에 있는 레스토랑 '張'은 미술관을 겸한 공간이다.

여행길에 소소한 추억거리를 만들다

하슬라아트월드에서 휴식을 취한 후, 정동진역에서 바다열차를 타고 삼척으로 이동한다. 바다열차는 강릉, 동해, 삼척을 잇는 동해의 해안선을 따라간다. 전 좌석이 바다 방향을 바라보도록 배치돼 있다. 달리는 열차 안에 앉아서 동해의 푸른 바다와 눈부신 백사장을 맘껏 감상할 수 있다. 강릉역, 정동진역, 묵호역, 동해역, 추암역, 삼척해변역, 삼척역에 차례로 정차한다.

바다가 보이지 않는 구간에서는 이벤트가 열린다. 객실 벽에 여러 대의 모니터가 달려 있어 승무원의 진행에 따라 승객들이 이벤트에 참여한다. 웃고 즐기는 동안 정차역들이 순식간에 지나간다. 스낵바도 있어 간단한 요기를 할 수 있다. 프로포즈실은 2인실 객차로서 연인들에게 인기 만점이다.

바다를 향해 좌석이 배열돼 있는 바다열차

새로운 세상을 향해 페달을 밟다

삼척해양레일바이크는 우리나라에서 유일한 해양레일바이크다. 가장 아름다운 해안선 중 하나로 꼽히는 궁촌과 용화해수욕장간의 편도 5km 거리를 40분간 달린다. 복선레일이어서 왕복운행이 가능하다.

(왼쪽) 해양레일바이크의 화려한 터널 조명
(오른쪽) 해양레일바이크가 아름답기로 이름난 용화해변가를 달리고 있다.

용화정거장을 출발한 레일바이크는 해송숲터널과 용화해수욕장 옆을 지난다. 활시위처럼 굽은 해변이 시야에서 사라지면서 터널구간이 시작된다. '축제', '신비', '황영조기념관' 등의 테마를 가진 터널이 연달아 나타난다. 터널 안에 설치된 조명이 쉴 새 없이 모양을 바꾼다. 불꽃축제와 레이저쇼, 루미나리에를 모두 합친 것보다 황홀하다. 머리 위로 고래가 헤엄치고, 형형색색 육각형의 보석들이 천정에 매달려 있어 해저터널과 보석광산에 들어온 듯하다. 해양레일바이크의 주인공은 용화-궁촌간 해안선이지만, 조명쇼도 해양레일바이크의 폭발적인 인기에 한몫을 한다. 날씨가 안 좋을 때나 한여름 또는 한겨울엔 터널구간이 더욱 진가를 발휘한다.

Travel Tip

> **하슬라아트월드** 문의: 033-644-9411~3 | 홈페이지: www.haslla.kr
> 개장: 연중무휴 09:00~18:00, 성수기 08:00~19:00(그늘이 없으므로 여름에는 이른 아침이나 오후에 방문하는 것이 좋다) | 소요시간: 1시간 10분~1시간 30분 | 입장료: 공원 6천 원, 미술관 7천 원, 공원+미술관 1만 원(성인 기준)

> **삼척바다열차**
> 문의: 033-573-5474 | 홈페이지: www.seatrain.co.kr |
> 요금: 특실 1·2호차 1만 5천 원, 일반 3호차 1만 2천 원

> **해양레일바이크** 홈페이지: www.oceanrailbike.com |
> 운행 시간: 1일 6회(궁촌 → 용화: 08:30 10:20 12:10 14:20 16:10 18:10(하절기) |
> 운임료: 2인승 2만 원, 4인승 3만 원(편도요금) | 용화-궁촌간 회송버스 운행

> 삼척해양레일바이크는 예약제로서 경쟁률이 치열하다. 삼척시티투어를 통해 예약하면 수월하게 이용할 수 있다.
> 문의: 033-570-3545 | 홈페이지: http://citytour.samcheok.go.kr

> **환선굴** 동양 최대의 석회동굴로 폭포가 흐르는 골짜기와 10여 개의 동굴 호수를 볼 수 있다. 눈여겨봐야할 석회생성물은 중앙광장의 옥좌대와 동굴 입구의 만리장성, 도깨비 방망이다. 환선굴 지척에 있는 대금굴을 관람하는 것도 좋다. 예약 필수.
> 문의: 삼척대이동굴관리사무소 033-541-7600~2, 9266
> 홈페이지: http://samcheok.mainticket.co.kr
> 운영: 동절기 09:00~18:00(11~2월), 하절기 08:30~19:00(3~10월), 2시간 전에 입장.

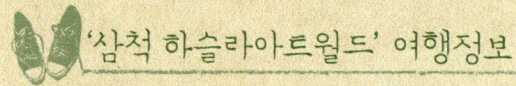
'삼척 하슬라아트월드' 여행정보

● 가는 길

1 서울 → 강릉

서울고속버스터미널에서 강릉고속버스터미널까지 버스 수시운행(06:00~23:30, 2시간 40분 소요), 동서울터미널에서 강릉고속버스터미널, 강릉시외버스터미널까지 버스 수시운행(06:20~23:50, 배차간격 40분, 2시간 20분 소요).

문의: 강릉고속버스터미널 033-641-3184,
홈페이지: http://gangneung.dongbubus.com
문의: 강릉시외버스터미널 033-643-6092~3,
홈페이지: www.gangneungterminal.co.kr

2 강릉버스터미널 → 하슬라아트월드

강릉버스터미널에서 강릉, 경포행 202-1번 버스 승차 후 서부시장 정류소에서 112번 버스로 환승 후 하슬라아트월드 정류소에서 하차.

※주말과 공휴일에 정동진역 썬카페-하슬라아트월드 셔틀버스 운행(09:00~14:00). 사전 예약 필수.
문의: 033-644-9411~4

3 삼척역 → 궁촌 정거장

삼척역 앞에서 버스 23, 24번 버스(1일 16회 운행, 05:50~19:00, 약 50분 소요) 탑승 후 궁촌정류소에서 하차. 삼척역에서 참척버스터미널까지는 택시로 5분 거리(약 2km).

문의: 삼척시내버스터미널 033-574-2686, 삼척역 033-572-7788, 궁촌정거장 033-576-0656~8, 용화정거장 033-576-0651

4 삼척역 → 용화

시내버스 24번 이용. 1시간 소요.

5 용화나 궁촌에서 환선굴로 가려면 삼척시내 터미널에서 환선굴행 버스를 타야 한다.
삼척버스터미널에서 환선굴(신기 경유)까지 좌석버스 1일 6회 운행(40분 소요).

● 맛집

등명해변 인근에 큰기와집(해물수제비 033-644-5655)과 명성횟집(가자미탕, 생선회 033-644-6234), 바다마을횟집(033-644-5747) 등이 추천할 만하다. 정동진역 부근에 썬카페(사골우거지탕 033-644-5466), 할머니초당순두부(033-644-5995), 정동진조개구이(한식 033-644-5890) 등이 있다. 삼척 등봉동의 부일막국수(수육 033-572-1277)가 유명하다.

● 숙소

정동진역 부근에 숙박업소가 많다. 호화 유람선을 테마로 한 썬크루즈호텔(033-610-7000)과 고급호텔 버금가는 시설을 갖춘 화이트캐슬리조트(033-644-7212), 한국관광공사 인증 우수숙박업소로 지정된 카리브모텔(033-641-2355)과 다빈치모텔(033-644-5043), 비쥬모텔(033-641-3380) 등이 있다.

8월의
네번째 여행

무릉도원에 가다, 담양 명옥헌 원림

명옥헌 원림(명승 제58호)은 조선 후기 학자 오이정(1619~1655)이 그의 아버지 오희도가 살던 명옥헌 주위를 정원으로 조성한 곳이다. 소쇄원과 더불어 아름다운 민간정원으로 꼽힌다. 7월에서 9월 초순 사이에 연못 주위에 심은 배롱나무가 꽃을 활짝 피우면 원림은 무릉도원이 된다.

✕✕ 1박 2일 코스

소쇄원 🚙 명옥헌 🛵 삼지내마을(숙박) 🛵 죽녹원(죽향체험마을) 👣 관방제림 👣 메타세콰이어 가로수길

✿ 꽃잎이 연못 위에서 나풀거리다

　　명옥헌 원림(인공적인 배제하고 자연을 그대로 보존해 조성한 정원)은 담양군 고서면 산덕리 후산마을에 위치해 있다. 담양에 갈 때는 광주에서 담양행 버스로 갈아타는 게 수월하다. 광주에서 버스를 타고 담양에 들어서자 차창 밖으로 길가에 늘어선 붉은 배롱나무꽃이 너울거린다. 산덕리 연동에서 내려 산덕마을을 지나 후산마을로 향한다. 1km 정도 걸으면 후산마을회관이 보인다. 마을회관과 저수지를 지나 전원주택과 민박집들이 모여 있는 마을길로 접어든다. 좁은 골목길이 끝나는 지점에 명옥헌 원림이 있다.

　　8월에는 명옥헌 원림에 천도복숭아 빛깔 배롱나무꽃이 한창이다. 배롱나무 20여 그루가 연못을 둘러싸고 뭉게뭉게 군락을 이루고 있다. 배롱나무꽃은 백일 동안 피고 지고를 반복한다고 해서 목백일홍 또는 나무껍질을 손으로 긁으면 잎이 움직인다고 해서 간지럼나무라고도 불린다. 실제로 간지럼을 타는 듯 매끈한 줄기가 배배 꼬인 모습이다.

　　배롱나무 군락 사이로 명옥헌의 기와지붕이 설핏 보인다. 자세히 보려고 까치발을 들

너울을 쓴 듯한 배롱나무꽃

Jan.
Feb.
Mar.
Apr.
May
Jun.
Jul.
Aug.
Sep.
Oct.
Nov.
Dec.

고 용을 써 봐도 꼭꼭 숨어 있어 잘 보이지 않는다. 연못가 오솔길을 따라 명옥헌으로 간다. 머리 위로 배롱나무 가지가 스친다. 꽃잎이 나풀거리며 연못 위에 내려앉는다. 떨어진 꽃잎은 살랑바람에 빙글빙글 맴돈다. 그 모습은 마치 무희들이 팔랑팔랑 부채춤을 추는 듯하다. 명옥헌은 오솔길 끝, 언덕 위에 앉아 있다. 명옥헌 왼쪽에 작은 연못이 있는데, 그 물이 아래의 큰 연못으로 흘러가는 소리가 옥이 서로 부딪히는 것 같다고 하여 '명옥헌鳴玉軒'이라 이름 붙였다고 한다. 명옥헌은 앞면 3칸, 옆면 2칸 구조에 팔작八作지붕을 얹은 평범한 모습이다. 정중앙에는 '명옥헌'이라 쓴 편액이 걸려 있고, 섬돌 뒤로 불을 때던 아궁이가 남아 있다.

　명옥헌 마루에 올라 양반다리를 하고 벽에 등을 기대고 있자면 산들바람이 옷깃을 파고든다. 방 안으로 들어가 방문을 닫으면 아늑한 느낌이 든다. 명옥헌에서 바라보면 연못이 배롱나무에 가려서 보이지 않는다. 오이정은 명옥헌 앞에 배롱나무를 심으면서 속세와 격리된 무릉도원을 꿈꿨을지도 모르겠다. 소나기가 쏟아지는 날을 기다렸다가 일부러 맞춰 와도 좋을 것 같다.

　명옥헌 원림을 둘러봤다면 후산리 은행나무를 만나러 가자. 이 나무는 수령이 300년이 넘었고, 지름이 7.7m, 높이가 30m나 된다. '인조대왕의 계마행繫馬杏'이란 별칭으로 불리기도 하는데, 인조가 왕위에 오르기 전에 호남 지방을 돌아보던 중 후산리에 사는 오희도를 만나러 왔다가 이 은행나무에 타고 온 말의 고삐를 맨 데서 유래했다고 한다.

연못에 흐르는 물소리가 옥이 부딪히는 소리 같다 하여 이름 붙여진 명옥헌

SUMMER

(왼쪽) 창평엿을 만드는 모습
(오른쪽) 삼지내마을의 전형적인 돌담의 모습을 보여주는 골목길

거미줄 속에 발을 들여놓다

명옥헌 원림에서 약 4㎞ 떨어진 창평면 삼천리에 삼지내마을이 있다. 마을 안으로 세 개의 물줄기가 흘러든다고 해서 붙은 지명이다. 지금은 복개공사를 해서 하천을 볼 수는 없다.

삼지내마을은 16세기 초에 형성된 창평 고씨 집성촌이다. 100여 년 전에 지어진 고택 열한 채와 옛 돌담이 오래전 모습을 간직하고 있다. 돌담은 2006년 문화재청 지정문화재로 등록됐다. 돌담길은 창평면사무소 앞에서 시작된다. 면사무소 앞을 지나는 대로를 걷다 보면 '한옥에서'라는 이름의 한옥민박(김영봉 고택)이 보인다. 이 민박집은 100여 년 된 고택으로 살뜰한 주인장 덕분에 기둥과 마룻장이 반질반질 윤이 난다. 이 고택 뒤로 문화재인 고재선 가옥이 있다. 이 집은 전통적인 상류 주택의 모습을 잘 간직하고 있어 가치가 있다.

대로에서 가지처럼 뻗은 골목길로 들어서면 담벼락에 '창평엿'이라고 쓴 함석 간판이 간간이 보인다. 창평엿은 임금에게 진상했던 엿으로 오랫동안 마을 사람들의 생계수단이었다. 12월에서 2월 사이, 예닐곱 집에서 밤새도록 엿을 곤다. 한겨울이면 돌담 너머로 달큼한 엿 고는 냄새가 진동을 한다. 창평엿은 단면에 구멍이 송송 뚫려 씹으면 아사삭 부서지고, 입 안에 들러붙지 않는 게 특징이다. 창평엿과 함께 창평된장도 삼지내마을이 자랑하는 특산품이다.

실타래를 감듯이 돌담길을 걷다 보면 최근에 복원한 돌담은 희끗한 반면 옛 돌담은 돌이끼나 손때가 잔뜩 끼어 암갈색을 띠고 있다는 것을 알 수 있다. 구간마다 돌을 쌓아 올린 형태도 다양하다. 담장 맨 밑에 흙을 쌓고, 그 위에 돌을 얹고, 다시 흙을 올려서 구들장처럼 쌓아 올린 돌담도 있고, 흙과 돌을 버무려서 자유롭게 쌓은 돌담도 있다. 공통점은 형태가 어떻든 소박하고 자연스럽다는 것이다. 돌담 위에는 기와가 얹혀 있다. 이들이들한 담쟁이덩굴이 돌담과 기와를 도롱이처럼 덮고 있다. 낡은 담벼락은 흙벽이 갈라져 얼기설기 엮은 대나무 뼈대가 드러났다.

　돌담은 집들을 거미줄처럼 연결한다. 돌담길 위에서는 발걸음이 느려진다. 덩달아 마음도 한껏 여유로워진다.

　삼지내마을 바로 옆에는 창평전통시장이 있다. 장날은 5, 10일이지만 상설시장이나 다름없다. 시장에 가면 국밥을 꼭 먹어봐야 한다. 암뽕(암돼지의 대창)순대국밥, 새끼보(돼지자궁)국밥, 콩나물국밥, 선지국밥, 모듬국밥 등 종류도 다양하다. 암뽕순대국밥은 위의 지방에서는 먹어보기 힘든 음식이다. 창평국밥은 잡내가 없고, 고기 내장을 듬뿍 넣어주는 것으로 유명하다. 시골장터 느낌이 나는 국밥집 평상에 앉아 얼큰한 고추양념장을 듬뿍 푼 국밥 한 그릇을 후루룩 먹고나면 하루 동안의 피로가 씻긴다.

소쇄원 광풍각과 작은 폭포

명옥헌 원림에서 약 10㎞ 떨어진 곳에 소쇄원이 있다. 소쇄원은 조선 사대부 정원의 원형을 가장 잘 간직한 곳이다. 건축물이 자연의 한 부분인 것처럼 절묘한 조화를 이루고 있어 조선 민간정원의 최고봉이라 불린다. 진입로에 들어서면 양옆으로 늘어선 대숲이 한여름의 뙤약볕을 가려주고, 광풍각 앞으로 흘러내리는 계곡물이 땀을 식혀준다. 계곡 건너편 광풍각 주변은 심심산골인듯 청량한 기운이 넘친다. 광풍각 마루에 앉아 있노라면 '소쇄瀟灑'라는 이름대로 심신이 맑고 깨끗해진다.

Travel Tip

> 삼지내마을 홈페이지: www.slowcp.com

> 죽녹원 문의: 061-380-3244 | 홈페이지: www.juknokwon.org | 개원: 09:00~19:00 | 연중무휴 | 입장료: 어른 2천 원, 청소년 1천 5백 원, 어린이 1천 원

> 1박2일 대체코스 담양버스터미널 – 죽녹원 – 관방제림 – 대나무골테마공원 – 메타세콰이어 가로수길 – 숙박 – 삼지내 – 소쇄원 – 가사문학관 – 식영정 – 담양버스터미널

> 담양버스터미널 근처에 관방제림, 죽녹원, 메타세콰이어 가로수길이 있다. 모두 걸어 다닐 수 있고, 택시 요금이 부담 없는 거리다. 버스터미널에서 관방제림까지는 도보 20분 정도 걸린다. 관방제림에서 죽녹원은 도보 10분, 죽녹원에서 메타세콰이어 가로수길은 도보 30분 소요. 터미널이나 죽녹원 앞, 메타세콰이어 가로수길에 자전거 대여점이 있다.

> 죽녹원은 여름에 모기가 많으므로 모기퇴치약이나 모기 물렸을 때 바르는 약을 준비하는 것이 좋다. 5월에 대나무축제가 열린다.

> 슬로시티방문자센타에서 자전거를 시간당 1천 원에 대여해준다. 문의: 061-383-3807

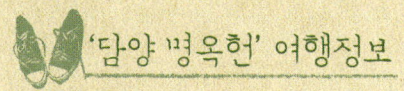

'담양 명옥헌' 여행정보

● 가는 길

1 서울 → 담양
센트럴시티터미널에서 담양버스터미널까지 버스 1일 4회 운행(08:10~17:10).
문의: 담양버스터미널 061-381-3233

2 서울 → 광주
서울에서 담양으로 가려면 광주를 거쳐 담양으로 가는 것이 낫다. 서울역에서 KTX를 비롯한 열차와 센트럴시티터미널에서 광주행 버스가 수시운행, 광주버스터미널에서 담양버스터미널행 직행버스 20분 간격으로 운행(05:50~22:45).
문의: 광주역 1544-7788, 광주고속버스터미널(유스퀘어) 062-360-8800 | 홈페이지: www.usquare.co.kr

3 광주종합버스터미널(광천동) → 명옥헌 원림
버스 311번(배차간격 15분, 06:40~10:40), 47번(배차간격 20분, 05:40~22:55)을 타고 무등도서관에서 3-1번(1일 10회 운행, 08:40~21:20)으로 환승 후 연동(담양)정류소에서 하차. 명옥헌 원림까지 도보 1km이내.

4 담양버스터미널 → 명옥헌 원림
버스가 없다. 택시를 타면 1만 5천 원 남짓 나온다.
문의: 고서택시 061-382-3100

5 소쇄원 → 명옥헌 원림
택시 이용(약 10분 거리).

6 광주종합버스터미널 → 명옥헌/삼지내마을
3번의 가는 방법과 같고, 명옥헌을 들러 삼지내 마을까지 간다. 삼지내마을은 창평초교에서 내리면 된다.

7 담양버스터미널 → 삼지내마을(창평면)
담양터미널에서 버스 3-1, 4-1, 4-2번을 이용하여 창평초교에서 내린다.(1일 19회 운행, 06:30~21:00, 약 1시간 소요)
문의: 담양시내버스/담양군내버스 061-382-6823

8 광주 → 죽녹원
광주버스터미널이나 광주역에서 버스 311, 311-1번 이용.

9 광주 → 소쇄원, 가사문학관
광주터미널에서 버스 225, 2-3, 2-4번(1일 10회 운행 07:20~21:00) 이용.

10 KTX 광주 송정역 → 담양
송정역에서 160, 19번 버스(배차간격 20분, 05:40~23:40)탑승 후 서방시장에서 311번 버스로 환승.

● 맛집

담양은 대통밥과 떡갈비가 유명하다. 대통밥은 죽녹원 인근에 한상근대통밥집(061-382-1999), 박물관앞집(061-381-1990)과 죽향속으로(061-383-0258)가 맛있다. 담양 떡갈비는 죽물박물관 근처 신식당(061-382-9901)이 독보적이다. 고서면의 전통식당(061-382-3111)은 남도 한정식을 잘한다. 죽녹원 맞은편에 있는 50년 전통의 진우네국수(061-381-5344)도 입소문이 자자한 집이다. 삼지내마을에서는 원조창평시장국밥(061-383-4424)과 한우암소고기집(061-382-7800), 연잎떡갈비돌쇠정(061-381-9070)가 추천할 만하다.

대통밥

창평국밥

장성 방면
죽녹원
관방제림
메타세콰이어 가로수길
담양버스터미널

삼지내마을
창평IC
명옥헌 원림

광주종합버스터미널 방면
소쇄원 방면

● 숙소

담양읍에서는 굿스테이로 지정된 그린파크모텔(061-383-5858), 담양골든리버모텔(061-383-8960)과 찻집과 민박집을 겸하고 있는 명가혜(061-383-6015)를 추천한다. 삼지내마을 안에는 한옥민박인 한옥에서(김영봉 고택 061-382-3832, 예약필수), 매화나무집(010-7130-3002)과 삼지내민박(061-380-2690)은 송강정, 면앙정, 식영정, 광풍각, 명옥헌 등 담양의 정자를 재현한 곳으로 한옥숙박이 가능하다.

한옥민박

단풍이 맛있게 익어가는 가을 여행지

AUTUMN

가을에는 어디를 갈까?

월	메인 여행지	여행 테마	대중교통편	여행일수
9월	고창 꽃길	꽃무릇, 메밀꽃	🚌	1박 2일
	옥천 30리길	정지용의 고향	🚌	당일
	강화나들길	강화유적지 트레킹	🚌	당일
10월	예천 회룡포마을	회룡포 트레킹	🚌	당일
	수원 화성	화성행궁 걷기	🚌	당일
	부산	도시탐험	🚌🚌	당일
	양양 주전골	단풍 트레킹	🚌	1박 2일
11월	동해 묵호등대오름길	등대	🚌	1박 2일
	서울 도심 산책	단풍놀이	🚌	당일
	함양 화림동계곡	계곡 트레킹	🚌	1박 2일
	경주 양동마을	세계문화유산	🚌🚌	1박 2일

AUTUMN

9월의
첫번째 여행

삼색 꽃에 묻혀 시를 읊다,
고창 꽃길 여행

9월이 오면 고창의 산야에는 꽃불이 난다. 학원농장의 메밀꽃, 선운사의 꽃무릇, 돋음별마을의 국화가 한꺼번에 피어나면서 총천연색의 물결이 산과 들을 뒤덮는다. 눈앞에 펼쳐진 꽃무리 속에 파묻혀 자분자분 걷다 보면 정신이 아득해지고 만다.

1박 2일 코스

학원농장 -🚌- 미당시문학관 -👣- 돋음볕마을 -🚌- 선운사(숙박) -🚌- 고창고인돌공원 -🚌- 고창읍성

구름이 구릉으로 내려오다, 학원농장

학원농장은 계절마다 변신한다. 봄에는 푸른 청보리밭, 여름에는 노란 해바라기밭, 가을에는 새하얀 메밀꽃밭으로 변한다. 겨울에는 메밀을 수확한 후, 파종한 보리 씨앗이 땅속에 몸을 숨긴 채 봄을 기다린다. 어떤 모습이든 다 아름답지만 그 중에서도 4월 청보리밭과 9월 메밀꽃밭은 각기 남다른 매력을 발산한다.

9월이면 여인의 등 굴곡처럼 부드러운 공음면 산 능선에 자리잡은 학원농장의 구릉에 뽀얀 메밀꽃이 핀다. 마치 흰 구름이 땅으로 내려와 깔린 듯 몽실몽실해 보인다. 쑥 자란 메밀꽃이 허리춤을 간질인다. 메밀꽃은 솜뭉치를 새끼손톱만하게 뭉쳐서 꽃받침 위에 살포시 올려놓은 모습이다. 산들바람에도 민들레 홀씨처럼 날아가 버릴까 조심스레 꽃 사이를 비껴 걷는다.

메밀꽃

메밀밭이 드넓어 전체를 걸어서 돌아보려면 시간이 꽤 걸린다. 그러니 꽃밭 사이 산책로에서는 걷고, 둘레길은 자전거를 타고 돌아보는 것이 좋다. 자전거는 학원농장에서 빌릴 수 있다. 자전거길이 따로 있진

Jan.
Feb.
Mar.
Apr.
May
Jun.
Jul.
Aug.
Sep.
Oct.
Nov.
Dec.

(왼쪽) 자전거를 타고 메밀밭을 둘러볼 수 있다. (오른쪽) 메밀밭 한가운데에 자리 잡은 맹종죽숲

않아도 농장 둘레로 포장도로가 잘 되어 있어 자전거 타기가 수월하다. 축제기간이 아닐 때는 차들도 거의 다니지 않으니 신나게 페달을 밟을 수 있다. 도로는 대부분 평지로 약간의 오르막과 내리막이 있을 뿐이다. 자전거 페달을 힘껏 밟을 때마다 길가에 핀 코스모스가 춤을 춘다. 내리막길에서는 페달에서 발을 뗀다. 자전거가 설원 위 스노우보드처럼 미끄러져 내려간다.

메밀밭 한가운데 자리해 섬처럼 보이는 맹종죽숲과 연잎이 무성한 연못을 지난다. 길가 곳곳에 포토존 안내판이 서 있다. 메밀밭을 크게 한 바퀴 돌아 농장으로 되돌아오는 데 1시간 남짓 걸린다. 9월만 해도 아직 더운 기가 가시지 않아 등에 땀이 흐른다. 이때, 농장에서 운영하는 식당에서 얼음 동동 띄운 메밀국수 한 그릇을 먹는다면 땀방울이 쏙 들어갈 것이다. 농장에서 수확한 메밀로 만든 국수이기에 꿀맛이다.

선운계곡의 산사화, 꽃무릇

추석 명절을 즈음하여 선운사 도솔천 기슭에는 꽃무릇이 핀다. 꽃무릇의 빛깔은 와인색 벨벳처럼 검붉어서 일주문을 지나면서부터 계곡 주변은 불타는 듯하다. 한 여인을 사모한 스님이 상사병을 앓다가 피를 토하고 죽은 자리에 핀 꽃이라는 전설이 전해온다.

꽃무릇의 생김새를 자세히 보면 짧은 파마머리에 긴 속눈썹을 말아 올린 마릴린 먼로가 떠오른다. 대롱처럼 생긴 연둣빛 꽃대는 커다란 꽃송이에 비해 가늘고 연약하다. 이처럼 요염하게 생긴 꽃무릇이 사찰 주변에 많다는 게 의아할지도 모른다. 하지만 그럴 만한 이유가 있다. 꽃무릇의 뿌리는 방부 효과가 뛰어나 탱화를 그릴 때 찧어서 바르면 좀이 슬지 않기 때문이라 한다.

(왼쪽) 도솔천 주위를 붉게 물들인 이른 아침의 꽃무릇 군락 (오른쪽) 도솔암 나한전 앞에 핀 꽃무릇

꽃무릇을 감상하기 좋은 시간은 이른 아침이다. 이 꽃은 도솔천 기슭 울창한 나무 그늘 아래에서 자라는데, 나무 사이로 부챗살처럼 퍼지는 새벽빛을 받으면 고운 자태를 드러낸다. 그 모습은 아름다운 차원을 넘어 신비롭기까지 하다.

선운사 경내에서 도솔암까지 3.2km 거리는 천천히 걸어도 1시간이면 충분하다. 절 마당을 나와 야생차밭을 지나면 신라 진흥왕이 수도했다는 '진흥굴'이 보인다. 굴 앞에는 이곳의 옛 지명을 따서 이름 붙인 장사송(천연기념물 제354호)이 삿갓 쓴 도인처럼 서 있다.

찻집을 지나 조금 더 올라가면 도솔암이다. 이곳에서 꼭 봐야 할 것이 나한전 옆 '칠송대'라 불리는 절벽에 새겨진 선운사 도솔암 마애불좌상(고려시대 유물, 보물 제1200호)이다. 17m에 달하는 거대한 크기에 위압감을 느끼겠지만 막상 자세히 살펴보면 그렇지만도 않다. 네모진 얼굴에 가로로 길게 찢어진 눈과 두툼한 입술은 소박하면서도 친근한 멋을 풍긴다.

칠송대 위, 암자 하나 놓일 만한 공간에 내원궁이 자리 잡고 있다. 내원궁으로 가려면 나한전 뒤쪽으로 이어지는 가파른 돌계단을 올라야 한다. 내원궁 안에는 보물 제280호인 지장보살좌상이 봉안되어 있다. 기도발이 있다는 입소문이 자자하다.

칠송대에 새겨진 도솔암 마애불좌상

바람의 자전거를 타고 달리다, 돋음볕마을

선운리 안현 돋음볕마을은 사계절 국화꽃이 핀다. '돋음볕마을'이란 '처음으로 솟아오르는 햇볕마을'이란 뜻이며, 보통은 '국화꽃마을'이라 불린다. 선운리는 미당 서정주의 생가와 문학관, 묘소가 있는 곳이다. 화가들은 미당의 작품 세계를 기리기 위해 대표작인 〈국화 옆에서〉를 소재로 마을 담장에 벽화를 그렸다. 최근에 벽화마을들이 우후죽순으로 생겨나긴 했지만 그렇다고 해서 돋음볕마을의 특별함이 희석되는 건 아니다. 벽화마을로는 원조격이란 의미 말고도 '미당의 국화'라는 예술적 테마와 높은 수준이 후한 점수를 받을 만하다.

이 마을 벽화의 특징은 실제 이 마을에 살고 있는 주민들이 벽화에 등장한다는 것이다. 거울 앞에 나란히 서 있는 아주머니들의 모습이 그려진 벽화는 〈국화 옆에서〉에 등장하는 '누님'을 떠오르게 한다. 잉꼬 부부와 국화꽃을 가슴에 품은 꽃다운 아주머니를 모델로 한 벽화도 있다. 담벼락 아래 오송송 피어난 꽃들과 담벼락에 핀 국화꽃이 아름다움을 겨룬다.

마을 앞으로는 바다 같은 논이 펼쳐져 있다. 가을 들녘에 부는 바람이 파도치는 벼의 머리를 쓰다듬고 지나간다. 당산목을 지나 마을 뒷산에 오르면 미당의 묘소가 있다. 매년 10월이면 이곳에서 국화축제가 열리기 때문에 늦가을까지 국화향에 취할 수 있다.

이런 곳도 있어요!

고창읍성

고창읍성은 조선 단종 때 왜침을 막기 위해 축성한 읍성이다. 음력 윤달에 손바닥만한 돌을 머리에 이고 성곽을 3번 돌면 무병장수한다는 '답성놀이'가 전해온다. 지금도 매년 5월이면 부녀자들이 돌을 머리에 이고 성곽을 밟는 '모양성제'를 연다.

문의: 063-560-2710 | 입장료: 어른 1천 원, 청소년 6백 원, 어린이 4백 원

고창고인돌공원

고창 고인돌유적지는 유네스코세계문화유산에 등재된 곳으로 북방식, 남방식, 절충식 등 다양한 형태의 고인돌을 접할 수 있다. 2천여 기의 고인돌이 산재해 있는데, 그 수효는 국내 고인돌의 50% 이상을 차지한다. 한강 이남에 북방식 고인돌(일명 탁자식 고인돌)이 있는 곳은 고창이 유일하다. 매년 10월 '세계고인돌축제'를 연다.

문의: 063-560-8666 | 홈페이지: www.gcdolmen.go.kr

(왼쪽) 돋음볕마을의 벽화
(오른쪽) 미당시문학관의 바람의 자전거

안현 돋음볕마을에서 5분 정도 걸으면 질마재 아래에 있는 미당시문학관에 도착한다. 문학관은 미당 서정주(1915~2000)가 다니던 초등학교가 폐교된 뒤에, 한 건축가가 그 건물을 리모델링하여 만들었다. 마당 왼쪽에 '바람의 자전거'라는 이름의 조형물이 눈에 띈다. 미당이 남긴 '스물세 해 동안 나를 키운 건 팔할이 바람이다'라는 말을 형상화한 작품이다. 전시관에는 미당의 육필원고와 그가 사용했던 만년필, 고무신과 안경, 파이프와 지팡이, 지인들과 주고받았던 서신 등 2천여 점의 유품들이 전시돼 있다. 문학관 전망대에 오르면 바다로 이어지는 선운리 일대가 한눈에 들어온다. 왼쪽으로 미당 생가가 보이고, 맞은편에 돋음볕마을과 그의 묘소가 보인다. 바람의 자전거를 타고 질마재길을 달리는 미당의 모습이 문득 떠오른다.

Travel Tip

> **학원농장**
> 문의: 063-564-9897 | 홈페이지: www.borinara.co.kr

> 학원농장에서 매년 9월에 메밀꽃축제를 연다.

> 학원농장 자전거 임대료는 1시간에 3천원. 어린이용도 있다.

> 선운사에서 고창버스터미널로 가는 길에 고인돌공원이 있고, 고창버스터미널에서 고창읍성은 도보 15분 거리에 있다.

> **미당시문학관**
> 문의: 063-560-8058 | 홈페이지: www.sejungju.com | 개관: 09:00~18:00 | 연중무휴

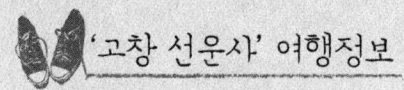
'고창 선운사' 여행정보

● 가는 길

1 서울 → 고창
센트럴시티터미널에서 고창버스터미널까지 버스 1일 16회 운행(배차간격 50분, 3시간 10분 소요).

2 고창버스터미널 → 학원농장
①버스터미널정류소에서 농어촌버스 고창-법성, 고창-씨앗등, 고창-선산, 고창-공음 버스를 타고 선산에서 내리면 학원농장이 가깝다. 버스는 1일 5회 운행(07:20~17:20, 약 1시간 소요).
②버스터미널정류소에서 농어촌버스 고창-각동, 고창-해리, 고창-동호, 고창-구시포 버스(1일 12회 운행, 07:45~21:40)를 타고 무장에서 공음행 버스(1일 2회운행, 고창발 13:00, 17:20)로 갈아탄다.

>>Tip<<
무장에서 학원농장까지 택시를 이용할 경우 요금은 7~8천 원이다.

문의: 고창버스터미널 063-563-3388, 고창콜택시 063-564-2004(읍내리), 터미널개인택시 063-562-2100, 흥덕택시 063-562-6510 | 홈페이지: 고창문화관광과 http://culture.gochang.go.kr(버스 시각표 확인 가능)

3 학원농장 → 미당시문학관/돋음별마을
학원농장정류소에서 농어촌버스 씨앗등, 공음, 법성, 고창행 버스(1일 5회 운행, 고창발 06:30~18:20, 약 1시간 소요)를 타고 선산에서 고창-흥덕버스(1일 1회 운행, 고창발 06:50, 45분 소요)로 환승 후 선운리 정류소에서 내린다. 미당시문학관에서 돋음별마을까지는 도보 5분.

문의: 흥덕버스터미널 063-562-6927

4 돋음별마을 → 선운사
차로 10분 거리이므로 택시를 이용하는 것이 편하다.
문의: 공음개인택시 063-561-2400, 063-564-9100~1

5 고창버스터미널 → 선운사
농어촌 버스 고창-심원 1일 12회 운행(08:55~19:25) 이용.

● 맛집
고창읍내에 밀터해물칼국수(063-563-4848), 조양식당(한정식 063-564-2026)이 있고, 학원농장에서 운영하는 식당에서 새싹보리비빔밥, 메밀국수, 메밀전 등을 판다. 선운사 앞에는 풍천장어집이 많다. 신덕식당(063-562-1533), 풍천가든(063-562-7520), 산솔식당(063-561-3287), 산장회관(063-563-3434) 등이 있다. 고창읍성 앞에 있는 미향(063-564-8762)은 돌솥밥을 잘한다.

● 숙소
학원농장 내에 청보리밭황토민박(063-561-0845)이 있다. 선운사 앞에 숙소들이 많은데 이중 선운산유스호스텔(063-561-3333)이 추천할 만하다. 이외에 선운산관광호텔(063-561-3377), 동백호텔(063-562-1560)이 있고, 민박으로는 청원민박(063-564-0414), 삼인민박(063-562-1590), 선운사의추억(063-561-2777), 펜션으로는 햇살가득한집(063-562-0320), 산노을펜션(063-561-1561) 등이 있다.

9월의 두번째 여행

넓은 벌 동쪽 끝 향수의 고향, 옥천 30리길

충북 옥천은 시인 정지용(1902~1950)의 고향이다. 옥천 구읍 문정리에 그의 생가와 문학관, 모교가 있다. 정지용의 시를 읊조리며 그가 거닐었던 골목길을 걸어보고 '향수'를 기리는 문화예술공간 '멋진 신세계'에도 들러보자.

※ 당일 코스 ※

정지용 생가와 문학관 - 육영수 여사 생가 - 멋진 신세계

그곳을 꿈엔들 잊으리오, 시문학 간판거리

"넓은 벌 동쪽 끝으로 옛이야기 지줄 대는 실개천이 휘돌아 나가고 얼룩백이 황소가 해설피 금빛 게으른 울음을 우는 곳…"

한국 모더니즘 시의 선구자라 할 수 있는 시인 정지용의 대표작 〈향수〉의 일부이다. 생가는 옥천 구읍에 있다. 구읍은 옥천역이 들어서기 전만해도 옥천의 중심지였다. 옥천역을 중심으로 새로운 상권이 발달하게 되면서부터 자연스레 구읍은 옛舊자가 어울리는 동네가 되었다.

구읍에는 1910년대 일제강점기 상가 건물에서부터 근대 가옥까지 다양한 형태의 건물들이 남아 있다. 이곳만 둘러보아도 근대 건축의 변천사를 한눈에 볼 수 있다. '읍내'라고 적힌 간판에서 정겨움이 묻어나고, 오래전에 사라졌다고 생각했던 일본풍 가옥들이 눈에 띈다. 80년대를 떠올리게 하는 슬레이트 지붕과 전통 한옥집, 그리고 미국식 교회당(현 옥천영광교회 교육관)이 지붕을 맞대고 있다. 여러 시대의 양식이 혼재되어 있는 독특한 마을 풍경은 향수를 불러일으킨다. 시인 정지용은 1902년에

정지용 생가의 안방

Jan.
Feb.
Mar.
Apr.
May
Jun.
Jul.
Aug.
Sep.
Oct.
Nov.
Dec.

구읍에 조성된 시문학 간판거리

이곳에서 태어나 어린 시절을 보냈다. 그리 많이 변하지 않은 마을 풍경 속에서 그가 살았던 당시의 모습을 조금이나마 더듬어볼 수 있다.

 요 근래에는 구읍의 상가들이 정지용의 시구를 인용해 간판을 새로 단장하여 '시문학 간판거리'를 조성했다. 새 간판은 생기를 잃었던 골목에 활력을 불어넣어주었다. 생가를 찾아온 방문자들에게는 색다른 볼거리라 할 수 있다. 명광식당 간판 위에서 '얼룩배기 황소가 해설피 금빛 게으른 울음'을 울고 있고, 구읍우편취급국 앞에선 '모초롬만에 날러온 소식에 반가운 마음'이 울렁거리게 된다. 해와 달, 별이 어우러진 행운마트엔 '햇살 피어 이윽한 후, 머흘 머흘 골을 옮기는' 파란 구름이 그려져 있다. 정지뜰식당 앞에 서면 '불 피어오르는듯하는 술 한숨에 키여도 아 배고파' 오고, 이레미용실은 이름도 상큼한 앵도미용실이 되었다. 꿀꿀정육식당 간판에는 먹음직스런 돼지 한 마리가 올라앉았다. 문정식당에는 '춘나무 꽃 피뱉은 듯 붉게 타고 더딘 봄날 반은 기울어 물방아 시름없이 돌아간다'는 정지용의 시 〈홍춘〉 속 시구가 물들어 있다 .

손바닥 위로 시가 흐르다, 정지용 생가

청석교를 건너면 정지용 생가와 문학관이 있다. 생가는 〈향수〉의 한 대목처럼 실개천이 휘돌아 나가는 곳에 자리하고 있다. 그 규모는 단출하다. 방 세 칸에 부엌이 한 칸인 초가집이다. '질화로에 재가 식어지면 비인 밭에 밤바람 소리 말을 달리고 엷은 졸음에 겨운 늙으신 아버지가 짚벼개를 돋아 고이시는 곳… 서리 까마귀 우지짖고 지나가는 초라한 지붕 흐릿한 불빛에 돌아앉아 도란도란 거리는 곳…'(〈향수〉 中) 이 대목의 배경이 바로 이 집일 듯하다.

정지용 생가 담장 옆에 정지용문학관이 있다. 문학관은 1층 건물로 문학전시실과 문학교실로 구성돼 있다. 전시실 입구에 실물 크기의 정지용 밀랍인형이 의자에 앉아 방문객을 반긴다. 전시실에는 정지용이 살았던 시대 상황과 1910년대부터 1950년대까지의 그의 삶과 문학세계를 소개하는 전시물이 빼곡하다. 그의 시, 산문집 원본과 육필원고를 비롯하여 보고 듣고 체험하는 영상물들도 많다. 헤드폰을 쓰고 영상을 보면서 성우의 시낭송을 들을 수도 있다. 스크린이 된 손바닥 위에 흐르는 시어를 읽을 수 있는 '손으로 느끼는 시' 체험이 특히 인상적이다.

(왼쪽) 정지용문학관 전시실 입구에 있는 정지용 밀랍인형 (오른쪽) 손바닥 위로 시가 흐르는 전시물

 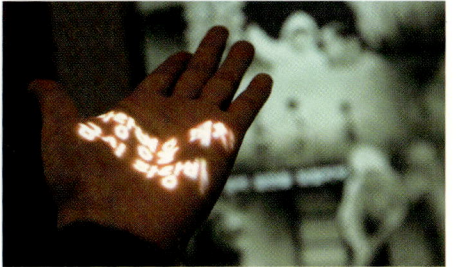

이런 곳도 있어요!

죽향초등학교

죽향초등학교는 1909년 개교한 공립초등학교로 정지용과 육영수 여사가 어린 시절을 보냈던 곳이다. 정지용이 공부했던 교실은 남아 있지 않지만 교정 오른쪽에 1936년에 세워진 옛날 교실 건물이 남아 있다. 구舊교사(근대문화유산) 안에는 학생들이 수업을 받던 당시의 기물들이 그대로 보존되어 교육박물관으로 활용 중이다. 운동장 한편에는 육영수 여사의 휘호탑, 정지용 시비, 죽향리사지삼층석탑이 있다.

문의: 043-732-0054(행정실), 010-2718-7831 | 개방: 평일 09:00~17:00, 1·3주 토요일 09:00~13:00

(공휴일과 2·4주 토요일에 관람을 원하면 1일 전까지 미리 연락해야 가능하다)

폐허에서 다시 일어나다, 육영수 여사 생가

정지용 생가 담장을 따라 5분 정도 걸으면 박정희 전 대통령의 부인인 육영수 여사의 생가(충청북도 기념물 제123호)가 있다. 이 집은 99칸짜리 한옥으로, 1918년 육 여사의 부친이 매입하여 개축했다. 육 여사(1925~1974)는 이 저택에서 1950년에 박정희 대통령과 결혼하기 전까지 살았다. 육 여사와 박 대통령 서거 후 방치되어 폐허가 되었다가 2010년 복원공사를 마무리하여 11월 29일에 정식 개관했다. 99칸 대저택답게 솟을대문부터 으리으리하다. 유족회의 고증을 통해 안채, 사랑채, 중문채, 곳간, 대문, 사당 등 건물 13동과 담장, 석축, 연자방아, 뒤주, 연못을 원형대로 복원하고, 건물 내부에 그 시대의 가재도구들을 넣어 실감을 더했다. 육 여사가 거처했던 방은 몸을 누이면 꼭 맞을 정도로 작다. 마당에는 육 여사와 박정희 전 대통령의 생전의 모습을 담은 사진과 박 전 대통령이 육 여사를 기리며 남긴 편지와 시를 전시하고 있다.

육영수 여사 생가

멋진 신세계로 탈바꿈하다, 향수 30리길

구읍사거리 버스정류소에서 보은, 안남 방향 버스를 타면 장계리의 '멋진 신세계'로 갈 수 있다. 장계리까지는 옛 37번 국도를 따라간다. 봄에는 가로수길에 벚꽃이 황홀할 정도로 흐드러지게 핀다. 차창 밖으로 대청호를 스쳐 지나간다. 이 구간을 '향수 30리길'이라고 부른다. '멋진 신세계'는 정지용의 시세계를 압축적으로 보여주는 시상詩想이다. 이 시상을 테마로 20개의 시문학비와 지용문학상을 수상한 시인들의 시, 조각 작품들로 꾸민 예술공간이 '멋진 신세계'다.

장계리는 한때 대청비치랜드가 있던 관광단지였지만 인근지역에 최신 위락시설이 들어서면서 폐장하고 말았다. 한동안 방치돼 있다가 향수 30리길이 개발되면서 예술공간으로 탈바꿈했다. 정지용을 테마로 퇴락한 유원지가 새로운 문화예술공간으로 탈바꿈했으니 신세계가 된 것이나 다름없다. 그런 까닭에 '향수 30리-멋진 신세계'가 대한민국 공간문화대상을 수상할 수 있었던 것이다.

(왼쪽) 멋진 신세계로 탈바꿈한 대청비치랜드 (오른쪽) 멋진 신세계 입구에 있는 기념물

멋진 신세계에는 모단가게(갤러리), 지용시비, 일곱 걸음 산책로, 카페 프란스, 모단스쿨 등의 시설물들이 들어서 있다. 모단가게 아래로는 산책로가 조성되어 있다. 대청호를 따라 걸으면 여러 시인들의 시비와 그에 걸맞은 조각 작품들을 감상할 수 있다. '전설 바다에 춤추는 밤 물결 같은 검은 귀밑머리를 날리는 어린 누이와 아무렇지도 않고 예쁠 것도 없는 사철 발 벗은 아내'와 손잡고 산책하고 싶은 길이다. '멋진 신세계'는 '문학과 미술작품의 만남의 장소'라 할 수 있겠다. 산책로를 걷다 보면 폐장한 대청비치랜드가 나타난다. 녹슨 놀이기구에 새로 페인트 칠을 하고, 예쁜 간판을 달아 예술품으로 변신시켜 놓았다. 놀이공원 안 모단스쿨에서는 요리공방과 아트북, 천가방, 메모판, 시계, 향수 만들기 체험도 할 수 있다.

 Travel Tip

> 정지용문학관 문의: 043-730-3408 | 홈페이지: http://jiyong.or.kr |
  개관: 09:00~18:00 | 휴관: 월요일, 1월 1일, 설날, 추석날 | 관람료: 무료
> 육영수 여사 생가 문의: 043-730-3503
> 해마다 5월이면 정지용 문학제인 지용제가 열리는데, 지용제는 옥천군에서 가장 큰 축제다. 지용제 기간에 서울과 옥천을 왕복하는 특별 문학열차를 운행하기도 한다.

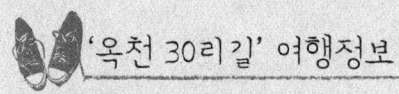
'옥천 30리길' 여행정보

● 가는 길

1 서울 → 옥천: 기차를 이용하는 것이 편하다.
① 기차: 서울역에서 옥천역까지 무궁화호 기차 1일 16회 운행(20분~1시간 간격).
② 버스: 동서울터미널에서 옥천시외버스터미널까지 1일 5회 운행(08:00~18:00, 2시간 소요).
※ 옥천시외버스터미널 출발: 1일 6회 운행(10:20 12:10 14:10 16:10 19:10)

2 옥천역 → 구읍(정지용 생가)
옥천역에서 도보 5분 거리에 있는 옥천시내버스 정류소에서 버스를 타고 구읍삼거리에서 내리면 죽향초등학교와 정지용 생가&문학관, 육영수 생가까지 걸어서 돌아볼 수 있다. 옥천역에서 택시를 타면 약 4천 5백 원이 나온다.
문의: 옥천시내버스 043-732-7700, 043-731-3450, 콜택시 043-731-0000

3 죽향초등학교도 둘러볼 생각이면 옥향초교정류소에서 하차하면 된다.

4 정지용 생가 → 장계리(멋진 신세계)
구읍사거리버스정류소에서 옥천-청산, 보은-옥천, 옥천-안남 버스를 타고 30분 정도 가서 장계정류소에서 내린다. 버스정류소 맞은편 상가 쪽으로 15분 정도 걸어 올라가면 모단카페가 보인다. 나올 때는 버스 하차했던 곳까지 되돌아 나와 맞은편 정류소에서 옥천 읍내로 가는 버스를 타면 된다(배차간격 30분).
문의: 모단카페 043-733-6078

● 맛집

정지용 생가 인근에 한옥의 정취가 물씬 풍기는 전통가옥에서 우리의 전통음식을 맛볼 수 있는 식당이 세 곳 있다. 전통비빔밥 전문식당인 마당넓은집(043-733-6350)과 유황오리 전문식당인 춘추민속관(043-733-4007) 그리고 궁중요리를 맛볼 수 있는 전문요리집 아리랑(043-731-4430)이 구읍 전통의 멋과 맛을 살리고 있다. 50년 전통 구읍 할매묵집(043-732-1853)은 메밀묵과 도토리묵을, 장계관광단지 입구 대전식당(043-732-3668), 신인포가든(043-731-6578)에서는 피라미를 프라이팬에 돌려놓고 바싹 튀긴 도리뱅뱅이와 매운탕을 잘한다. 옥천은 올갱이국이 유명한데 옥천 읍내 금강올갱이(043-731-4880)가 알려져 있다.

● 숙소

1856년에 지어진 한옥인 춘추민속관은 식당과 한옥민박을 겸하고 있다. 민박(043-733-4007)을 원하면 안채를 사용할 수 있다. 그밖에 문정리의 명가모텔(043-733-7744), 교동리의 궁전모텔(043-731-1567), 금구리의 흥림모텔(043-731-2348)이 추천할 만하다.

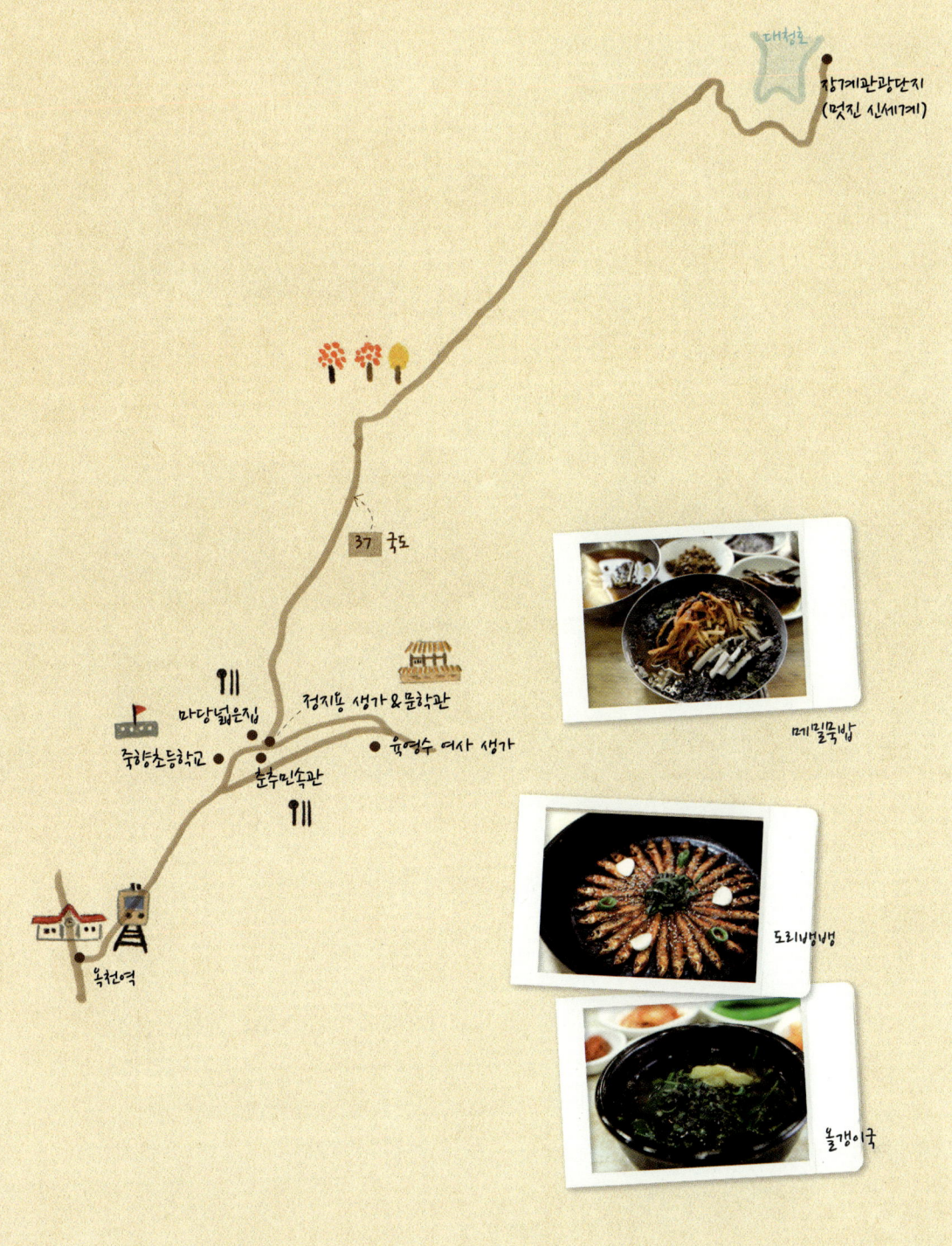

9월의 세번째 여행

옛이야기를 듣다, 강화나들길 (1코스 심도역사문화길)

강화나들길은 조선시대 강화 선비였던 고재형(1846~1916)이 강화도에 있는 마을 200여 곳을 유람하고 쓴 〈심도기행沁都紀行〉을 참고로 강화 지역 시민단체들이 복원한 길이다. 심도沁都는 강화도의 옛 이름이다. 현재 14코스까지 개발됐는데, 이중 1코스는 강화읍 내에 산재한 주요 문화유적지를 돌아보는 여정이다.

당일 코스

동문 -👣- 강화성공회성당 -👣- 용흥궁 -👣- 고려궁지 -👣- 북관제묘 -👣- 강화향교 -👣- 은수물 -👣- 북문 -👣- 북장대 -👣- 오읍약수터 -👣- 연미정(월곶돈대) -👣- 옥계방죽 -👣- 갑곶성지 -👣- 갑곶돈대 (18km, 약 6시간)

나뭇짐을 내려놓고 쉬다

강화도길 1코스 심도역사문화길은 강화 읍내에서 출발하여 옛 궁궐터와 성곽길을 오르고, 숲길과 마을길, 논길을 지나 해안가 돈대길을 아우른다. 강화의 산과 바다, 마을을 골고루 감상할 수 있을 뿐만 아니라 고려에서부터 조선 말에 이르는 강화의 굴곡진 역사까지 들여다볼 수 있다. 이 길의 출발점은 강화버스터미널이다. 먼저 터미널 앞 관광안내소에 들러 나들길 안내를 받고, 지도와 여권을 챙긴다. 풍물시장을 지나서 강화산성 동문을 향해 걷는다. 강화산성은 고려시대 고종 19년(1232)에 몽고의 침입을 받고 수도를 강화로 옮기면서 축조한 성이다.

동문에서 10분 정도 걸으면 강화성공회성당에 도착한다. 이는 1900년에 지어진 우리나라 최초의 성공회 건물이다. 성당이라고 해서 외국풍 건물을 기대한 사람들은 실망할지도 모른다. 강화성공회성당은 영국성공회 신부 워너가 우리 민족의 정서를 고려하여 한옥으로 지었다. 솟을대문의 두 문짝 아래에는 태극 문양이 그려져 있다. 안으로 들어가면 성당보다는 사찰 분위기가 느껴진다. 날아갈 듯 날개를 펼

강화나들길 이정표

Jan.
Feb.
Mar.
Apr.
May
Jun.
Jul.
Aug.
Sep.
Oct.
Nov.
Dec.

(위) 한옥을 본떠 지은 강화성공회성당
(아래) 철종이 강화도령 시절에 살았던 용흥궁

친 처마는 기개가 있으면서도 단아하다. 외관은 한옥인데도 내부구조는 서양식 건축양식으로 지어져 있다.

성공회 성당 아래에는 용흥궁이 있다. 강화도령 철종(1831~1863)이 왕위에 오르기 전 19세까지 살았던 집이다. 원래 초가삼간이었는데 철종이 왕위에 오르자 강화유수가 기와집으로 고쳐 짓고 용흥궁이라 이름 지었다. 나무꾼에서 하루아침에 왕이 된 강화도령의 삶은 그리 순탄치 않았다. 순원왕후의 수렴청정과 외척 안동 김씨의 세도정치에 짓눌려 왕 노릇을 제대로 한번 해보지도 못하고 서른둘의 나이에 요절했다. 따스한 햇살이 쏟아지는 툇마루에 앉아 있으면 나뭇짐을 잔뜩 진 강화도령이 콧노래를 부르면 안으로 들어설 것만 같다. 이곳에서 나무꾼으로 지내던 시절이 그에게는 더 행복했을지 모른다.

들녘 너머 북녘 땅이 보이는 강화산성 북문

용흥궁을 나와 고려궁지로 향한다. 이곳은 고종이 강화로 수도를 옮긴 후 39년간 궁궐이 서 있던 자리이다. 몽고와 강화조약을 맺은 후 개경으로 환도할 때 몽고의 요구로 궁궐을 허물었다고 한다. 아마 다시 이곳으로 돌아와 반기를 들지도 모른다고 걱정했나 보다. 그만큼 강화에서의 항전은 몽고에게 큰 부담을 줄 만큼 길고 강렬했다. 지금은 터만 남아 있고 주위로 강화유수가 근무하던 동헌과 이방청, 복원된 외규장각 등이 서 있다. 고려궁지 맞은편에 있는 700년 된 은행나무를 지나 북관제묘와 강화향교, 은수물약수터를 차례로 둘러보고 강화산성 북문에 오른다.

북문과 이어진 성벽을 따라 북장대에 오르면 들판 너머로 북녘 땅이 보인다. 북문을 등지고 한참 성벽과 함께 걷다 보면 숲길이 시작된다. 좁은 숲길에서는 옛길의 정취가 느껴진다. 숲의 숨결은 다듬어지지 않아 거칠지만 자연스럽다. 포도씨처럼 생긴 분홍 고마리꽃이 숲에 생기를 더한다. 길에 떨어진 무수한 밤송이를 피해 요리조리 걷다 목이 마를 때쯤이면 오읍약수터가 나타난다. 강화로 피난 온 고려 사람들이 바다 건너 개성 땅을 바라보며 목을 놓아 울었다는 곳이다. 하늘과 땅, 신, 왕, 백성이 울었다 하여 오읍五泣이라는 이름이 붙었다고 한다. 약수 한 바가지를 받아 마시고 빈 물병에도 가득 채운 후 발길을 재촉한다.

송학골에 다다를 즈음 풀숲에 가려진 옛 빨래터가 모습을 드러낸다. 송학골의 아낙들은 이곳에 모여 빨래를 두드리고 수다를 떨며 시집살이의 고단함을 덜었을 것이다.

(왼쪽) 강화산성 북문에서 북장대로 가는 길목에서 바라본 강화 들녘의 풍경 (오른쪽) 송학골 빨래터

연미정은 한강과 임진강이 두 줄기로 나뉘는 지점에 있다.

번지 없는 연미정 나들이길

빨래터를 지나 연미정까지는 줄곧 시멘트길이다. 딱딱한 길이 발에 피로를 더하긴 하지만 길가에 핀 들꽃들과 풋내 나는 논밭을 보며 피곤을 잊는다. 담장 아래 꽃을 심어 아기자기하게 꾸민 마을 골목을 지나 터벅터벅 걷다 보면 왼쪽 언덕 위로 월곶돈대가 보인다. 돈대는 해안요새로 포대와 총구가 설치되어 있다. 돈대 안에는 연미정이 있다. 이곳은 한강과 임진강이 합류해 흐르다가 다시 두 줄기로 갈라지는 지점이다. 한 줄기는 서해로, 다른 줄기는 강화해협으로 흐른다. 그 모양이 마치 제비 꼬리 같아서 연미정이라 불린다. 1627년 정묘호란 때 인조가 굴욕적인 강화조약을 체결했던 곳이기도 하다. 그리고 보면 강화 땅은 우리 역사의 치부를 묵묵히 품고 있는 곳이라 할 수 있다. 갑곶돈대까지는 5.4km나 더 가야 하니 이곳에서 잠시 쉬어 가는 게 좋다.

연미정 아래에 '번지 없는 주막집'이란 곳이 있다. 막걸리와 안주, 간단한 식사를 판다. 주인할머니의 음식 솜씨가 트레커들 사이에서는 소문이 났다. '연미정 카페'라는 별칭으로 불리며 나들길의 새로운 명소로 자리 잡고 있다.

연미정에서 옥계방죽을 지나 갑곶돈대까지는 민간인출입통제선 철책을 따라 차도 옆이나 농로를 걸어야 한다. 이 구간은 풍경이 단조로워 자칫 지루할 수도 있다. 길의 끝에 집착하지만 않는다면 이쯤에서 걸음을 멈춰도 괜찮을 것이다.

(위) 추수를 앞둔 마을길
(아래) 가을볕에 빨갛게 익어가는 고추

Travel Tip

> **강화나들길** 문의: 032-934-1906 | 홈페이지: www.nadeulgil.com

> 벚꽃이 피는 시기에는 고려궁지에서 북문으로 이어지는 벚나무 가로수길을 걸으면 좋다.

> 가게가 많지 않으므로 간식거리를 충분히 준비한다.

> 대월초등학교 인근에 도보여행자 쉼터가 있다.

> 연미정 가기 전에 박진화미술관이 있으니 잠깐 들러보는 것도 좋다.

> **갑곶돈대**: 1232년(고종19년) 고려가 강화로 천도한 이후 1270년(원종 11년)까지 몽골과 항전하며 강화해협을 지키던 요새였다. 돈대는 작은 규모의 보루를 만들고 대포를 배치하여 지키는 곳을 말한다.
문의: 032-930-7076 | 이용시간: 연중무휴 09:00~18:00(월별 탄력적 운영) |
입장료: 어른 900원, 청소년 및 어린이 600원

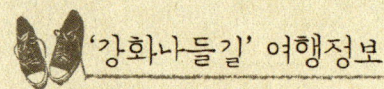

'강화나들길' 여행정보

- **가는 길**

1 서울 → 강화

① 영등포에서 88번 버스를 타고 강화터미널로 이동 (05:50~23:40, 배차간격 10분), 1시간 30분 소요.
② 신촌에서 3000번 버스(배차간격 10~15분)를 타고 강화터미널로 이동.
문의: 강화터미널 032-934-9811

2 강화터미널 → 용흥궁

터미널 앞에서 10번 버스를 타고 강화경찰서에서 하차, 용흥궁이 지척이다.

3 연미정(대산리) → 강화터미널

군내버스 10번(터미널 - 축협 - 경찰서 - 강화중 - 연미정 - 월곶리 - 대산리)을 타고 대산리 버스 종점에서 하차, 연미정까지 도보 10분.
※ 대산리(연미정) 종점 → 터미널(대산리 출발기준 평일 배차간격 1시간 06:10~20:40)
문의: 강화시내버스 032-933-6801

- **맛집**

고려궁지에서 북문으로 오르는 길목에 왕자정묵밥집(032-933-7807)이 있다. 시원하면서 새콤달콤한 묵밥과 두부요리, 젓국갈비가 일품이다. 연미정 앞의 번지없는주막(032-933-9377)은 간판도 없고 허름하지만 할머니 주인장의 시래기국맛이 일품이다. 예약을 받는다. 강화읍 중앙시장 내에 위치한 우리옥(032-932-2427)은 옛날백반을 잘한다.

- **숙소**

화도면 사기리의 게스트하우스 무무(010-7180-9065), 석모도의 추억속으로(032-932-8180)가 추천할 만하다.

묵밥

옛날백반

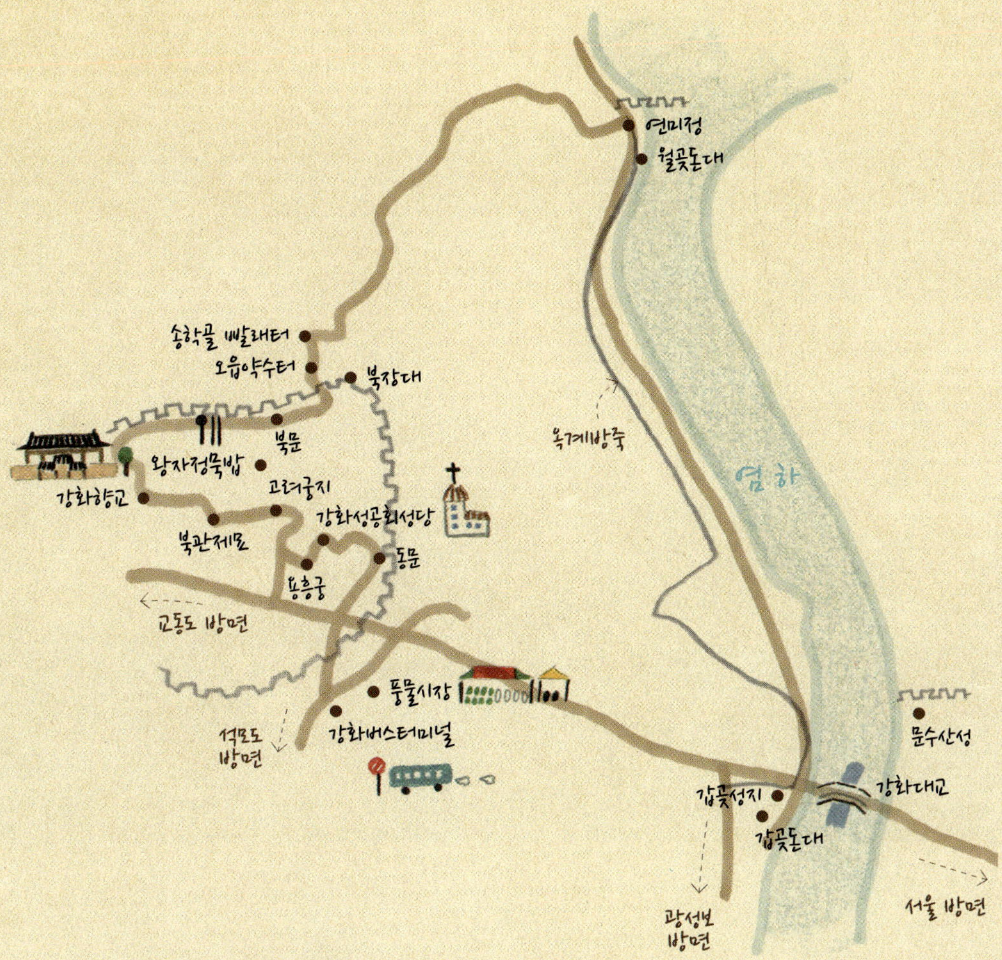

용흥궁에 핀 능소화

오읍약수터로 가는 숲길에
떨어진 밤송이

10월의
첫번째 여행

강물이 에돌아 흐르는 물돌이 마을, 예천 회룡포마을

예천 회룡포마을은 강이 주위를 표주박 모양으로 휘감아 흐르는 물돌이마을이다. 이 절묘한 풍경을 제대로 감상하려면 비룡산에 있는 회룡대나 제2 전망대에 올라야 한다. 차를 타면 회룡대 부근까지 삽시간에 가 닿을 수 있지만 회룡포의 참맛을 음미하고 싶다면 숲길을 따라 오르는 것이 좋다.

당일 코스

회룡포주차장 – 장안사 – 회룡대 – 제2전망대 – 용포마을 – 회룡포마을 – 🚐 or 🚗 – 용궁장

섬 아닌 섬에 가고 싶다

회룡포마을은 내성천에 350° 둘러싸여 있어서 섬에 가깝다. 마을 주민들은 내성천에 놓인 뽕뽕다리를 건너 육지를 오간다. 뽕뽕다리는 구멍이 숭숭 뚫린 공사용 철판을 상판으로 써서, 그 위를 건널 때 "뽕뽕"소리가 난다. 이 다리의 나이는 벌써 20살이 넘었다. 다리가 놓이기 전에는 나룻배를 이용해서 강을 건너거나 길을 돌아 육지와 연결된 쪽으로 드나들었다. 수심이 얕아서 평소에는 아랫도리를 걷어 올리고 건너는 모습도 심심치 않게 볼 수 있었다. 지금은 마을 사람들이 많이 떠나 아홉 가구 정도만 남아 있다. 뽕뽕다리는 마을 사람들보다는 소문을 듣고 찾아온 관광객들이 주로 이용한다.

회룡포 맞은편에 있는 비룡산 회룡대에 오르면 회룡포와 내성천이 어우러진 풍경을 훤히 굽어볼 수 있다. 최근에 제2전망대가 생겨 더욱 다채로운 풍광을 접할 수 있게 되었다. 차를 이용하면 회룡대 아래에 있는 장안사까지 올라갈 수 있어 회룡대까지 가는데 편하지만, 제2전망대까지 가려면 간 길을 되돌아 나와야 하는 번거로움이 있다. 최적의 동선은 회룡포 주차장에서 회룡대와 제2전망대를 거쳐 회룡포마을로 되돌아오는 등산로를 이용하는 것이다.

"뽕뽕"소리가 나는 뽕뽕다리

Jan.
Feb.
Mar.
Apr.
May
Jun.
Jul.
Aug.
Sep.
Oct.
Nov.
Dec.

제2전망대에서 바라본 회룡포 전경

회룡대에서 시 한 수 읊을까

회룡포주차장에 당도하면 비룡산 등산로의 입구가 보인다. 등산로 입구에 서 있는 용주팔경시비龍州八景詩碑에서부터 장안사까지는 1.7km 거리다. 숲길은 두 사람이 나란히 걷기에 충분하다. 비룡산에는 소나무가 많아 가을에도 녹음이 짙다. 바닥에 가득한 폭신한 솔잎을 밟는 기분은 융단 위를 걷는 느낌과 비슷하다. 오르막을 오르는가 싶다가 평지가 나오고, 평지를 걷는다 싶으면 오르막이 시작된다. 계단을 오르듯이 차근차근 걸어 올라가다 보면 왼쪽 산비탈 아래로 회룡포가 언뜻 보인다.

장안사에 다다를 즈음에는 좁고 가파른 바윗길이 나타난다. 순환코스 중 가장 경사가 심한 곳이다. 바위고개를 넘어서면 곧 장안사가 보인다. 장안사는 통일신라 때 의상대사의 제자인 운명대사가 창건했다고 전해온다.

장안사를 둘러본 뒤에 회룡대로 향한다. 장안사에서 회룡대까지는 400m 정도 나무계단을 올라야 한다. 경사가 만만치 않아 다리가 아프다. 회룡대에 올라서면 표주박 모양의 회룡포가 한눈에 들어온다. 고운 모래톱이 내성천을 감싸고, 그 하천이 다시 회룡포마을을 두르고 있다. 잘록한 목이 내륙에 간당간당 붙어 있는 형상이다. 표주박의 가느다란 목 부분에 해당하는 모래톱을 한 삽만 떠내면 섬이 되리라는 표현은 잘 들어맞는 듯하다.

회룡대에서 내려와 제2전망대로 향한다. 제2전망대로 가는 길은 회룡대로 가기 직전에 있는 갈림길에서 오른쪽으로 들어서야 한다. 길이 조붓하고 오가는 이가 드물어 걷는 맛을 음미하기에 좋다.

비룡산 봉수대를 지나면서부터 두세 차례 오르막이 나타나긴 해도 구렁이 담 넘듯 슬슬 넘어갈 수 있을 정도다. 그러다가 갑자기 숲이 끝나면서 제2전망대가 나타난다. 회룡대보다 시야가 트여 내성천이 회룡포를 감싸고 돌아나가는 모습을 제대로 볼 수 있다.

(왼쪽) 회룡대에서 회룡포를 감상하는 관광객들
(오른쪽) 회룡대에서 제2전망대로 향하는 등산객들

회룡포마을의 가을 풍경

수변에 산 그림자 드리우다, 용포마을

제2전망대의 왼쪽으로 난 길은 내성천변에 자리한 용포마을로 이어진다. 제2전망대에서 용포마을까지는 대략 15분 정도 걸린다. 완만한 내리막길이라 걷기 편하다. 솔잎이 수북한 길과 단풍물이 빠진 황토빛 낙엽길이 번갈아 나타난다. 용포마을에는 네다섯 채의 집이 모여 있다. 가을걷이가 끝난 마을에는 쓸쓸한 적막감이 감돈다. 용포마을에서 내성천을 건너면 회룡포마을이다. 최근에 용포마을과 회룡포마을을 잇는 뿅뿅다리가 새로 놓였다. 원조 뿅뿅다리보다 높이가 서너 배는 높고, 길이도 두 배 정도 길다. 구멍 아래로 진초록 빛깔을 띤 내성천이 흐른다. 물이 맑고 투명해서 바닥이 고스란히 드러난다. 다리를 건너 강변을 따라 걷다 보면 회룡포마을 안으로 길이 이어진다. 마을을 벗어나 원조 뿅뿅다리를 건넌다. 다리 높이가 낮아 물이 불기라도 하면 잠겨버리는 잠수교다. 물속에서 물고기들이 떼 지어 몰려다닌다. 유유히 흐르는 내성천에 비룡산 그림자가 어린다.

이런 곳도 있어요!

삼강주막마을

삼강주막은 1900년경에 지어진 곳으로 우리나라에 유일하게 남아 있는 주막이다. 주막이 있는 위치에 낙동강, 내성천, 금천의 세 물줄기가 모인다 해서 삼강이다. 주막이 지어질 당시에는 삼강나루를 왕래하는 사람들의 쉼터나 숙소로 활용됐다. 2006년 마지막 주모가 세상을 뜬 후 방치됐다가 2007년 예천군에서 관광지로 복원했다.

문의: 054-655-3132 | 홈페이지: www.3gang.co.kr

(왼쪽) 끝수가 4, 9인 날에 열리는 용궁장 (오른쪽) 돼지막창으로 만드는 용궁순대

용궁에서 순대를 먹다, 용궁장

회룡포를 오갈 때 꼭 들르게 되는 곳이 용궁면 소재지인 읍내리다. 용궁면에는 4, 9일에 장이 선다. 장터는 용궁버스정류소에서 걸어서 5분 거리에 있다. 장의 규모는 그리 크지 않다. 주로 주민들이 농사지은 농산물과 수산물, 생활용품들을 판다.

용궁면 일대의 상점들에는 공통점이 있다. 용궁순대, 용궁여관, 용궁치킨, 용궁슈퍼, 용궁터미널 등 상호명에 '용궁'이 꼭 끼어든다는 것이다. 그중에서도 가장 인기 있는 가게는 단연 용궁순대다. 장날이면 장터에서 가장 호황을 누리는 곳이 바로 순대식당들이다. 돼지막창을 이용하기 때문에 순대피가 쫄깃하다는 것이 용궁순대의 매력이다. 순대를 씹는 게 아니라 고기를 씹는 듯한 질감이 입 안 가득 느껴진다. 오징어불고기도 별미다. 숯불에 매콤달콤하게 구워내어 씹을 때마다 숯불향이 배어나고 통통한 오징어의 육질이 고스란히 전해진다. 비룡산 트레킹 후에 맛보는 용궁순대와 오징어불고기는 감칠맛이다.

Travel Tip

> **순환코스:** 회룡포 주차장 - 회룡대 - 제2전망대 - 회룡포마을 - 회룡포 주차장(1시간 30분 소요)

> 순환코스가 부담스럽다면, 용궁면에서 장안사까지 택시로 이동한 후 회룡대 - 제2전망대 - 용포마을 - 뿅뿅다리 - 회룡포마을 - 뿅뿅다리 - 회룡포 주차장 순으로 걸어도 된다. 이 구간은 오르막 등산로가 거의 없어 걷기 수월하다.

> 예천에서는 택시를 이용할 확률이 높기 때문에 혼자 여행하기보단 일행들을 모아 가는 것이 좋다.

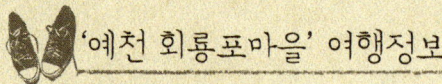

'예천 회룡포마을' 여행정보

● 가는 길

1 서울 → 용궁면
동서울터미널에서 용궁버스정류소까지 버스 1일 7회 운행(06:40~18:40, 2시간 20분 소요).
문의: 용궁버스정류소 054-653-6265,
예천시외버스터미널 054-654-3798

2 용궁면 → 회룡포
용궁버스정류소에서 예천-용궁버스(1일 3회 운행, 11:20~15:30)승차 후 원당리정류소에서 예천-점촌버스(1일 6회 운행, 06:50~17:40)로 환승, 회룡정류소에서 하차.

≫Tip≪
버스에서 내릴 때 기사에게 용궁면으로 되돌아가는 버스시각을 알아둔다.
문의: 예천시내버스 054-654-4444

3 용궁버스정류소에서 회룡포 주차장까지 택시로 7천 원. 회룡포 마을에서 나올 때도 향석삼거리까지 걸어나와서 택시를 잡아야 하므로 콜택시를 이용하는 것이 낫다.
문의: 예천콜택시 054-653-4488, 054-654-5007

4 삼강주막에 가려면 택시밖에 이동수단이 없다. 용궁면에서 타면 요금이 1만 원 정도 나온다.

● 맛집
예천은 용궁순대와 석쇠에 구운 오징어불고기가 유명하다. 용궁면의 흥부네토종한방순대(054-653-6220)와 용궁시장 안의 단골식당(054-653-6126), 용궁역 맞은편의 박달식당(054-652-0522)이 잘 알려져 있다. 예천읍에 있는 백수식당(054-652-7777)의 예천참우로 만드는 육회비빔밥도 별미다.

● 숙소
예천은 숙박시설이 취약한 편이다. 예천읍에 황금모텔(054-655-3456), 그랜드모텔(054-652-9000)이나 용궁면에 있는 여관을 이용한다. 전통한옥마을인 금당실마을(054-654-2222)에서 고택체험을 하는 것도 좋다. 예천천문우주센터(054-654-1710, www.portsky.net)에서 가족캠프 프로그램(4인 기준)을 이용하면 천문우주센터에서 숙박할 수 있다.

박달식당
오징어불고기

예천천문우주센터

제2전망대로 가는 오솔길

시대를 앞서간 조선시대 계획도시, 수원 화성

10월의 두번째 여행

화성은 정조가 새로운 도읍으로 삼기 위해 지은 성이다 보니 당시의 모든 첨단기술이 총망라했다. 그렇기에 이 성이 갖는 문화·예술·역사적 가치는 이루 말할 수 없이 크다. 대단한 가치를 따지지 않는다 해도 성벽을 따라 걷는 것만으로도 겨드랑이에 날개가 돋친 듯 발걸음이 가볍다.

※ 당일 코스 ※

장안문 -👣- 화서문 -👣- 화성행궁 -👣- 팔달문 -👣- 못골시장 -👣- 청룡문 -👣- 방화수류정 -👣- 화홍문

❋ 성벽에서 예술혼을 느끼다

  수원 화성은 5.4km의 둘레에 장안문, 팔달문, 화서문, 창룡문의 4대문과 옹성, 성문, 암문, 산대, 체성, 치성, 적대, 포대, 봉수대 등 40여 개의 건축물로 이루어져 있다. 각 부분마다 개성이 넘치기에 성벽을 걷다 보면 무수히 많은 건축 작품을 감상하는 기분이 든다.

  화성 성벽 걷기의 출발점은 보통 팔달문(남문)이나 장안문(북문)이다. 성벽 위에서 일몰을 보고 싶다면 장안문에서 출발하여 시계 반대 방향(서북공심돈 쪽)으로 걷는 것이 좋다. 장안문, 화서문, 창룡문을 지나 연무대에 도착했을 즈음에 해가 지면서 사행천처럼 굽이치는 성벽의 실루엣을 감상할 수 있다. 화성의 백미인 방화수류정의 모습이 마치 붉게 물든 하늘로 비상하는 백조의 모습과 같아 넋을 잃고 보게 된다. 거기다가 화홍문에 밝혀진 야간 조명까지 보게 된다면 그 풍경은 오랫동안 잊지 못한다.

  성벽길은 팔달산 정상에 있는 서장대 일대만 경사가 져 있을 뿐 나머지 구간은 평지나 다름없다.

  출발점인 장안문은 화성의 북문이자

Jan.
Feb.
Mar.
Apr.
May
Jun.
Jul.
Aug.
Sep.
Oct.
Nov.
Dec.

장안문

정문이다. 일반적으로 남문을 정문으로 삼는 경우가 많은데 비해 화성은 임금을 가장 먼저 맞이하는 북문을 정문으로 삼은 것이 특징이다. 장안문에서 10분 정도 걸으면 굴뚝처럼 생긴 서북공심돈(보물 제1710호)과 화서문(서문, 보물 제403호)에 닿는다. 화성에서만 볼 수 있는 양식의 건축물인 서북공심돈은 최근 방화수류정과 더불어 보물로 지정됐다. 이 돈대는 삼면에서 총과 화포를 쏠 수 있는 요새이자 초소의 기능도 갖췄다. 화서문과는 한 쌍이라 할 만큼 조화를 이루고 있다.

서일치와 서포루를 지나면 서장대에 이른다. 서장대(화성장대)는 팔달산 정상에 자리한 망루로서 전투나 군사훈련을 총지휘하던 곳이다. 화성장대華城將臺라는 편액은 정조가 직접 썼으며, 이곳에 올라 군사훈련을 지켜보기도 했다. 서장대에 오르면 화성행궁과 시가지가 시원스레 펼쳐진다.

화성행궁은 서장대에서 팔달문에 약간 못 미쳐 자리 잡고 있다. 행궁은 임금이 순행을 할 때 잠시 머무는 임시궁궐이다. 그중에서도 가장 규모가 큰 화성행궁은 정조의 어머니 혜경궁 홍씨의 회갑연을 치렀던 봉수당이 핵심건물이다.

행궁에서 팔달문으로 나와 길을 건너 못골시장으로 향한다. 팔달문(보물 제402호)도 장안문처럼 옹성이 둘러져 있다. 원래 문 양옆으로 성벽이 연결돼 있었는데 도로를 만들면서 헐어버려 지금은 성문만 남아 있다. 팔달문 주변에는 9개의 재래시장과 번화가가 형성돼 있어 늘 붐빈다. 못골시장에 들러 간단히 요기를 한 후, 다시 길을 나서는 것도 좋다. 시장 앞에서 왼쪽으로 조금 들어가면 동남각루로 이어지는 성벽이 나타난다.

(왼쪽) 서장대 (오른쪽) 서장대에서 바라본 수원 시가지

동포루를 지나면 동문인 창룡문과 연무대(동장대)가 연이어 나온다. 연무대는 군사들이 훈련을 지휘하던 시설이다. 정조가 직접 군사들의 사열을 받았다고 한다.

도깨비 얼굴이 그려진 동북포루를 지나 방화수류정(보물 제1709호)에 닿는다. 방화수류정은 적이 성벽으로 기어오르는 것을 막는 시설로 성의 동쪽과 북쪽을 이어주는 요지에 위치했다. 용지라는 연못가에 세워져 있는데 군사시설이라기보다 선비들이 풍류를 즐기던 정자처럼 우아하고 품위가 넘친다. 지는 해가 장안문 용마루에 걸릴 즈음 방화수류정에 오른다. 하늘을 붉게 물들이던 해가 도심 빌딩숲 사이로 사라질 때까지 자리를 뜨지 못한다.

방화수류정 아래에 수원천을 가로지르는 화홍문이 있다. 이 문은 수원천의 범람을 막는 수문인 동시에 방어적 기능도 있다. 수원천가에는 산책로가 조성돼 있어 운동을 나온 시민들이 많다. 해가 지면 화홍문의 수문과 누각에 색색의 조명이 켜져 하천이 무지개빛으로 변해 흐른다. 화홍문에서 10분만 걸으면 출발점이었던 장안문에 도착한다.

성벽길을 걸어보고 나서야 화성이 단순한 군사시설이 아니라 정조와 화성 축조에 참여했던 학자들의 예술혼이 깃든 웅대한 예술작품임을 깨닫는다.

❀ 담벼락에 물고기를 그리다, 행궁동 뒷골목

방화수류정에서 일몰을 보기 전까지 시간이 남는다면 행궁동(구 북수동)에 잠깐 들러도 좋다. 행궁동은 화홍문에서 수원천을 따라 5분만 걸어가면 보인다. 21세기 수원의 도심 속에서 1980년대 변두리 뒷골목 풍경을 볼 수 있는 곳이다. 행궁동에는 단층 주택들이 많다. 손글씨로 쓴 커다란 간판을 내건 허름한 여인숙과 기와지붕에 철대문을 단 개량한옥들, 마당에 연탄이 수북이 쌓여 있는 오래된 집 등이 눈길을 끈다.

예전에 작가들과 행궁동 일대 주민들이 동네 꾸미기에 나선 적이 있었다. 그들은 이정표, 문패, 우체통을 만들어 달고, 칙칙한 골목길에 꽃밭을 가꾸고, 벽화를 그렸다. 작품들은 소박했다. 그중 브라질 작가가 금보여인숙 담벼락에 그린 물고기 그림이 인상적이다.

황금물고기가 그려져 있는 행궁동 금보여인숙

골목 안에는 작업을 주도했던 이들이 만든 대안공간 '눈'이 자리 잡고 있다. '눈'은 주택을 개조한 카페이자 갤러리이다. 작가들이 만든 아기자기한 소품들로 카페를 장식했다. 볕 좋은 창가에 앉아 잔디가 깔린 작은 마당을 내다보며 여유를 부려보자. 옥상에는 유리온실 같은 휴식공간도 있다.

친절을 파는 못골시장

팔달문을 중심으로 남문시장, 미나리광시장, 못골시장, 지동시장, 영동시장 등의 재래시장들이 벌집처럼 모여 있다. 그중 가장 활기가 넘치는 곳이 못골시장이다. 옛날에 연못이 있던 곳이라고 하여 못골시장이라 불린다. 이 시장은 재래시장이면서도 시설이 깔끔하다. 품목은 다양하고 가격도 저렴하다. 무엇보다 상인들이 친절하다.

시장에 들어서자마자 군침이 돈다. 푸짐하고 맛깔나게 진열된 수십 가지의 반찬들, 기름에 자글자글 부쳐지는 두툼한 빈대떡, 오동통한 색색 만두, 기름 없이 담백하게 구운 호떡, 쉴 새 없이 포장되어 나오는 빵과 떡들이 즐비하다. 수백 가지 약재들과 산나물, 생선, 그릇, 꽃 등 품목들이 다양하다.

매주 월요일과 목요일 11시 30분에는 못골시장에서 이벤트가 열린다. 시장 안에 있는 '못골 휴식터' 라디오방송국에서 '못골 라디오스타' 생방송을 한다. 라디오 DJ는 못골시장 상인이다. 상인이나 손님들이 메모해서 준 신청곡을 받아 틀어준다. 오늘의 DJ는 만두가게 주인장. 그는 앞치마도 풀지 않은 채 마이크를 잡고 있다. 방송국 유리부스에 ON AIR 불이 꺼지자 라디오

(왼쪽) 깔끔한 시설을 자랑하는 못골시장 풍경 (오른쪽) 못골 라디오스타 DJ인 만두가게 주인장

DJ는 재빠르게 다시 만두가게로 돌아간다. 시장 곳곳에는 손님들을 위해 어떤 서비스를 할까 고민한 흔적들이 보인다. 단골시장으로 삼고 싶은 마음이 굴뚝이다.

Travel Tip

> **수원시티투어** 문의: 031-256-8300 | 홈페이지: www.suwoncitytour.co.kr

> **화성행궁** 문의: 031-290-3600 | 홈페이지: www.swcf.or.kr |
> 개관: 3~10월 09:00~18:00, 11~2월 09:00~17:00 |
> 관람료: 어른 1천 5백 원, 청소년 1천 원, 어린이 7백 원

> **수원 화성** 문의: 031-290-3600 | 홈페이지: www.swcf.or.kr |
> 관람료: 어른 1천 원, 청소년 7백 원, 어린이 5백 원

> 수원 화성을 한 바퀴 돌지 않고, 핵심구간인 팔달문 - 화성행궁 - 서장대 - 화서문 - 화홍문 - 연무대(약 3km)만 돌아도 좋다. 팔달문 인근에 있는 못골시장에 들러 점심을 먹고 성벽 돌기를 시작하면 된다. 팔달문에서 화성행궁까지는 도보 15분 소요. 행궁을 관람하기 전에 행궁광장 옆에 있는 화성홍보관을 먼저 들른다.

> 매년 10월 수원에서 화성문화제가 열린다.

> **화성행궁 상설공연 안내**
> ① 신풍루 앞에서 매주 토요일 14:00에 상설공연이 열린다. 공연내용은 식전행서, 궁중무용, 무동놀이, 전통 줄타기 등이다.
> ② 신풍루 앞에서 매주 화~일요일 11:00, 15:00에 무예24기 전통 공연이 열린다.

> **화성열차 운행 안내**
> 문의: 팔달산매표소 031-228-4683, 연무대매표소 031-228-4686 |
> 운행구간: 팔달산(성신사) - 화서문 - 장안공원 - 장안문 - 화홍문 - 연무대(3.2km) |
> 운행: 매일 10:00~17:50(눈, 비오는 날과 영하의 날씨에는 운행하지 않음) |
> 소요시간: 편도 30분(팔달산 ↔ 연무대) |
> 요금: 어른 1천 5백 원, 청소년 1천 1백 원, 어린이 7백 원

> 수원호스텔에서 수원화성테마여행을 운영한다.
> 문의: 031-254-5555, 031-251-4438 | 홈페이지: www.swcf.or.kr

> 못골시장 라디오스타는 화요일, 목요일 13:00부터 13:30까지 방송한다. 스튜디오를 찾아가서 신청곡을 전달하면 된다.

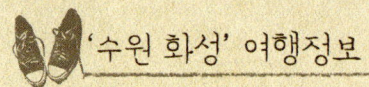
'수원 화성' 여행정보

● 가는 길

1 수원역 → 장안문
전철 1호선 수원역 4번 출구에서 나와 수원역 버스정류소에서 310, 7-2, 7-1, 60, 66-4을 타고 장안공원 정류소에서 하차(20분 소요).

2 수원버스터미널 → 장안문
수원버스터미널. 성대사거리정류소에서 버스 11번(배차간격 30분, 04:50~22:50) 탑승 후 장안문 정류소에서 하차. 장안문까지 도보 3분. 또는 수원버스터미널, 성대사거리정류소에서 버스 11-1번(배차간격 12분, 06:00~23:15) 탑승 후 수원역. AK프라자정류소에서 66, 301번 버스(66번 배차시간 8분, 04:45~23:25, 301번 배차시간 7분, 04:30~22:30)로 환승 후 장안공원정류소 하차.
문의: 수원버스터미널 1688-5455

3 수원역 → 못골시장
수원역. AK프라자정류소에서 13-4, 730, 11-1, 10번(배차간격 10~15분, 05:40~23:15) 탑승 후 2001아울렛정류소에서 하차(20분 소요).

4 못골시장 → 화성행궁
도보 15분 또는 2001아울렛정류소게서 버스 65, 4-1, 21, 63, 62번 탑승 후 화성행궁. 수원성지정류소 하차(15분 소요).

5 수원역 → 화성행궁
수원역. AK프라자정류소에서 버스 39, 36, 13번 버스(배차간격 10~20분, 05:00~22:45) 탑승 후 화성행궁. 수원성지정류소에서 하차(20분 소요).

● 맛집
장안문 앞의 보영만두(031-242-9076)는 그야말로 장안의 화제다. 고소한 육즙이 일품인 만두와 쫄면이 대표메뉴다. 행궁동 입구의 골목집(031-245-9158)은 김치찜이 맛깔나다. 못골시장의 국민냉면(031-246-3433)은 냉면과 빈대떡으로 유명하다. 지동시장에 있는 40년 전통의 찹쌀도너츠와 충남집(031-243-3284)의 순댓국과 순대볶음, 인계동에 있는 가보정(031-238-3883)의 수원갈비도 유명하다.

● 숙소
화성행궁광장 옆 화성홍보관 뒤쪽에 유스호스텔인 수원호스텔(031-254-5555)이 있는데 저렴하고, 시설이 깔끔하다. 굿스테이로 지정된 숙소로는 팔달구 인계동의 뉴필모텔(031-223-3765), 권선구 구운동에 제이비모텔(031-295-0041)이 있다.

보영만두

지동시장 40년 전통의 찹쌀도너츠

못골시장 줄서서 먹는 족발

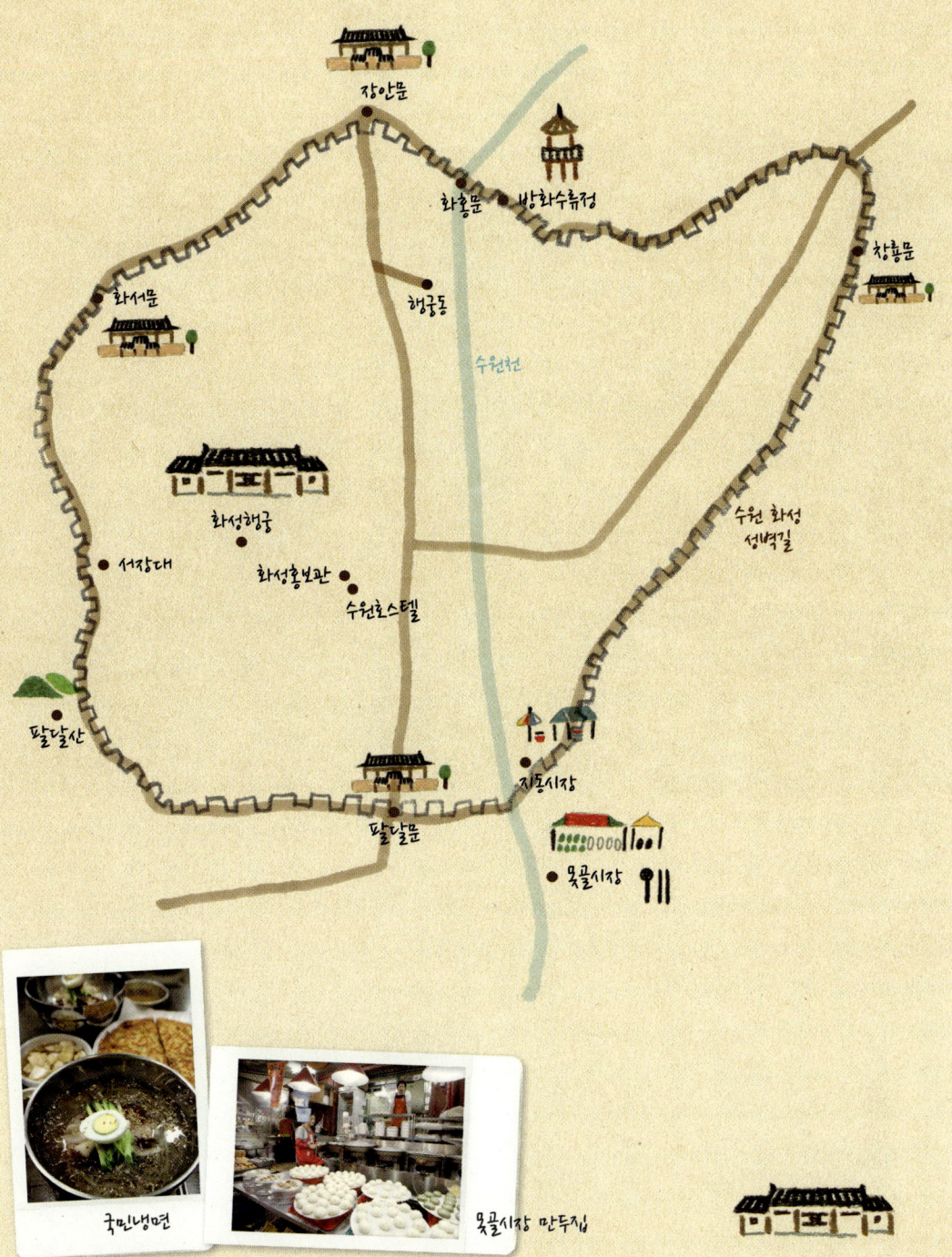

10월의
세번째 여행

축제의 도시에서
낭만을 즐기다, 부산

10월의 부산은 '축제의 도시'다. 남포동에서 부산국제영화제와 자갈치축제가, 해운대에선 부산세계불꽃축제가 열린다. 축제도 즐기고 일대의 재래시장들과 헌책방거리, 제주 올레길 못지않은 해안산책로와 휘황한 신도시의 야경까지 돌아보고 나면 성취감으로 가슴이 뿌듯해진다.

당일 코스

태종대(또는 송도 볼레길) -🚌- 남포동 PIFF광장 -👣- 아리랑거리 -👣- 국제시장 -👣-
깡통시장 -👣- 보수동 책방거리 -👣- 자갈치시장

❖ 바다에 마음을 던지다

　　　　　　서울에서 KTX 첫차를 타면 아침식사 할 시간에 부산역에 도착한다. 초량 방면 골목에는 돼지국밥집들이 많다. 그중에서 한 곳을 골라 식사를 한다. 서울에서 먹던 돼지국밥과는 맛의 차원이 다르다. 첫 행선지인 태종대로 가려면 부산역 건너편에서 버스를 타고 약 50분 정도 가야 한다.

　부산 여행이 처음인 사람에게 꼭 추천하는 곳이 태종대다. 전망대와 영도등대로 가려면 다누비열차를 타야 하는데 워낙 인기가 많아 줄을 서서 30분 이상 기다리는 일은 예사다. 성격이 급한 사람은, 좀 힘들어도 걸어서 올라가는 게 낫다. 지금 전망대가 위치한 해안절벽은 자살바위로 불리던 곳이다. 자살바위에 서면 이유 없이 뛰어내리고 싶은 충동이 생기는 탓에 사고율이 높았다고 한다. 이 때문에 1976년에 전망대 앞에 엄마가 아이 둘을 품에 안고 있는 모자상이 세워졌다. 자살하기 전에 어머니의 자식 사랑을 다시 한번 생각해보라는 메시지를 담고 있다.

　전망대를 지나 관광객의 사연이 빼곡히 적힌 타일로 장식된 터널을 통과하면 영도등대와 해식절벽에 도착한다. 가파른 절벽 끝에 위치한 영도등대는 60여 년 동안 태종대 인근 바닷길을 지키고 있다. 타지에서 살고 있는 부산 사람들에게는 마음의 등대와 같은 존재다.

Jan.
Feb.
Mar.
Apr.
May
Jun.
Jul.
Aug.
Sep.
Oct.
Nov.
Dec.

태종대 해안절벽에서 바다를 바라보면 가슴이 뻥 뚫린다.

    깎아지른 해식절벽 끝에 서서 비취빛 바다를 굽어보면 파도가 회오리 같은 포말을 일으키는 모습에 솜털까지 일어설 정도로 아찔하다. 뒤에서 바람이 불어 등이라도 떠밀면 어쩌나 하는 불안감에 얼른 뒷걸음질을 친다.
    등대 아래로 난 계단을 따라 자갈 해변으로 내려가면 해녀들이 딴 해산물을 파는 좌판이 있다. 해삼과 멍게 한 접시를 시켜 먹으면 입 안 가득 바다향이 퍼진다. '태종대는 이 맛에 오는 거지!'라는 생각이 절로 들 수밖에 없다.

❀ 제주 '올레'보다 송도 '볼레'

    태종대에 가는 것이 여의치 않다면 송도 볼레길을 걸어도 좋다. 남포동에서 차로 10분 이내 거리에 위치한 이 길은 송도해수욕장에서 암남공원까지 이어지는 해안산책로다. '볼레길'이란 '보다'와 '둘레길'의 합성어다. 송도해수욕장은 부산역에서 가장 가까운 해수욕장이다. 해변이 항아리처럼 옴폭해서 인공호수처럼 보인다. 새하얀 백사장은 말끔하고 해운대나 광안리처럼 일-자로 트이지 않아서 아늑한 느낌을 준다. 관광객이 적어 바닷가 산책을 즐기기에도 그만이다. 해변이 끝나는 지점에서부터 해식절벽 옆구리를 타고 스릴 있는 산책로가 이어진다. 절벽 아래로는 옥색 바다가 넘실거린다. 물이 맑아 바다 속에 잠겨 있는 암초들이 비칠 정도다.

해안절벽 구간만 걷는 데에도 편도 30분 정도 걸린다. 지층이 시루떡처럼 쌓인 이 절벽이 형성된 시기는 중생대 백악기로 거슬러 올라간다. 걸어서 30분 거리에 약 2천만 년의 시간이 축적되어 있는 것이다.

산책로는 절벽의 들쭉날쭉한 생김새 덕분에 오르내리기를 반복한다. 출렁다리를 건너 산책로 중간쯤 이르면 바다로 돌출된 전망대와 벤치가 있다. 그곳에 앉아 미소를 띤 채 망중한을 즐기는 사람들의 모습에 덩달아 마음이 환해진다. 영도와 송도를 잇는 남항대교가 날렵하게 바다 위를 건너고, 부산항으로 입항하려는 거대한 유조선들이 점점이 떠 있다. 갯바위에서 낚시를 즐기는 사람들도 보인다.

송도해수욕장이 고운 모래해변인 반면 해안산책로 일대는 몽돌해변이다. 해안산책로가 끝나는 암남주차장에는 해산물을 파는 포장마차들이 늘어서 있다. 이곳에서 버스를 타고 남포동으로 이동해도 되고, 암남공원까지 걸어도 좋다. 소나무가 울창한 오솔길을 걸으며 해안절경을 감상한다는 것은 매력적이다.

헌책과 새 책 모두 없는 게 없는 보수동헌책방 골목의 풍경

흘러간 옛 노래처럼 반가운 헌책방 골목

보수동 책방골목에서는 고서적부터 교과서, 참고서, 아동도서, 소설, 만화책, 종교서적 등 다양한 종류의 책들이 사고 팔린다. 책방 안에 빼곡히 들어찬 헌책들 사이로 비집고 다니며 구경하려면 게걸음을 걸어야 한다.

보수동 책방골목의 시초는 한국전쟁 때 이북에서 내려온 피난민들이 미군부대에서 흘러나온 책과 고물상으로부터 수집한 헌책을 팔기 시작하면서부터라고 한다. 1960, 70년대에는 70여 개의 점포가 성황을 이루었다. 그때만 해도 신학기가 되면 책을 팔고 사려는 사람들로 골목이 왁자했다. 지금은 경제 수준이 높아지면서 헌책을 찾는 사람들이 크게 줄어 경기가 예전만 못하다. 그래도 최근에는 옛 추억을 더듬기 위해 찾아오는 사람들과 헌책방 골목의 문화에 관심을 가진 젊은 사람들이 늘면서 활기를 찾고 있다고 한다.

고서점의 라디오에서 옛 대중가요가 빵을 굽는 냄새처럼 구수하게 흘러나온다. 책방 주인은 햇살 좋은 창가에 앉아 독서삼매경에 빠져 있다. 눈길이 가는 헌책 한 권을 꺼내든다. 문장 아래 그어진 밑줄, 읽은 곳을 표시하기 위해 책모서리를 접었던 자국들에서 얼굴 한번 본 적 없는 책 주인이 떠오른다.

골목 중간 지점에 있는 '우리글방'은 보수동책방 골목에서도 소장도서가 가장 많고, 책정리가 잘 돼 있기로 유명하다. 들어가면 책장 앞에 손님을 배려한 의자가 놓여 있다. 어린이책 코너에는 다락방처럼 포근한 아이들만의 독서공간이 마련돼 있다. 우리글방의 북카페에서 차를 마시면서 수십 년 전에 출간된 잡지책을 훑는 재미가 쏠쏠하다. 컴퓨터가 가정집에 전파되기 시작하면서 발생한 아이들의 컴퓨터 중독증을 토로하는 기사나 웨딩촬영과 결혼식 뷔페를 '희한한 풍조의 등장, 너도 나도 생각 없이 하는 쓸데없는 짓'으로 비판하고 있는 기사들을 보며 격세지감을 느낀다.

시장에서 낭만을 찾다

한국전쟁 피난민들의 억척스런 삶의 흔적은 헌책방골목에서 깡통시장, 국제시장까지 이어진다. 깡통시장은 한국전쟁 이후 미군부대에서 흘러나온 캔 제품들을 주로 거래했던 곳이다. 요즘은 대형마트에서 외국제품들을 어렵지 않게 살 수 있고, 우리나라 제품들도 좋기 때문에 미국제품을 찾는 이들이 많이 줄었다고 한다.

(왼쪽) 깡통시장의 수입품 전문상점 (오른쪽) 깡통시장 골목에서 파는 단팥죽

좁은 시장통 골목 안에 각국에서 수입한 별의별 물건들과 팥죽, 식혜, 콩국, 수수부꾸미 등의 먹을거리, 생활용품과 옷, 수산물, 분식집, 과일 좌판, 식당들이 잡채처럼 뒤섞여 있다. 재래시장들의 현대화 추세에 한참 동떨어져 있는 도떼기시장이다. 골목 한복판을 좌판이 떡 차지해 통행이 불편해도 불평하는 사람 하나 없다. 행인들끼리 서로 어깨를 부딪치며 다니는 것도 재미라고 여기는 곳이니 굳이 현대화할 필요가 없는지도 모르겠다.

깡통시장에서 길을 건너면 국제시장이다. 사통팔달로 뻗어 있는데다 의류, 생필품, 원단, 공구류, 문방구류 등 품목별로 골목이 나뉘어져 있어 쇼핑하기 편하다.

국제시장의 아리랑거리로 들어서면 한국인보다 일본인이나 중국인 관광객들이 더 많다. 관광객 유치를 위해 거리를 조성하고 관광상품을 판매하는 곳이기에 간판들도 대부분 일본어나 중국어로 씌어 있다. 상인들 역시 일본어와 중국어에 능통하다.

아리랑거리 입구에는 독특한 먹자골목이 있다. 위생복을 똑같이 갖춰 입은 아주머니들이 좌판에서 오징어무침, 비빔당면, 잡채, 충무김밥 등을 판다. 손님은 목욕탕 플라스틱 의자에 쪼그리고 앉아 음식을 먹는다. 아리랑거리 먹자골목에서는 옹색한 자세로 음식을 먹는 것이 매너라 할 수 있다.

아리랑거리를 벗어나면 PIFF광장으로 이어진다. 광장은 부산국제영화제가 열리는 기간이 아니더라도 부산 시민과 국내외 관광객들로 늘 붐빈다. PIFF광장 길바닥에 유명 영화인들의

(왼쪽) 아리랑거리 먹자골목의 비빔당면
(오른쪽) 아리랑거리 먹자골목 풍경

손바닥을 찍어놓은 조형물이 있다. 관광객들은 그 손자국에 자신의 손을 대보며 기념사진 촬영을 한다. 깡통시장과 국제시장, 광복동이 쇼핑의 거리라면 남포동은 먹을거리 천국이다. 광장에 길게 늘어선 포장마차들에 매운오뎅, 떡볶이, 순대, 부침개, 튀김, 씨앗호떡 등의 간식거리들이 잔칫상마냥 넘쳐난다. 최근 방송에 출연한 씨

남포동 PIFF광장

앗호떡집은 그야말로 호떡집에 불이 난 듯 성업이다. 사람들은 줄지어 선 포장마차 앞에서 음식과 함께 왁자지껄한 분위기를 먹는다.

　자갈치시장도 빼놓을 수 없는 여행지이다. 저녁이 되면 시장에 장을 보러 온 사람들보다 음식을 먹으러 온 이들이 더 많다. 식당마다 대낮처럼 불을 밝히고, 손님을 맞이하는 주인장들의 손짓이 몹시 분주하다. 갯내 나는 부둣가 허름한 횟집에서 꼼장어에 술 한 잔을 기울이는 마무리는 더없이 낭만적이다.

Travel Tip

> **부산관광안내정보** 문의: 051-1330
> **부산역관광안내소** 문의: 051-441-6565
> **남포동종합관광안내소** 문의: 051-253-8253
> **태종대** 문의: 051-405-2004 | 홈페이지: www.taejongdae.or.kr

> **1박 2일 코스:** 부산역 - 해운대 센텀시티-해운대해수욕장(아쿠아리움) - 동백섬 누리마루 야경 - 숙박 - 태종대(또는 송도 볼레길) - 남포동 PIFF광장 - 아리랑거리 - 국제시장 - 깡통시장 - 보수동 책방거리 - 자갈치시장 - 부산역

> **부산시티투어버스**는 셔틀형으로 운행되기 때문에 장소당 시간 제약이 적다. 오픈형 2층 버스도 운행하고 있어 색다른 재미를 준다. 코스가 다양한 것도 장점.
> 문의: 1688-0098, 051-464-9898 | 홈페이지: www.citytourbusan.com

> **국제시장, 깡통시장, 보수동 헌책방 골목**은 1·3주 일요일 휴무(상점별 휴무일 차이 있음).

> **부산 전철**은 1일 이용권(4,500원)을 판매한다. 1일 동안(당일 첫차~막차) 전철을 무제한으로 이용할 수 있다.

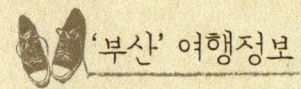 **'부산' 여행정보**

● 가는 길

1 서울 → 부산
KTX 이용. 서울역 → 부산역 05:30~23:00, 부산역 → 서울역: 05:00~22:30, 수시운행.

2 부산역 → 태종대
부산역 버스정류소에서 버스 101, 88A, 88B, 66번을 타고 종점에서 하차(배차간격 평균 10분, 04:45~22:25, 45분 소요).

3 부산역 → 송도해수욕장
부산역 버스정류소에서 버스 26번(배차간격 8분, 04:40~22:40, 30분 소요)을 타고 송도해수욕장에서 하차. 또는 부산역 버스정류소에서 버스 134, 103, 87번(배차간격 평균 10분, 04:50~22:30) 탑승 후 남포동 정류소에서 버스 30번(배차간격 5~10분, 04:35~23:10)으로 환승, 송도해수욕장 하차(35분 소요).

4 송도해수욕장 → 남포동
버스 7, 9-1, 26, 30, 71번 탑승.

5 암남공원 → 남포동
버스 7, 9-1, 71번 탑승.

6 해운대권 명소는 전철을 이용하면 편하다.

● 맛집
부산역을 이용할 때, 본전돼지국밥(051-441-2946)에서 간단하게 요기하면 좋다. 부산역 택시승강장 맞은편 골목에 있다. 부산역 길 건너편 국민은행 옆 초량밀면(051-462-1575)도 줄서서 먹는 집이다. 남포동 PIFF광장의 부산극장 맞은편에 있는 18번완당(051-245-0018)은 60년 전통의 완당(만두의 일종) 맛집으로 유명하다. 부산의 토속음식인 밀면을 맛보려면 남포동 할매가야밀면(051-246-3314)을 찾으면 된다. 깡통시장의 할매유부전골(1599-9828)과 한양냉채 족발(051-246-3039), 자갈치시장의 백화양곱창(051-245-0105), 남포횟집(051-241-1244)의 곰장어도 추천할 만하다.

● 숙소
부산역 인근 중앙동의 토요코인호텔은 일본체인 호텔로서 가격이 저렴하면서도 조식을 제공한다. 부산의 명물인 중구 영주동 코모도호텔(051-466-9101), 한국관광공사의 굿스테이로 인증된 중구 부평동의 대영호텔(051-241-4661)이 묵을 만하다. 송도해수욕장 인근에는 임페리얼모텔(051-241-4649), 큐파이브모텔(051-248-8873) 등이 있다.

돼지국밥

초량밀면

해안선
길

서면 방면
KTX 부산역
전철 부산역
보수동 책방거리
전철 중앙역
국제시장
깡통시장
PIFF광장
전철 남포동역
자갈치시장

송도
영도
봉래산

송도해수욕장
볼레길
암남공원

태종대
등대

남포동 씨앗호떡

꼼장어

완당

> 10월의
> 네번째 여행

오색 단풍의 나라, 양양 주전골

주전골은 설악산 대청봉의 남쪽 기슭에 있는 계곡이다. 오색약수터, 고래바위, 상투바위, 선녀탕, 미륵암, 시루떡바위, 용소폭포 등 비경이 줄줄이 이어지는 계곡길이 아름답기로 유명하다. 가을 단풍철이면 주전골 단풍 소식이 연일 뉴스의 메인을 장식한다.

※ 1박 2일 코스 ※

주전골 트레킹 - 오색온천 - 하조대 - 낙산사

오색 단풍이 고운 자태를 뽐내다

주전골 자연탐방로는 오색약수터에서부터 용소폭포탐방센터까지 계곡을 따라 이어진다. 총 거리가 3.5km이며, 편도 1시간 정도 소요된다. 대부분 구간에 미끄럼 방지 고무 깔판과 잘 다듬어진 돌블럭, 구름다리, 데크가 놓여 있어 노약자들이 걷기에도 안전하다.

오색천을 거슬러 올라 출렁다리를 건넌다. 상투바위를 지나면 곧 성국사터가 보인다. 통일신라시대에 축조된 삼층석탑과 건물 한 채만이 남아 있는 절터로 복원불사가 한창 진행 중이다. 1,500년대에는 이곳에 '오색석사'란 사찰이 있었다고 전한다. 이 절 마당에는 다섯 색깔의 꽃이 피는 나무가 있었기에 이 일대가 '오색五色'이라 불리게 됐다고 한다. 지금은 오색화는 사라지고, 오색 단풍을 병풍처럼 두른 삼층 석탑만이 남아 있다. 이곳에서 시원하게 약수 한 모금을 마신 후 계곡길로 나아간다.

황금빛 단풍이 한창이다. 마치 나뭇가지에 금화가 주렁주렁 매달려 있는 듯하다. 나

한껏 물이 오른 단풍

Jan.
Feb.
Mar.
Apr.
May
Jun.
Jul.
Aug.
Sep.
Oct.
Nov.
Dec.

주전골자연탐방로의 하이라이트인 용소폭포

뭇잎들은 살랑거리는 바람에도 아우성을 친다. 오색 단풍이 고운 자태를 뽐내는 길이라 천상화원이 따로 없다. 단풍이 꽃보다 아름다울 수 있다는 사실이 놀랍기만 하다. 이 정도 풍광이면 신선들이 살았다는 전설이 전해올 만한데 엉뚱하게도 도둑 무리에 관한 이야기만 전한다. 주전골은 '쇠 부어 만들 주鑄'에 '돈 전錢'을 쓴다. 옛날에 승려를 가장한 도둑 무리가 이 계곡에서 위조 엽전을 만들었다고 해서 붙여진 이름이라고 한다. 단풍이 절정으로 치닫는 즈음의 주전골은 '붉을 주朱'에 '대궐 전殿'이 더 잘 어울린다.

선녀탕에 이르면 시야가 트이면서 험준한 골격의 기암절벽과 봉우리가 버티고 서 있다. 구름다리 위에서 널을 뛰며 계곡을 가로지른다. 바위틈이 벌어져 생긴 금강문을 지나면 우악스러운 암봉 사이로 선녀 날개옷처럼 고운 주전골 비경이 드러난다. 햇빛조차 들지 않는 깊은 골짜기 바위에 자라난 이끼숲을 발견했을 때의 감동이 밀려온다.

계곡 한 굽이를 돌아서면 흘림골과 약수터, 용소폭포로 나뉘는 갈림길이 나온다. 좌측의 흘림골로 들어서면 십이폭, 흔들바위, 만물상 등을 볼 수 있는데, 길이 다소 험한 편이다. 산비탈 옆구리를 타고 가다 구름다리를 건너면 용소폭포가 보인다. 규모는 작아도 시원한 물줄기를 받아내는 시퍼런 소를 보고 있노라면 등골이 서늘해진다. 용소폭포를 지나면 곧 용소폭포탐방지원센터가 나타난다. 오전 10시면 이곳에 단체 관광객이 속속 몰려든다. 오색약수터로 내려가려는 탐방객들이다. 그들이 단풍을 감상하며 쏟아내는 감탄사에 주전골이 술렁인다.

AUTUMN

천연기념물을 맛보다, 오색약수

오색약수터는 산속이 아니라 오색천변 계곡 안에 위치해 있다. 약수에 철분을 함유되어 있어서 암반 주변이 붉게 물들어 있다. 오색약수가 위장병, 신경통, 피부병, 빈혈에 특효라는 소문이 돌다 보니 약수를 받으려는 사람들로 북적인다. 그에 비해 수량은 턱없이 부족하다. 세 군데 구멍이 파여 있음에도 물이 바닥에 조금씩 고이는 정도라 종이컵으로 닥닥 긁어야 한 컵을 채울 수 있다.

오색약수를 한 모금 마셔보면 그 독특한 맛에 목구멍이 놀란다. 철분의 비린맛과 설탕을 뺀 탄산수의 시큼털털한 맛이 섞여 오묘한 맛을 내기 때문이다. 오색약수는 2011년 1월에 약수로는 처음으로 삼봉약수와 함께 천연기념물 제529호로 지정됐다. 맛이 비려 입에 맞지 않는다 해도 천연기념물을 맛볼 수 있는 절호의 기회니 놓치지 말자.

주전골은 온천으로도 유명하다. 약수터에서 오색그린야드호텔 쪽으로 올라가다 보면 온천수를 경험할 수 있는 숙소(펜션, 호텔, 모텔)들이 즐비하다. 이곳의 온천수는 알카리성으로 예전에는 '조선온천' 또는 미용효과가 탁월하여 '미인온천'으로 알려졌다. 트레킹 후 뜨끈한 온천수에 몸을 담글 수 있다면 그곳이 바로 천국이다.

오색천변 너럭바위에서 솟아나는 오색약수

이런 곳도 있어요!

낙산사

신라 문무왕(671년) 때 의상이 세운 절로서 관동팔경關東八景의 하나이다. 낙산사의 명물로 높이 16m에 달하는 해수관음상과 일출명소인 의상대, 우리나라 3대 관음도량인 홍련암이 있다. 문화재로는 칠층석탑(보물 499호), 홍예문(유형문화재 33호), 원통보전담장(유형문화재 34호), 의상대(유형문화재 48호), 사리탑(유형문화재 75호), 홍련암(유형문화재 36호) 등이 있다.

문의: 033-672-2447~8 | 홈페이지: www.naksansa.or.kr
기타: 각 지역에서 출발하는 무료 셔틀버스를 타면 편하다. 홈페이지에서 확인.

절벽 위에 올라앉아 해를 맞이하다, 하조대

하조대해수욕장을 처음 본 사람들 대부분은 "서프라이즈!"를 외친다. 아마도 동해에서 이보다 더 하얀 모래밭을 보기는 어려울 것이다. 손으로 모래를 움켜쥐면 물에 녹말가루를 푼 것처럼 스르륵 손가락 사이로 흘러내린다. 모래밭 한가운데 서 있는 섬 같은 갯바위도 독특하면서 인상적이다.

하조대해수욕장은 여름 성수기에도 영동지방의 다른 해수욕장에 비해 덜 붐비는 편이다. 그래서 조용한 가운데 바다를 오롯이 즐길 수 있어 좋다.

하조대해수욕장 남동쪽 끝에는 하조대와 등대가 있다. 하조대는 경포대와 마찬가지로 정자이다. 소나무숲으로 둘러싸인 절벽 위에 독수리처럼 올라앉아 있는 정자로 조선의 개국공신 '하륜'과 '조준'이 잠시 머물렀던 곳이라고 하여 두 사람의 성을 따서 '하조대'라 이름 지었다고 한다. 하조대 측면 해안 절벽에서는 '백년송'이라 불리는 소나무 한 그루가 자라고 있다. 사람들은 백년송이 언젠간 바위를 깰 것이라 여긴다. 그만큼 백년송의 굳건함을 믿고 있는 것이다.

하조대는 일출명소로도 유명하다. 신년에 일출을 보기 위해 수많은 사람들이 동해 바닷가 곳곳에 몰려들지만 그중에서도 최고의 명당은 하조대이다.

하조대해수욕장에서 겨울바다를 감상하는 연인들

백년송을 등지고 맞은편 해안절벽을 바라보면 하조대 등대가 보인다. 이 무인등대는 또 하나의 일출 명소이다. 하조대를 내려와 해안절벽 사이에 놓인 구름다리를 건너면 가파른 돌계단을 나타난다. 이 계단을 오르면 등대에 닿을 수 있다. 하늘과 바다 사이에 자리 잡은 등대는 마치 공중에 떠 있는 듯 느껴진다. 등대 뒤, 절벽 끝에 전망대가 있다. 저 멀리 절벽 위에 우뚝 솟은 백년송이 아스라이 보인다.

(위) 하조대 (아래) 하조대가 있는 해안절벽에서 자라는 백년송

Travel Tip

> 주전골 안내 문의: 033-672-5325 | 홈페이지: www.osaek.info
> 하조대관광안내소 문의: 033-670-2516

> 단풍철에 주전골은 인산인해를 이룬다. 오전 10시를 기점으로 단체관광객이 몰리기 시작하니 이전에 트레킹을 마치는 것이 좋다. 또는 오후 4시 이후가 좋다.

> 주전골자연관찰로는 통화불통 구간이다. 일부 구간에서 통화가 되기도 하지만 위치가 약간만 바뀌어도 불통이다.

> 시간 여유가 있으면 오색약수터 위쪽에 '망월사'라는 사찰에 가보자.

> 첫날, 낙산사와 하조대 중 한 곳만 둘러본다면 동선이 짧은 낙산사를 추천한다. 사진 찍기나 호젓한 산책에 중점을 둔다면 하조대가 낫다.

> 양양오일장은 양양시외버스터미널 바로 옆에서 4일과 9일에 열린다. 시골장은 일찍 파장하니 11시에서 3시 사이에 방문하는 것이 좋다. 가을에는 양양송이가 제철이라 질 좋은 송이를 저렴하게 구입할 수 있다.

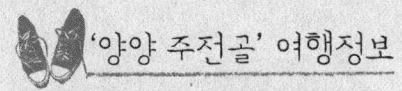
'양양 주전골' 여행정보

● 가는 길

1 서울 → 양양(주전골)
① 동서울터미널에서 양양행 시외버스 수시운행(06:30~18:19, 3시간 소요)→양양시외버스터미널에서 하차 후 오색주전골행 농어촌버스 이용(1일 6회 운행, 06:45~20:45, 1시간 30분 소요).
② 동서울터미널에서 오색버스터미널까지 직행버스 1일 7회 운행(08:30~15:05, 2시간 40분 소요)

※양양시외버스터미널과 양양고속버스터미널 간 도보 10분 거리. 시외버스를 타는 것이 이동하기에 편하다.
문의: 양양시외버스터미널 033-671-4411,
양양고속버스터미널 033-672-4100,
오색버스터미널 033-672-3161,
양양콜택시 033-671-2300, 개인택시조합 033-671-3113

2 양양 → 하조대
양양시외버스터미널에서 어성전(하조대)행 버스(1일 5회 운행, 06:20~17:30) 이용. 하정광리정류소에서 하차(50분 소요). 하조대해수욕장까지 500m. 하조대와 하조등대는 해수욕장 남동쪽 끝에 있는 찻길을 따라 도보 1km.
문의: 시외버스하조대영업소 033-672-1078

3 양양 → 낙산사
양양시외버스터미널에서 버스 9, 9-1번 이용(배차간격 10분, 30분 소요).

4 하조대 → 낙산사
하광정리 정류소(약 1km)까지 도보 이동 후 양양터미널행 어성전(수리)(하광정리)버스(1일 5회 운행, 06:35~18:30) 승차 후 남문2리정류소에서 9-1번 버스로 환승. 낙산정류소에서 하차(1시간 30분 소요).

5 하조대 → 주전골
하광정리 정류소(약 1km)까지 도보 이동 후 어성전(수리)(하광정리)버스(1일 5회 운행, 06:35~18:30) 승차 후 양양시장앞정류소에서 하차. 길 건너편 양양시장앞정류소에서 오색행 버스(1일 6회 운행, 06:45~20:15)로 환승. 오색약수입구정류소에서 하차. 주전골까지 약 1km 도보이동.

● 맛집

오색주전골에는 양양송이를 재료로 한 요리와 산채정식, 비빔밥 전문식당이 많다. 남설악식당(033-672-3159), 오색식당(033-672-3180), 통나무식당(033-671-3523), 토박이식당(033-673-9923)이 산채정식을 잘한다. 하조대해수욕장에는 상가가 적은데 오대양수산회센터(033-672-5543)에서 섭국을, 하조대와 등대 사이에 있는 등대카페(033-672-2526)에서는 커피, 막걸리, 안주류를 판다. 양양에선 손양면 송전리 옛뜰(033-672-7009)의 섭국과 두부요리를 빼놓을 수 없다.

양양 재래시장의 그린생칼국수(033-671-5694)는 양양송이칼국수로 유명하다. 낙산해수욕장 인근에는 횟집이 즐비하다. 낙산7호식당(전복죽 033-672-2270), 도원식당(다시마막국수 033-672-1823), 어부해녀활어장(조개구이 033-673-1002), 낙산부산자갈치 횟집(033-672-2638)을 추천한다.

통나무정식

송이전골

섭국

● 숙소

오색주전골은 탄산온천수를 이용한 숙소가 많다. 호텔은 오색그린야드호텔(033-670-1000)이 유일하다. 숙박을 하지 않아도 온천탕과 찜질방 시설만 이용할 수 있다. 요금은 1만1천 원. 그밖에 오색온천장(033-672-3636), 약수장(033-672-8881), 설악온천장(033-672-3849) 등이 있다. 하조대해수욕장 인근에는 알프스비치(033-671-7900), 골든베이(033-672-7090), 하조대콘도텔(033-672-1195), 바다향기펜션(033-673-6666) 등이 추천할 만하다.

11월의
첫번째 여행

묵호도 항구다,
동해 묵호등대오름길

드라마 〈찬란한 유산〉을 관심있게 본 사람이라면 남녀 주인공이 사랑을 확인하는 키스를 했던 장면을 기억할 것이다. 이 장면의 강렬한 여운만큼이나 시청자들의 마음을 설레게 했던 것이 바로 배경이 되었던 묵호등대와 출렁다리다. 드라마 명소이기 전에 묵호 사람들의 든든한 버팀목과 같은 존재인 이 등대를 찾아가 본다.

1박 2일 코스

묵호항 - 🐾 - 묵호등대(등대오름길) - 🐾 - 묵호항(숙박) - 🚗 - 무릉계곡 트레킹 - 🚗 - 천곡동굴

너희가 묵호를 아느냐

묵호등대로 가는 길에 묵호항을 지나게 된다. 대게 금어기가 풀리는 10월부터 묵호항 어시장에 대게가 등장하기 시작한다. 빨간 고무대야마다 수북하게 쌓인 대게들이 긴 다리를 허우적대며 손님들을 불러 세운다.

묵호항에서 묵호등대로 올라가는 길은 여러 갈래이다. 그중 논골마을을 지나는 길과 어달리마을을 지나는 길에 벽화가 그려져 있다. '논골담길 벽화'는 2010년 11월에 완성됐다. 먼저 그려진 어달리마을의 '등대오름길 벽화'보다 묵호 사람들의 애환이 콜타르처럼 더욱 진득하게 묻어난다. 이곳의 벽화는 단순한 그림이 아니다. 묵호를 향한 애정을 담은 절절한 서정시다. 그 시가 읽는 이의 가슴을 저릿하게 파고든다.

골목길은 비좁은데다가 멍게 껍질처럼 울퉁불퉁하다. 텃밭에서는 건조대에 널린 오징어와 명태 두세 축이 꾸덕꾸덕 말라가고 있다. 떠난 이들이 남기고 간 빈집들이 곳곳에서 낡아가고 있다. 누군가 담벼락에 써놓은 글귀가 눈에 들어온다.

'이제는 보라색 조가비랑, 내 아버지 젊은 시절 팔뚝처럼 철철 힘이 넘치던 물고기랑, 먹빛 눈물점이 슬펐던 목포집 주모랑…. 열이, 철이 내 친구들과 내 누이도 모두 떠나고 기억의 눅눅한 막국수 같은 호수만 남았네.…기억하리라! 정든 墨湖!'

글쓴이는 번성했던 묵호의 과거를 기억하는 사람인 듯하다. 묵호항은 한때 무연탄

과 석회를 출하하는 제1의 항구였다. 항구 일대는 늘 인부들로 북적였고, 매일밤 오징어잡이 배의 불빛으로 불야성을 이뤘다. 하지만 1980년대에 동해항이 개항하면서 묵호항은 급속히 쇠락하기 시작했다. 돈을 벌기 위해 왔던 젊은이들이 하나둘씩 떠나고, 지금은 노인들만 남아 마을을 지키고 있을 뿐이다.

이런 현실에서 벽화는 묵호의 추억이 담긴 앨범이라 할 수 있다. 무거운 보따리를 이고 언덕을 오르는 슈퍼우먼 할머니, 줄에 널어놓은 오징어와 명태, 집 방향으로 돌려놓은 고무신, 노가리 안주가 나오는 대폿집, 코흘리개 아이들이 군침을 흘리며 넘겨다보았을 구멍가게, 생선이 그득 담긴 지게 등에서 이제는 희미해진 묵호의 과거를 만날 수 있다. '고무신은 항상 집 방향으로 놓기'라는 제목의 벽화는 뱃일을 나간 남편이 무사히 돌아오기를 기다리며 신발을 항상 집 방향으로 놓아두곤 하던 옛 풍습을 표현한 것이다. 골목길 디딤돌 위에 가지런히 놓인 분홍 꽃신에는 아빠를 기다리는 아이의 맘이 담겨 있다.

"가파도에 가면 외상 술값 갚아야 하고, 목포항에 가면 '목포는 항구다'를 목 놓아 불러야 하지만 묵호에서는 그냥 묵고, 먹고 가시게나! 분명, 묵호도 항구다!"라고 외치는 위트 있는 글귀도 있고, 익살스런 강아지가 '묵호벅스' 커피숍을 바라보고 있는 유머 넘치는 그림도 있다.

논골담길은 등대 앞에서 끝나고 '동해, 묵호동 종점'이라고 쓰인 전봇대가 기다리고 있다.

(왼쪽) 논골담길의 묵호벅스와 강아지 (가운데) 디딤돌 위의 분홍신
(오른쪽) 논골담길 골목 사이로 보이는 묵호진동

(왼쪽 위) 〈찬란한 유산〉 촬영지 간판
(왼쪽 아래) 출렁다리 (오른쪽) 묵호등대

사랑이 흔들린다면 출렁다리로 가라

묵호등대는 묵호동 산 중턱에 있다. 1963년에 세워진 묵호등대는 2007년 등대 소공원으로 새 단장했다. 공원 중앙에 불꽃을 형상화한 조각을 세우고, 벽면에는 육당 최남선의 〈해에게서 소년에게〉 시구를 새겼다. 등대 꼭대기에 있는 전망대에 오르면 검푸른 동해 바다와 동해시 일대, 두타산, 청옥산이 한눈에 들어온다. 묵호등대의 풍광은 더없이 아름다워 영화 〈미워도 다시 한번〉, 〈봄날은 간다〉와 이승기, 한효주 주연의 드라마 〈찬란한 유산〉의 촬영지로 선택되기도 했다.

등대에서 '묵호등대펜션' 왼쪽으로 난 산책로를 따라 내려가면 출렁다리가 나온다. 드라마 〈찬란한 유산〉에서 마지막 촬영이 이루어졌던 장소다. 그 다리에 서면 옆에서 두 주인공이 키스를 하고 있을 것 같은 착각이 든다. 누군가 출렁다리 위에 써놓은 글귀가 가슴에 박힌다.

'지금 사랑이 흔들린다면 손을 잡고 출렁다리로 가라'

해질 무렵에는 묵호항에 들러 대게 값을 흥정한다. 대게 5만 원어치면 두세 명이 포식할 수 있다. 대게를 사서 인근 식당에 가면 만 원 정도의 수고비를 받고 쪄준다.

무릉도원에 이르는 길

첫날 묵호항에서 바다를 봤다면 다음날은 무릉계곡으로 가서 산을 즐길 차례다. 무릉계곡의 절경은 단풍철에 가장 빛난다. 매표소에서부터 쌍폭포와 용추폭포에 이르는 길은 3.1km 정도로 가벼운 산책 코스다. 편도 한 시간이 채 걸리지 않는다. 두타산과 청옥산 자락의 골짜기에서 흘러 내려온 계곡물이 무릉계곡 초입에 있는 반석 위로 힘차게 흘러내린다. 마치 청룡열차가 내달리는 것 같다. 이 반석은 석장암石場岩이라 하는데, 그 넓이가 무려 약 4,958㎡(1,500여 평)에 이른다. 반석에 빼곡히 새겨진 이름과 글귀들을 찬찬히 읽어보는 것도 재미다. 반석을 뒤로 하고 삼화사 앞을 지나면 본격적인 숲길이 시작된다.

숲길은 한낮에도 어둑하다. 오른쪽으로 계곡물이 요란한 소리를 내며 흐르고, 왼쪽으로는 작은 폭포들이 숨어서 기웃거린다. 병풍을 살짝 접어놓은 듯한 모양의 병풍바위는 산속에서 만난 주상절리처럼 신비롭다. 병풍바위 옆에는 용맹스런 장군의 얼굴을 닮은 장군바위가 나란히 서 있다. 두 기암절벽을 지나면 금세 쌍폭포에 닿는다.

쌍폭포는 좌우 두 개의 폭포가 하나의 소로 떨어진다. 시원하게 쏟아지는 물줄기가 귀청을 울린다. 쌍폭포에서 조금만 올라가면 용추폭포가 있다. 출입이 금지된 쌍폭포와는 달리 용추폭포 아래 반석 위에는 탁족을 하거나 그림을 그리는 사람들이 많다. 이름 그대로 무릉도원이 아닐까 싶다. 시간이나 체력의 여유가 있다면 하늘문과 관음봉까지 다녀와도 좋다. 손에서 땀이 솟는, 아찔한 산행을 경험할 수 있다.

시원스럽게 쏟아져 내리는 무릉계곡의 쌍폭포

이런 곳도 있어요!

추암해변

추암은 묵호등대와 함께 해맞이 명소로 유명하다. 해변 왼쪽으로 난 바위언덕을 돌아가면 험준한 해안절벽에 칼바위, 촛대바위 등 날카로운 바위들이 하늘을 찌를 듯 솟아 있다. 조선시대 강원도체찰사로 있던 한명회가 이곳의 절경에 감탄하여 능파대(미인의 걸음걸이)라 부르기도 했다.

새로운 지하세계로 들어가다, 천곡동굴

묵호항에서 남쪽으로 5km 떨어진 곳에 천곡동굴이 있다. 천곡동굴은 우리나라에서 유일하게 시내에 있는 동굴이다. 4~5억년 전에 생성된 석회암 동굴로서 천곡동굴은 동굴 중에서도 통로가 좁은 축에 들기 때문에 안전모 착용이 필수다. 허리를 완전히 굽혀야 통과할 수 있는 구간이 꽤 많다. 그러다 보니 마치 고래 뱃속에 들어가는 기분이 든다. 굴의 폭이 좁은 대신 석회암 생성물을 눈앞에서 생생하게 볼 수 있다는 장점이 있다. 종유석의 모양이 갖가지다. 탄력 좋은 베이컨을 매달아놓은 모양, 하늘거리는 시폰 커튼을 늘어뜨린 모양, 수십 개의 샹들리에로 천장을 장식해놓은 모양 등 기묘한 형상의 종유석들이 손에 잡힐 듯 가까이에 있다. 그동안 웅장한 동굴만 보았다면 이곳에서 새로운 지하세계를 경험할 수 있다.

커튼을 늘어뜨린 듯한 종유석

Travel Tip

> **논골담길 올라가는 길** 묵호항에서 어달리쪽으로 조금 걷다가 세호수산과 양지집 사이의 오르막길로 올라가다 보면 버스정류소 앞에 논골담길갤러리가 보인다.

> **묵호등대 올라가는 길** 묵호항 수변공원 아치문 맞은편, 등대슈퍼 옆 골목으로 들어간다.

> 묵호등대 앞에는 구멍가게가 하나 있을 뿐이다. 등대 인근에 숙소를 잡았을 경우, 먹을거리를 미리 준비하는 것이 좋다.

> 묵호등대 산책로를 따라 출렁다리를 건너 도로로 내려간 후, 묵호항 반대쪽으로 걸어가다 보면 까막바위가 나온다. 까막바위 인근에 식당과 숙소가 많다.

> **묵호등대**
개방: 하절기 06:00~18:00, 동절기 07:00~17:00(야간에는 조명이 켜진다)

> **천곡동굴**
문의: 관리사무소 033-532-7303 | 개방: 하절기 08:00~18:00, 동절기 ~17:00(입장은 1시간 전까지)

> 동해종합터미널에서 강릉행 버스가 수시로 운행한다. 강릉과 연계한 코스를 잡아도 좋다.

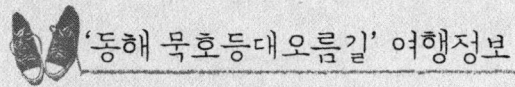
'동해 묵호등대오름길' 여행정보

● 가는 길

1 서울 → 동해
① 버스: 서울고속버스터미널에서 동해종합터미널까지 버스 1일 20회 운행(06:30~23:30, 3시간 5분 소요). 동서울터미널에서 동해종합터미널까지 1일 8회 운행(06:45~19:40, 2시간 50분 소요).
② 기차: 청량리역에서 동해역까지 1일 6회 운행(07:07~23:25, 4~5시간 소요).
문의: 동해종합터미널 033-539-3800, 동해역 1544-7788

2 동해종합버스터미널 → 묵호항
동해병원 정류소에서 91, 32-3, 21-1번 버스(1일 9~14회 운행, 05:40~20:18) 탑승 후 우리은행앞 정류소에서 하차(20분 소요).
문의: 묵호항 033-530-2271

3 묵호항 → 무릉계곡
농협묵호지점정류소에서 무릉행 12-4번 버스(1일 17회 운행 06:38~18:46)를 타고 무릉계곡정류소에서 하차(1시간 30분 소요).

4 묵호등대앞 → 무릉계곡
무릉행 버스 12-4번(09:45 10:50 13:18)탑승.

5 무릉계곡 → 천곡동굴
동해시내행 버스 12-4번(1일 17회 운행 06:38~18:46) 탑승후 북평여고 정류소에서 하차. 천곡동굴까지 200m.

6 천곡동굴 → 동해종합버스터미널
버스 91, 32-3, 21-1, 13-3, 13-1번 탑승 후 동해병원 정류소 하차(20분 소요). 또는 택시이용(기본요금).

7 묵호항 → 추암해변
농협묵호지점정류소에서 추암행 버스 61번 탑승(1일 4회 운행 06:36~19:16) 후 추암해수욕장 하차(1시간 20분 소요).
※동해역에서 추암해변으로 가는 택시들이 많다.

>>Tip<<
버스나 기차를 이용해 동해시로 곧장 갈 수도 있지만, 강릉역에서 출발하는 바다열차를 타고 묵호역에 내리면 좀 더 특별한 여행을 할 수 있다. 묵호역에서 묵호항은 도보 10분, 묵호항에서 묵호등대까지는 도보 20분 거리다.

● 맛집
묵호항 인근에서는 동백식당(033-532-0661)의 해물탕과 해물찜, 부흥횟집(033-531-5209)의 물회가 유명하다. 물곰식당(033-535-1866)의 곰치국과 오뚜기칼국수(033-532-3868)의 빨간 양념 칼국수도 괜찮다. 어달리회타운에서는 오부자횟집(033-533-2676)의 냄비물회와 서울성수횟집(033-533-8944)의 활어회, 동해바다곰치국(033-532-0265)의 생선구이가 맛있다.

● 숙소
묵호등대 바로 아래에 있는 묵호등대펜션(033-531-6777)을 추천하다. 묵호등대 일대에서 유일한 펜션이다. 숙소에서 방문만 열면 일출을 볼 수 있고, 방에 누우면 벽면 전체를 차지하는 창문으로 달빛이 새어 들어온다. 한겨울에는 펜션 정면으로 해가

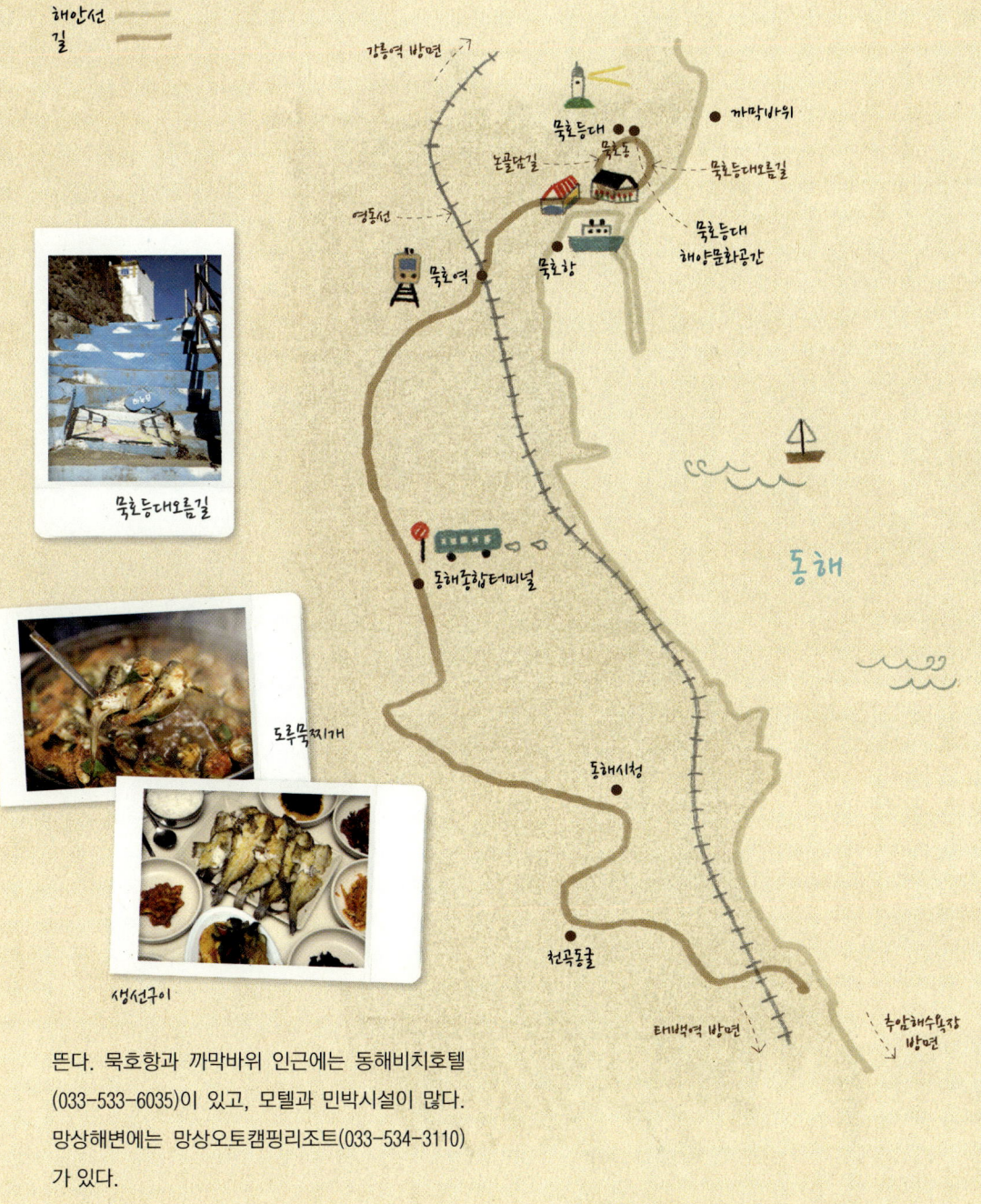

뜬다. 묵호항과 까막바위 인근에는 동해비치호텔(033-533-6035)이 있고, 모텔과 민박시설이 많다. 망상해변에는 망상오토캠핑리조트(033-534-3110)가 있다.

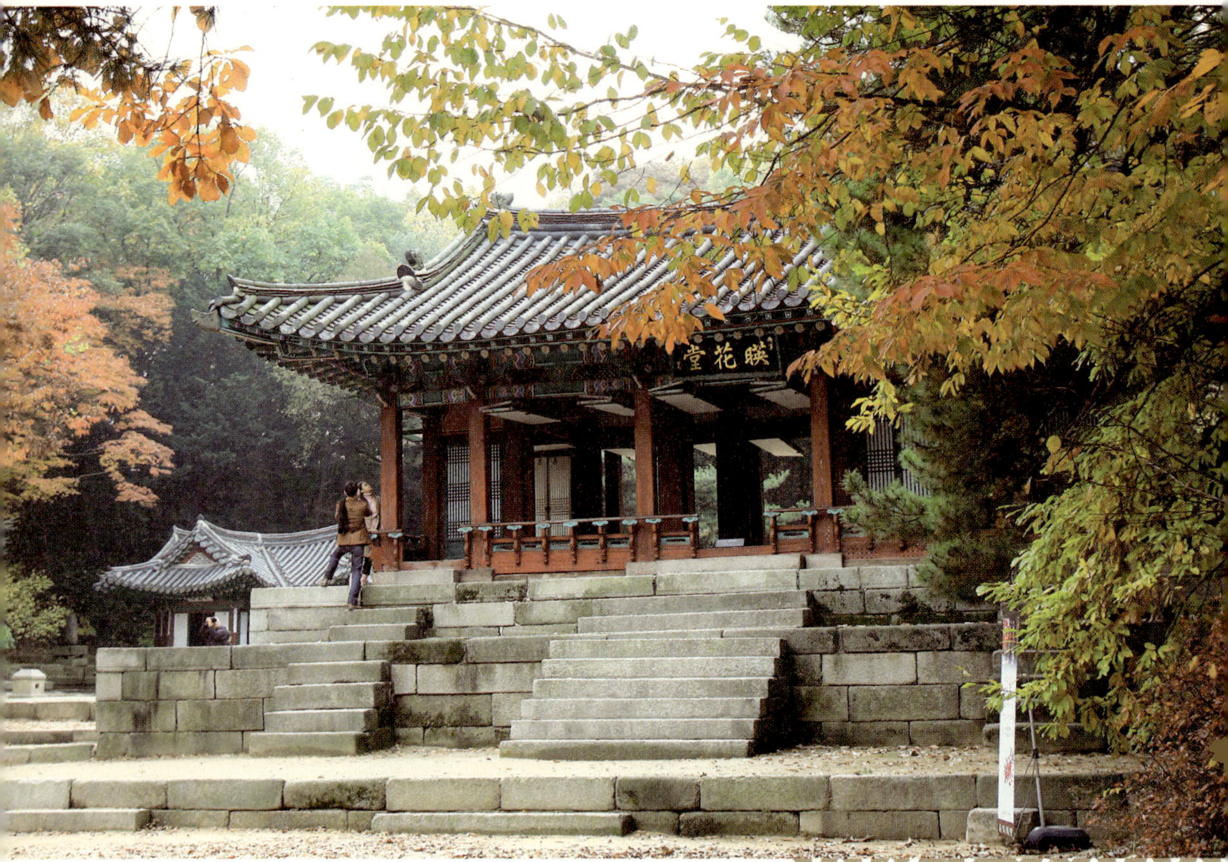

11월의
두번째 여행

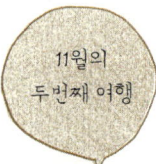

단풍에 취하고 인정에 끌리다,
서울 도심 산책

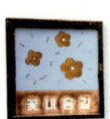

서울에서 단풍 명소를 꼽으라면 궁궐만한 곳이 없다. 그중에서도 단풍이 가장 아름다운 곳은 유네스코세계문화유산으로 등재된 창덕궁이다. 창덕궁을 둘러본 후, 계동길, 북촌한옥마을길, 인사동 골목길을 걸으면 가을을 한껏 만끽할 수 있다. 광장시장에서 마약김밥과 보리밥, 빈대떡과 막걸리로 마무리하는 것도 잊지 말자.

당일 코스
창덕궁 - 계동 - 북촌한옥마을 - 삼청동 - 인사동 - or 광장시장

점묘화를 닮은 단풍에 환호하다, 창덕궁

사람들과 얘기하다가 단풍 이야기가 나오면 창덕궁의 단풍을 봤냐고 묻는다. 보지 않았다면 말을 말라고 한다. 한껏 물오른 창덕궁 단풍을 본다면 웬만한 단풍은 눈에 차지 않을 것이기 때문이다.

창덕궁 안에서도 단풍이 으뜸인 곳은 후원의 관람지와 존덕지 권역이다. 후원에는 부용지, 애련지, 관람지, 존덕지 네 개의 연못이 있고, 저마다 그에 어울리는 정자들이 있다. 그 생김새는 제각각 달라도 연못 위에 정자가 비치는 풍경은 매한가지다.

관람지와 존덕지를 둘러싼 숲이야말로 단풍의 절정을 보여준다. 나무들은 노랑, 자주, 분홍, 보라, 연두, 초록, 주황 등 저마다의 단풍빛을 뽐낸다. 그중에서도 흔히 볼 수 없는 분홍빛과 보랏빛 단풍이 돋보인다. 고운 색으로 채색한 점묘화를 보는 듯하다. 관람객들은 안내원을 따라다녀야 한다는 사실을 잊고 기념촬영하기에 바쁘다. 단풍잎이 바람에 흩날리기라도 하면 첫눈이 내릴 때처럼 환호한다.

후원 북쪽 깊은 골짜기에는 옥류천이 있다. 후원 중에서도 자연과 건축물의 조화가 뛰어나 많은 임금들이 사랑했던 곳이다. 아늑한 숲 속에 소요정, 태극정, 청의정, 농산정, 취한정 등 5개의 정자가 이웃집처럼 모여 있다. 임금과 신하들은 소요암에 술잔을 띄우고 시를 지으며 여흥을 즐겼다.

Jan.
Feb.
Mar.
Apr.
May
Jun.
Jul.
Aug.
Sep.
Oct.
Nov.
Dec.

역사와 개성이 어깨동무를 하다, 계동길

창덕궁 돈화문을 나와 현대사옥이 있는 골목으로 들어서면 계동길이 이어진다. 계동과 주변의 재동, 가회동을 통틀어 북촌이라 한다. 북촌문화센터에 들르면 북촌에 대한 유용한 정보와 자료를 얻을 수 있다

계동길에 접어드는 순간, 낡은 지도 한 장을 펴 든 느낌이 들 것이다. 가회동 북촌한옥마을처럼 한옥이 몰려 있는 주택가이면서도 삼청동처럼 개성만점의 숍들이 곳곳에 자리를 잡고 있다. 계동의 길은 생선가시처럼 뻗어 있다. 큰 골목은 상가지대이고, 양옆으로 뻗은 작은 골목은 주택가다. 상점들은 대부분 오래된 단층이나 이층 건물이라 정겹고 편하게 느껴진다. 붉은 벽돌로 지어진 '최소아과의원'과 '문화당서점', 회색 타일로 지어진 '중앙탕'은 척 보기에도 이 동네 토박이처럼 보인다. 콧구멍만한 구멍가게, 옛날 과자를 파는 문방구, 고물상 같은 철물점, 허름한 '왕짱구식당'과 '이모네 분식점', 작은 한옥집을 개조한 피아노학원이 어린 시절을 떠오르게 한다. 서울 한복판에서 80, 90년대에 머물러 있는 동네를 발견한 기쁨은 엄마의 옷장에서 복고풍 옷을 발견했을 때의 기분과 같다.

계동길엔 젊은 주인장들이 운영하는 아트숍, 커피숍, 파스타식당, 갤러리, 옷가게들이 제법 있다. 그래서 숍마다 개성은 강하지만 막 전학 온 학생처럼 튀지 않고, 낡은 상점과 어깨동무하듯 제 자리를 잡고 있다. 숍들은 다락방처럼 아담하다. 70년대 풍의 '커피한잔', 밖에서는 안을 들여다볼 수 없는 '카페무이', 빈티지풍의 결정체인 '계동커피', 한옥 외벽에 폐휴대폰을 잔뜩 붙여놓은 '디아갤러리' 등 거리 자체가 갤러리다. 낡은 것이 지저분한 것이 아니라 빈티지로 발현되는 멋스러운 곳이다.

(위에서부터) 최소아과, 문화당서점, 중앙탕

(위) 계동 골목길 (오른쪽 위에서부터) 왕짱구식당, 이태리 면사무소(휴업), 커피한잔, 계동커피, 한옥게스트하우스

큰 길에서 작은 골목 안으로 들어가면 한옥 게스트하우스들이 많다. 한옥 게스트하우스는 주로 외국인들이 묵지만, 내국인도 이용 가능하다.

계동길의 끝에는 중앙중·고등학교(사적 제281-283호)가 있다. 유럽 건축양식으로 지어져 이국적이고, 역사가 오래되어 고풍스럽다. 3.1운동을 준비한 곳이라는 역사적 사실보다 드라마 〈겨울연가〉에서 배용준과 최지우가 다녔던 고등학교로 더 유명하다. 교문 앞 문방구 입구에는 일본인 관광객을 겨냥한 듯 욘사마와 지우히메를 비롯한 한류스타들의 사진이 가득하다.

(왼쪽) 북촌한옥길의 골목 풍경 (오른쪽) 한상수자수박물관

보고 듣고 맛보고 즐기다, 북촌한옥길

중앙고등학교를 바라보고 왼쪽 길로 오르다가 북촌로12길 이정표 앞에서 좌회전하면 가회동 11번지가 나온다. 계동길에서 한 블록을 건너왔을 뿐인데 100여 년의 시간을 거슬러 올라간 느낌이 든다. 꼬불꼬불한 골목 안에 한상수자수공방, 설경궁중복식공방, 가회민화공방, 동림매듭공방 등의 공방들이 오글오글 모여 있다. 이삼십 걸음만 옮기면 공방들이 차례로 나타난다.

가회새싹길에서 가회로를 건너 돈미약국을 끼고 북촌한옥길로 들어서면 가회동 31번지 '북촌한옥길'이 나온다. 북촌8경 중 4경이 이곳에 몰려 있다. 북촌한옥마을은 양옥과 한옥이 공존하는 퓨전 골목이다. 양옥이라 하지만 한옥의 느낌이 전혀 없는 것이 아니며, 한옥이라 해도 전통한옥은 아니다. 한옥이 늘어선 골목길 너머로 고층 빌딩숲이 보이는 것이 낯설지 않은 이유는 북촌한옥마을이 고전과 현대가 공존하는 완충지대이기 때문이다.

맹사성집터를 지나 북촌생활사박물관 앞에 이르면 돌계단길이 나온다. 이 계단이 북촌한옥마을과 삼청동의 경계이다. 계단을 모두 내려서는 순간 번화한 삼청대로가 눈앞에 펼쳐진다. 마치 시간을 뛰어 넘어 과거에서 현재로 온 듯한 기분이 든다.

삼청동에선 일찌감치 여유 있는 산책을 포기하는 게 좋다. 인도는 좁고 사람은 넘친다. 커피숍 '고센'과 '스와로브스키' 사이의 골목으로 들어가면 옛날에 궁에 물을 대던 복정우물터가 있던 복정길이 나온다. 집 담벼락에 삼청동 옛 지도가 그려져 있다. 이 골목 끝은 화개길로 이어진다. 화개길엔 주인장의 톡톡 튀는 개성이 돋보이는 숍들이 많다. 옷, 모자, 구두, 악세서리숍, 커피숍, 뜨개공방과 함께 우리 쌀로 만든 쌀떡볶이, 쌀떡꼬치, 식혜를 파는 쌀집이 눈길을 끈다. 정독도서관을 지나 감고당길로 넘어가면 달짝지근한 양념맛이 일품인 떡볶이집과 담백한 화덕피자로 유명한 피자집이 있다.

감고당길에서 큰 길 하나만 건너면 인사동 거리가 나온다. 인사동은 3.1운동의 시작지라는 역사적 의의를 지니고 있다. 지금은 병원, 가구점, 큰 한옥집들이 있었던 옛 모습이 사라지고, 작가들의 공방과 화랑, 필방, 고서점, 민속공예품, 전통찻집과 주점, 식당들이 즐비한 거리가 됐다.

계동에서 가회동, 삼청동을 거쳐 인사동까지 4개의 동네를 거치지만, 동선이 짧아 걷는 데 3시간이면 충분하다. 인사동에서 마무리를 해도 좋고, 왁자한 분위기를 더 즐기고 싶다면 전철이나 버스를 타고 광장시장으로 이동하면 된다.

(왼쪽 위) 삼청동 옛 지도
(왼쪽 아래) 화개길 풍년쌀농산
(오른쪽) 화개길 커피숍

품목도 먹을거리도 다양한 곳, 광장시장

광장시장은 1905년에 개장하였으니 역사가 깊다. '광장'은 광교와 장교 사이에 있다 하여 붙은 이름이다. 미로 같은 시장통 골목 안에 포목, 양복, 여성의류, 커튼, 침구, 수예, 나전칠기, 주방용품, 수입품, 건어물, 청과, 제수용품, 생선, 정육, 야채 등 없는 것이 없다. 샅샅이 둘러보려면 한나절은 걸린다.

다양한 품목만큼 먹을거리도 무궁무진하다. 시장 안에 차도 다닐 만한 넓이의 사거리가 있는데 그곳이 온통 먹거리장터다. 식사시간대가 되면 식당마다 빈자리가 없을 정도로 장사진을 이룬다. 광장시장에 들르면 꼭 먹는다는 마약김밥은 중독성이 강해서 '마약'이란 별칭까지 붙

(위) 광장시장 풍경 (왼쪽 아래) 빈대떡 (가운데 아래) 마약김밥 (오른쪽 아래) 대구탕

었다. 코를 톡 쏘는 겨자소스가 입맛을 돋운다. 철판에 자글자글 부친 두툼한 녹두빈대떡과 구수한 보리밥, 팔뚝만한 왕순대도 꼭 먹어봐야 할 음식이다. 죽, 활어회, 육회, 대구탕, 수수부꾸미, 순댓국도 안 먹고 돌아서기엔 아쉽다.

호박죽과 팥죽

Travel Tip

> **창덕궁 관람 안내**
> 문의: 02-762-8261 | 홈페이지: www.cdg.go.kr
> **개원: 일반관람** 2~5월, 9~10월 09:00~18:00, 6~8월 09:00~18:30, 11~1월 09:00~17:30 매표 및 입장시간 09:00~관람종료시간 1시간 전 까지,
> **후원특별관람** 한국어 1일 7회 진행(10:00~16:00), 안내원의 안내에 따라 관람을 제한한다.
> ※ 매년 '창덕궁 달빛기행' 프로그램을 운영한다. 사전 예약 필수.
> 문의: 02-3011-2158

> 안국역 2번 출구에서 재동으로 가다 보면 북촌관광안내센터가 있다. 계동, 가회동, 삼청동 일대 지도를 얻을 수 있다.

> **북촌문화센터**
> 문의: 02-2133-1371~2 | 홈페이지: http://bukchon.seoul.go.kr |
> 운영: 09:00~18:00(토 · 일요일은 ~17:00)

> 북촌8경: 북촌을 가장 잘 감상할 수 있는 지점 8곳에 포토스팟을 설치해두었다(북촌관광안내센터에서 주는 지도에 표시되어 있다).

> **중앙중 · 고등학교**
> 개방: 매주 토 · 일 09:00~18:00

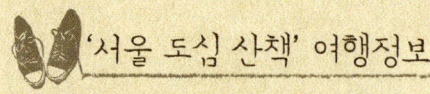

'서울 도심 산책' 여행정보

● **가는 길**

1 창덕궁
전철 3호선 안국역 3번 출구에서 도보 10분.

2 계동길
전철 3호선 안국역 3번 출구에서 직진 후 편의점에서 좌회전한다.

3 인사동
전철 3호선 안국역 6번 출구, 1호선 종각역 3번 출구, 3호선 종로3가역 1번 출구, 5호선 종로3가역 5번 출구로 나온다.

4 인사동 → 광장시장
전철 1호선 종각역 → 1호선 종로5가역 7, 8번 출구로 나온다.

● **맛집**

감고당길의 대장장이화덕피자(화덕피자 02-765-4298), 먹쉬돈나(떡볶이 02-723-8089), 삼청동의 삼청동수제비(수제비 02-735-2965), 청수정(홍합밥 02-738-8288), 눈나무집(김치말이국수 02-739-6742), Naye chocolat(02-720-2251), 광장시장의 원조마약김밥(02-2264-7668), 순희네빈대떡(빈대떡 02-2268-3344), 모녀횟집(활어회 02-2266-7718), 은성횟집(대구탕 02-2267-6813), 창신육회(육회 02-2266-6727), 영암보리밥(보리밥 02-2265-9351) 등이 유명하다.

● **숙소**

락고재(한옥게스트하우스 02-742-3410), 유진하우스(한옥게스트하우스 02-741-3338), 아미가모텔(굿스테이 02-3672-7970), 호텔앳홈(굿스테이 02-762-4343), 호텔썬비(굿스테이 02-730-3451) 등이 있다.

칼국수

이런 곳도 있어요!

인사동 가볼 만한 곳

수많은 상점 중에 콕 찍어서 볼만한 곳은, 우리나라에서 제일 오래된 책방인 '통문관', 옛날 물건 박물관인 '토토의 오래된 물건', 국내외 전통 목조각상을 소장한 '목인박물관', 국내 유일의 칼 박물관인 '나이프갤러리', 신세대감각의 수공예품을 파는 '쌈지길', 갤러리 '인사아트센터', 인사동에 하나밖에 없는 유기공방인 '납청놋전', 전통찻집인 '경인미술관 전통다원'과 '민가다헌', 옛날 화폐와 우표를 취급하는 '고전사', 세계 약 110여 종의 차를 맛볼 수 있는 '아름다운 차박물관' 등이다.

선비의 향기를 찾아가는 길,
함양 화림동계곡

11월의 세번째 여행

남덕유산에서 발원한 남강천은 서하면과 안의면을 지나면서 많은 못을 만들었다. 함양의 선비들은 그중 주변 풍광이 빼어난 8곳을 골라 주변에 정자를 지었다. 이 정자들이 위치한 곳이 바로 화림동花林洞계곡이다. 함양군은 최근 화림동에 있는 7개의 정자를 잇는 6.2km에 달하는 선비문화탐방로를 조성했다. 화림동 물길을 따라 걸으면서 옛 선비들의 풍류를 떠올려본다.

✕ 1박 2일 코스 ✕

운곡리 은행나무 -🚌- 화림동 선비문화탐방로 트레킹 -🚌- 개평리한옥마을(숙박) -🚌- 상림 -🚌- 서암정사

선비의 풍류를 찾아 떠나다

화림동계곡은 함양버스터미널보다 안의터미널에서 가깝다. 안의터미널에서 서하면행 시내버스로 갈아타고 가면 된다. 이 지역의 버스는 길에서 누군가 손을 흔들면 정류소가 아닌 곳에서도 태우고, 내려달라고 부탁하면 내려준다. 이것이 시골버스의 '정'이며 함양의 '인심'이다. 안의에서 시골길을 15분쯤 달리면 거연정휴게소에 도착한다.

휴게소에서 도로를 건너면 바로 거연정이 자리하고 있다. 정자는 계곡 한가운데 섬처럼 떠 있는 바위 위에 오뚝하니 올라앉아 있다. 철제 구름다리인 '화림교'를 통하지

Jan.
Feb.
Mar.
Apr.
May
Jun.
Jul.
Aug.
Sep.
Oct.
Nov.
Dec.

(왼쪽) 거연정 (오른쪽) 선비문화탐방로의 데크길

않고서는 건너갈 방도가 없다. 거연정 뒤로는 나지막한 산이 병풍처럼 둘려져 있고, 앞으로는 짙푸른 남강천이 흐른다. 거연정에 올라 못을 굽어보면 작은 물고기들이 시커멓게 떼를 지어 다닌다.

거연정에서 물길 따라 5분 정도만 내려가면 군자정이 있다. 거연정이나 동호정에 비해 외관이나 주변 풍광이 떨어지는 것이 아쉽다. 군자정과 거연정 사이에 있는 봉전교를 건너면 선비문화탐방로 데크가 나타난다. 이후로는 산기슭을 타고 계곡을 바라보며 걷는다. 안전한 숲길 구간에서는 데크가 사라지고 흙길이 이어진다. 남강천과 보조를 맞추어 걷는 발걸음이 경쾌하다.

❁ 정자에 서린 선인들의 기상을 느끼다

영귀정을 지나면서부터 계곡길이 사라지고 풀숲길과 시멘트길이 번갈아 이어진다. 다곡교 앞을 지나면 들녘과 과수원이 차례로 나타난다. 침목 사이에 자갈을 깔아놓은 철길과 같은 길도 걷게 된다. 자갈길 옆으로 보랏빛 들국화가 소담스럽게 피어 있다. 계곡을 가로지르는 다리와 잠수교를 건너 10여 분 걸으면 계곡 건너편으로 동호정이 보인다.

동호정으로 가려면 계곡을 가로지르는 징검다리를 건너야 한다. 징검다리의 폭이 넓어서 무리해서 건너지 않는 게 좋다.

동호정
가는 길에
있는 다리

(왼쪽) 잔잔히 흐르는 남강천
(오른쪽) 너럭바위를 굽어볼 수 있는 동호정

　동호정 아래의 못은 쪽물을 들인 듯 짙푸르다. 굽어보고 있으면 머리털이 곤두선다. 화림동의 물빛이 푸른 구슬과 같아서 '옥류수'라 했다는데 그 말이 틀림없는 듯하다. 동호정의 계단은 통나무를 도끼로 찍어 발 디딜 홈을 만든 도끼별인 것이 특색이다. 동호정 앞의 거대한 너럭바위는 요를 깔아 놓은 것처럼 편평한데다가 빛이 잘 들어 해바라기하기에 좋다.
　동호정 왼쪽에 있는 징검다리를 건너 솔숲을 지나면 낙엽이 수북이 덮인 숲길과 논두렁길, 대여섯 가구가 사는 호성마을이 나타난다. 호성마을을 지나 남천정 앞에서 잠수교를 건넌다. 추수를 마친 들녘을 가로지른다. 막 자라기 시작한 마늘과 수확을 앞둔 배추가 텅 빈 들녘에 푸릇한 생기를 돋운다. 오후가 무르익어 갈수록 걷는 이의 그림자가 길게 눕는다.
　거연정에서 동호정에 이르기까지 세차게 흐르던 남강천이 농월정 가까이에 이르자 호수처럼 잔잔해진다. 남강천의 잔물결이 햇살을 받아 은비늘처럼 반짝인다. 농월정은 화림동에서도 가장 운치 있는 정자였다는데 소실되었으니 참으로 안타까운 일이다. 농월정은 사라졌어도 주변 풍광은 여전히 아름답다. 물놀이하기에도 좋아 여전히 많은 여행객들이 찾는다. 농월정 맞은편에 버스정류소가 있으니 이곳에서 버스를 타고 함양 읍내로 나가면 된다. 화림동계곡길은 아직은 유명세를 타지 않아 호젓한 걷기를 즐길 수 있다. 옛 선비들처럼 심신수양을 원하는 트레커들에게 추천한다.

후한 인심에 마음이 훈훈해지다, 개평리한옥마을

함양이 '선비의 고장'이란 명성을 얻는데 일조한 사람이 일두 정여창(1450~1504)이다. 지곡면 개평리한옥마을에 가면 그의 고택과 묘소, 그리고 서원이 있다.

마을 안에는 정여창고택 외에 '오담고택', '하동정씨고가', '풍천노씨대종가', '노참판댁고가' 등 종가와 고택 60여 채가 남아 있다. 전통한옥마을이라 해도 가보면 새로 짓거나 현대식으로 개량한 한옥이 대부분인데 비해 이 마을에서는 수백 년 된 전통한옥이 원형을 그대로 보존하고 있다. 종가의 종손이나 종부들이 대를 이어 집을 잘 지킨 덕분이다.

개평리한옥마을은 돌담길도 멋스럽다. 돌이끼와 돌옷이 두텁게 덮인 낡은 돌담길은 어디서도 찾아보기 힘든 옛 모습 그대로이다.

집집마다 대문이 열려 있다. 이방인이 문 앞에서 기웃거려도 주인장은 불쾌해 하지 않는다. "구경 좀 해도 되나요?" 물으면 흔쾌히 허락한다. 심지어 음식을 내어 오기까지 한다. 요즘 찾아보기 힘든 후한 인심에 대문을 나서는 맘이 훈훈해진다.

(왼쪽) 개평리한옥마을의 인심 좋은 주민들
(오른쪽 위) 개평리 돌담길
(오른쪽 아래) 돌담을 덮은 돌이끼

몽환의 숲에 들다

상림은 최치원이 함양태수로 있으면서 조성한 인공숲이다. 이 숲은 사계절 모두 아름답지만 그 중에서도 한 계절만 콕 짚는다면 단풍 들고 낙엽이 질 무렵이다. 은행나무, 노간주나무, 생강나무, 백동백나무, 비목나무, 개암나무 등 40여 종의 나무들마다 제각각 단풍물이 들면 아득해질 정도로 황홀하다. 바삭바삭 소리를 내며 낙엽을 밟는 맛도 일품이다.

상림은 위천을 끼고 있기 때문에 숲에 새벽 물안개가 자주 피어오른다. 해가 떠올라 물안개가 사라지기 전에 산책을 나서면 몽환적인 분위기의 상림을 만날 수 있다.

상림의 만추 풍경

Travel Tip

> **함양문화관광** 문의: 055-960-5114 | 홈페이지: http://tour.hygn.go.kr

> **상림숲 관광안내소** 문의: 055-960-5756

> 거연정휴게소에서 농월정까지(6.2km) 매점이 없으니 간식과 생수를 준비한다.

> 동호정 앞의 계곡물이 많이 불어나 있으면 왔던 길을 거슬러 올라가 잠수교를 건너 동호정으로 가야 한다. 물이 많이 불었다 싶으면 아예 잠수교를 건너는 것이 낫다.

> 농월정에서 함양 읍내로 나가는 버스를 기다리는 동안 농월정 관광단지 안의 식당에서 잔치국수 한 그릇 먹는 것도 좋다.

> 상림은 이른 아침에 들르는 것이 좋으므로 둘째 날 첫 일정으로 잡는 것이 좋다.

> 서하면 운곡리마을에 수령이 천 년이 넘은 은행나무가 있다. 시간 여유가 있다면 꼭 들러볼 만하다. 거연정휴게소에서 서하면 방면으로 조금만 들어가면 된다. 은행나무를 보고 나오는 길에 선비문화탐방로를 걷는 방법이 가장 좋다. 운곡리행 버스 운행 횟수가 적으니 미리 체크해둔다.

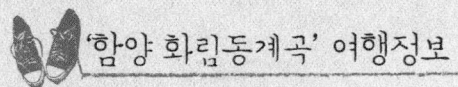
'함양 화림동계곡' 여행정보

● 가는 길

1 서울 → 함양
동서울터미널에서 함양시외버스터미널까지 버스 1일 8회 운행(07:00~17:30, 3시간~3시간20분 소요).
문의: 함양시외버스터미널 055-963-3745

2 서울 → 안의
서울남부터미널에서 안의시외버스터미널까지 버스 1일 10회 운행(07:30~18:10, 3시간 소요).
문의: 안의시외버스터미널 1666-0488

3 함양 읍내 → 서하면
함양시외버스터미널에서 서하/서상행 버스(1일 22회 운행, 07:00~19:00) 탑승 후 서하정류소에서 하차(1시간 30분 소요).
문의: 함양시외버스터미널 055-963-3745

4 농월정 → 개평리한옥마을
동원가든정류소에서 지곡행 농어촌버스(1일 14회 운행, 07:30~19:00) 탑승 후 오평정류소에서 하차. 개평한옥마을까지 도보 약 12분.
문의: 함양군내버스터미널 055-963-3745~6
홈페이지: 함양군청 버스조회서비스 http://tour.hygn.go.kr

5 함양 읍내 → 상림
버스가 없다. 도보로 25분 정도 걷거나 택시를 이용한다(요금은 5~6천 원). 상림에서 나올 때에는 택시가 거의 없으므로 콜택시를 부르는 게 낫다.
문의: 함양택시 055-963-2400

6 함양 읍내 → 서하면 운곡리 은행나무
함양시외버스터미널에서 운곡행 버스(1일 5회 운행, 06:20~18:30)탑승 후 은행정류소에서
문의: 함양시외버스터미널 055-963-3745
홈페이지: http://tour.hygn.go.kr

● 맛집
함양은 갈비찜과 갈비탕이 유명하다. 안의버스터미널 지척에 있는 안의원조갈비집(055-962-0666)은 갈비찜을 잘한다. 상림 인근에는 연꽃(해물모듬찜 055-963-0848), 늘봄가든(오곡정식 055-963-7722), 옥연가(백연밥상 055-963-0107)가 있다. 군청 인근에 있는 조샌집(055-963-9860)은 민물고기를 삶은 육수에 국수를 말아주는 어탕국수가 유명하다. 함양시외버스터미널 근처 동바리해장국(055-962-0094)의 선지해장국도 추천할 만하다.

● 숙소
함양시외버스터미널 인근에 엘도라도모텔(055-963-9449), 하야트모텔(055-962-9696)이 깨끗하다. 상림 바로 앞에는 숙소가 거의 없다. 별궁장(055-963-7980)은 아침식사가 가능하다. 한옥체험관으로 개평리한옥마을에 정일품명가(1577-8958), 화림동 인근에 아름지기함양한옥(055-963-8798)이 있다. 농월정 국민관광지에는 농월장(055-963-1933)이 있다.

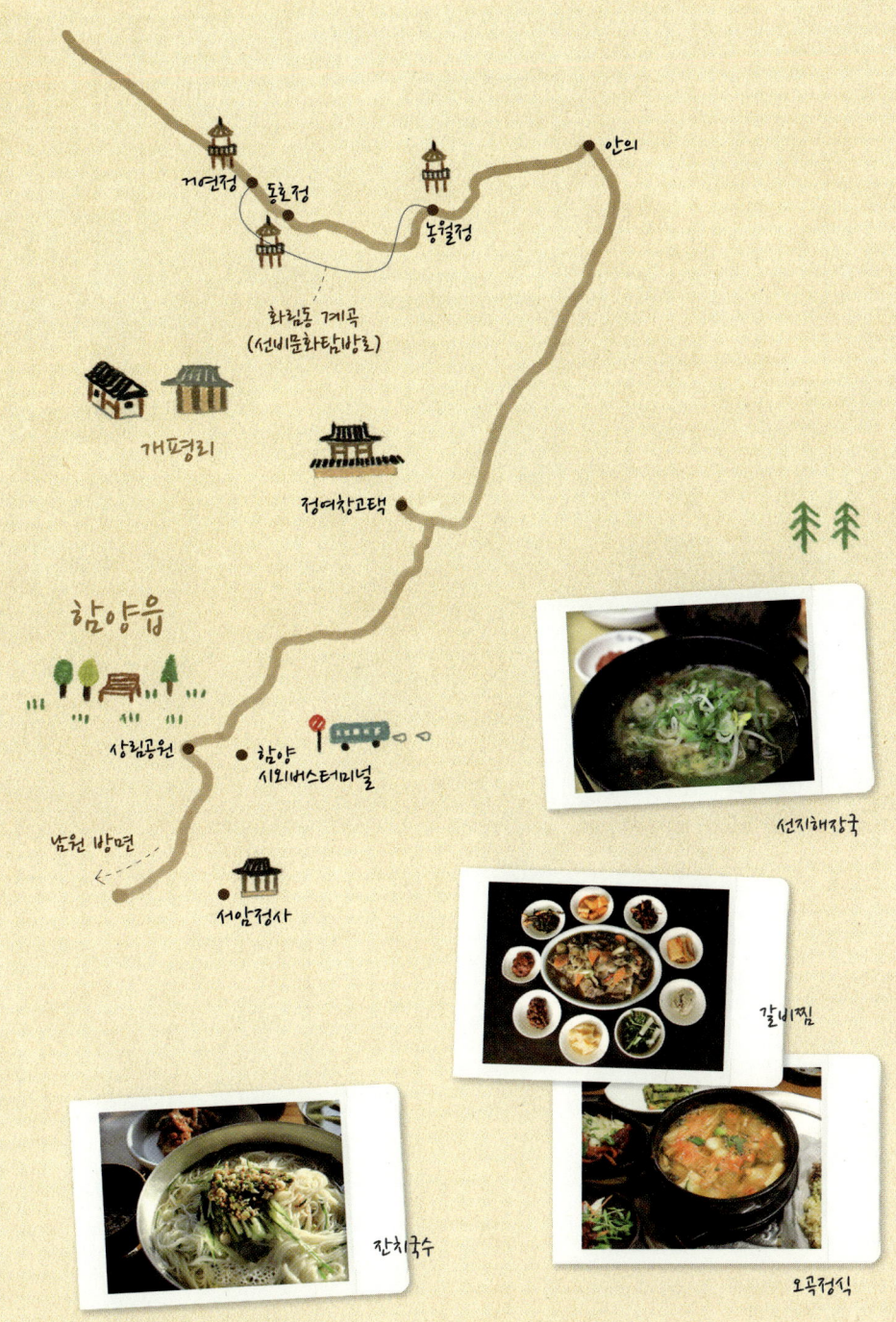

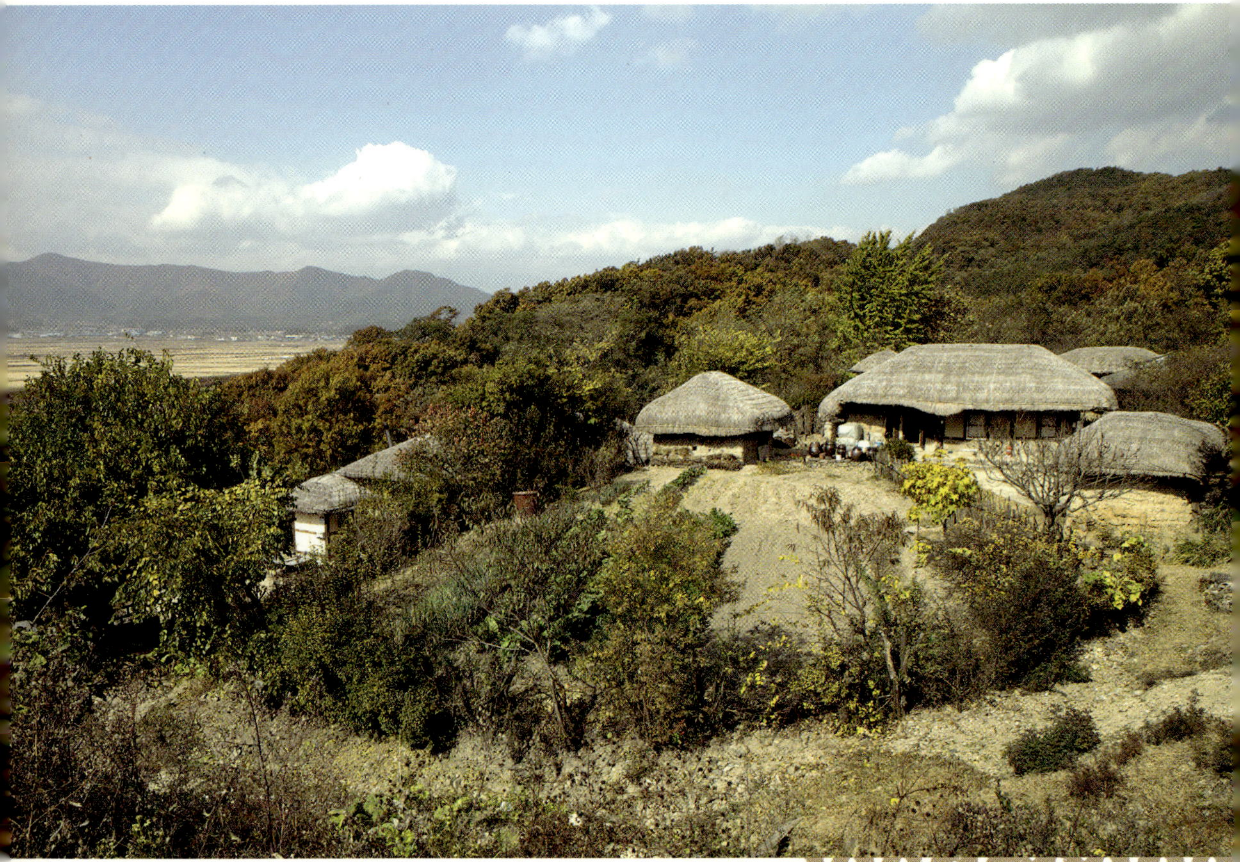

신라천년고도에서 조선을 만나다, 경주 양동마을

이제껏 경주하면 으레 신라를 떠올렸다. 그런데 조선시대 전형적인 양반마을인 양동마을이 2010년 유네스코 선정 세계문화유산에 등재되면서 경주 속 조선시대 문화유적이 뒤늦게 빛을 발하게 되었다. 경주 안에서 만나는 조선시대의 모습은 어떨지 기대하면서 출발 전부터 마음이 달뜬다.

1박 2일 코스

양동마을 - 독락당 - 옥산서원 - 도심문화유적답사

조선시대 양반마을을 찾아서

　　서울에서 KTX를 타면 2시간 10분 만에 신경주역에 도착한다. 신경주역 앞에는 경주 시내와 양동마을로 가는 버스들이 수시로 들락거린다. 거기서 203번 버스를 타고 양동마을로 향한다. 마을의 첫인상은 오랜만에 들른 고향처럼 푸근하다. 곰삭은 청국장 냄새가 날 것 같다. 차분한 마을 풍경에서 야단법석인 관광지가 아니라 주민들의 삶의 공간임을 느낄 수 있다.

　　양동마을은 15~16세기 이후로 월성 손씨와 여강 이씨 두 가문이 대대로 살아온 조선시대 양반마을이다. 마을의 형세를 보면 서창산에서 내곡, 물봉골, 거림, 하촌의 4개 골짜기가 勿자 모양으로 뻗어내려 있고, 그 골짜기 산기슭에 집들이 지어져 있다. 추수를 마친 논 뒤로 초가집과 기와집이 퍼즐처럼 지붕을 맞대고 있고, 그 뒤에 자리한 서창산이 마을을 포근히 보듬고 있다.

　　마을길은 오리발처럼 뻗어 있다. 고샅길이 비탈을 따라 오르락내리락하기를 수차례 반복한다. 한나절 안에 양동마을을 전부 돌아보기는 어려우니 욕심을 버리고 동네를 산책하듯 슬렁슬렁 거닌다. 천천히 걷

Jan.
Feb.
Mar.
Apr.
May
Jun.
Jul.
Aug.
Sep.
Oct.
Nov.
Dec.

다 보면 비로소 돌담 아래 핀 연보라, 흰색, 노란색의 들국화가 눈에 들어온다. 볕이 잘 드는 마당에 빨래를 널러 나온 할머니와 반갑게 눈인사를 나누고, 은행나무 아래에 서서 은행잎 비가 내리길 기다려보는 여유도 생긴다.

양동마을 전경을 보려면 마을 꼭대기로 올라가야 한다. 경사가 급해 거의 등산 수준이다. 하늘이 탁 트인 언덕에 서면 마을이 미니어처처럼 작게 보인다. 가옥들이 숲속에 지어진 새집처럼 나무들에 둘러싸여 있다. 집집마다 심어놓은 은행나무와 단풍나무가 마을을 삼색경단처럼 알록달록하게 장식한다. 언덕 아래 위치한 초가삼간 앞마당 양지바른 곳에 올망졸망 늘어선 장독들이 정겹다. 장독 안에 담긴 된장, 고추장이 가을볕에 사부작사부작 익어간다.

(위) 조선 중기 문신 우재 손중돈의 옛집인 관가정(보물 제442호)
(아래) 양동마을은 15~16세기부터 월성 손씨와 여강 이씨가 대대로 살고 있는 조선시대 양반마을이다.

(왼쪽) 옥산서원 협문으로 강당인 구인당이 보인다. (오른쪽) 독락당 계정

멀리 있는 벗을 찾아가다, 옥산서원과 독락당

양동마을에서 버스로 20분 정도 가면 옥산서원과 독락당이 있다. 옥산서원(사적 제154호)은 이언적을 배향한 서원이고, 독락당(보물 제413호)은 이언적이 벼슬을 그만두고 고향에 내려와 머물던 집이다.

독락당은 개인 소유지라 내부 관람이 쉽지 않다. 독락당獨樂堂이라는 이름이 허투루 지어진 것이 아닌 듯하다. 아쉬운 발걸음을 돌려 독락당 뒤로 흐르는 자계천으로 내려간다. 하천 주변으로 나무가 울창하다. 가을에는 단풍이 절정이다. 징검다리를 깡충깡충 뛰어 개울을 건넌다. 개울 건너편에 자리한 독락당 계정溪亭의 분위기가 고졸하다. 너럭바위 위에 축대를 쌓고, 그 위에 다소곳이 올라앉아 있다. 계곡을 좀 더 품어볼 요량으로 누각을 계곡 쪽으로 한 발짝 뺐다. 그리곤 자계천 너럭바위 위에 다리를 걸치고 있다. 독락당 절경을 보며 감탄하는 것은 인지상정이다.

독락당을 뒤로하고 옥산서원으로 향한다. 걸어서 10분이면 충분하다. 자계천은 옥산서원까지 이어진다. 계곡을 가로지르는 외나무다리를 건너 옥산서원 정문인 역락문 앞에 선다. 역락문은 〈논어〉에 나오는 문구인 "유붕자원방래, 불역락호(有朋自遠方來 不亦樂乎; 벗이 멀리서 찾아오니 기쁘지 아니한가)"에서 따온 이름이다. 문을 열고 들어가면 양동마을의 가옥들과 마찬가지로 내부가 ㅁ자 형태를 띠고 있다. 규모는 작지만 강당인 구인당은 볕도 적당히 들고, 아늑하고 고요하다.

경주의 가을은 감물처럼 은은하다, 도심문화유적답사

경주 도심은 통일신라시대를 재현해놓은 것 같다. 유적들이 밀집해 있기에 얼마 걷지 않아도 대릉원, 첨성대, 안압지, 계림, 월성 등 국보급 유적들이 툭툭 튀어나온다.

버스터미널에서 대릉원까지는 걸어서 10분 정도 소요된다. 대릉원 안에는 신라 초기의 무덤 30기가 모여 있는 황남리 고분군이 있다. 동산만한 고분들 사이를 걷다 보면 거인국의 걸리버가 된 기분이 든다.

대릉원을 나와 차도를 건너면 첨성대가 코앞이다. 잔디밭 중앙에 버티고 서 있는 첨성대의 모습이 다부지고 당당하다. 밤에는 첨성대와 대릉원 주변에 조명이 켜진다. 휘영청 보름달이라도 뜨는 날에는 산책하기에 더할 나위 없이 좋다.

첨성대에서 월성(반월성)으로 가는 도중에 계림을 만난다. 계림은 경주 김씨의 시조인 김알지가 태어난 곳이라고 전해온다. 전설대로라면 계림은 천년 숲이다. 용트림하듯 휘어진 나무들은 세월을 느끼게 한다. 바닥에 낙엽이 수북이 쌓였는데도 나뭇가지엔 여전히 단풍잎이 무성하다. 계림의 가을빛은 감물들인 삼베처럼 은은하다.

계림을 지나 언덕을 오르면 신라시대 궁궐인 월성이 있다. 지형이 초승달처럼 생겨서 월성(반월성)이라 불린다. 옛 궁궐은 사라지고, 빈 터만 남았다. 자전거를 탄 사람들이 풀밭 사이로 난 산책로를 여유롭게 달린다. 걷는 사람과 자전거가 서로 양보하며 길을 함께 나눈다.

황홀한 안압지 야경

계림 맞은편에는 안압지가 있다. 안압지(임해전지)는 신라 문무왕 때 궁궐 안에 조성했던 연못으로 나라에 경사가 있거나 귀한 손님을 맞을 때 연회를 베풀던 곳이다. 안압지 위로 전각과 산책로에 늘어선 나무들의 그림자가 봄날 아지랑이처럼 아롱거린다.

안압지를 나와 5분 정도 걸으면 경주국립박물관에 닿는다. 경주국립박물관은 꼭 들러 보아야 할 곳 중 하나다. 박물관 야외 정원에 국보인 성덕대왕신종과 고선사터 삼층석탑이 있다. 전시관에는 천마총과 황남대총에서 발굴한 금관, 관모, 금제 허리띠, 금목걸이를 비롯하여 기마인물형토기, 토우장식장경호 등 국보 13점을 전시하고 있다. 모두 진품이어서 유물의 섬세함과 품격이 고스란히 느껴진다. 박물관 관람 후 능지탑과 선덕여왕릉, 신문왕릉까지 이어 걸어도 좋다.

(위) 국립중앙박물관의 금모자
(아래) 야간조명이 켜진 첨성대

Travel Tip

> **양동마을** 문의: 070-7098-3569 | 홈페이지: http://yangdong.invil.org

> 양동마을에서는 마을해설프로그램을 운영한다. 사전 예약 필수.

> 양동초등학교 옆에 관광안내소가 있다. 양동마을 지도를 얻을 수 있다.

> 독락당 인근에 있는 정혜사지13층석탑(국보 제40호)도 들러보자. 통일신라시대 석탑으로 정형화된 탑 양식을 벗어났다.

> 경주 사적지 종합이용권을 이용하면 유료 사적지 6곳의 관람료를 절약할 수 있다. 종합이용권은 8천 원이며, 대릉원, 동궁과 월지, 포석정지, 오릉, 김유신의묘, 무열왕릉에서 판매한다. 대릉원, 동궁과 월지 2개소만 관람할 수 있는 관람권(4천 원)도 있다.

> 안압지, 첨성대, 대릉원에는 야간조명이 켜진다. 오후 10시까지 관람 가능.

> **경주시티투어** 문의: 천마관광 054-743-6001 |
예약 홈페이지: www.gyeongjucitytour.com

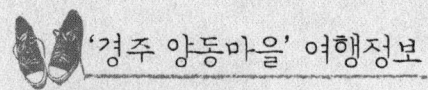
'경주 양동마을' 여행정보

● 가는 길

1 서울 → 경주
①서울고속버스터미널에서 경주고속버스터미널까지 버스 1일 18회 운행(4시간 소요).
②서울역에서 신경주역까지 KTX 매일 27회 운행, 2~2시간 25분 소요. 신경주역 앞에서 버스를 타고 경주 버스터미널까지 이동하면 된다. 약 35분 소요.

2 경주역 → 양동마을
버스 203번(1일 10회 운행, 08:50~19:50) 양동마을행을 타고 양동마을에서 하차(1시간 5분 소요).
문의: 경주 시내버스 운행회사 천년미소 054-742-2690

3 신경주역 → 양동마을
버스 203번(1일 10회 운행, 08:50~19:50) 양동마을행을 타고 양동마을에서 하차(1시간 40분 소요).
※ 신경주역에서 안강역행 무궁화호로 환승하여 안강역에 하차해도 된다. 안강역에서 양동마을까지는 차로 5분 거리.
※ 203번 버스 노선(신경주역 출발 → 경주고속버스터미널 → 양동마을 → 안강터미널 → 옥산서원, 독락당).

4 양동마을 → 옥산서원
버스 203번(1일 10회 운행, 08:50~19:50)중마을행을 타고 옥산2리 정류소에서 하차(40분 소요).

5 옥산서원 → 양동마을
버스 203번(1일 10회 운행, 08:50~19:50) 신경주역행을 타고 양동마을에서 하차(40분 소요).

6 독락당 → 경주고속버스터미널
버스 203번(1일 10회 운행, 08:50~19:50) 신경주역행을 타고 고속버스터미널정류소에서 하차(1시간 45분 소요).

● 맛집

양동마을 인근 맛집으로는 전통 한정식 전문점인 우향다옥한정식(054-762-8096), 거림식당(청국장 054-762-4201), 백리향(칼국수 054-762-7110), 초원식당(연밥정식 054-762-4436)이 있다. 경주 전통 한정식으로 이름난 요석궁(054-772-3347), 대릉원 앞의 이풍녀 구로쌈밥(054-749-0600)과 팔우정 일대 해장국골목이 유명하다. 보문단지 입구의 전통맷돌순두부(054-743-0111)도 추천할 만하다. 간식거리로는 황남빵(054-749-7000)과 단석가 찰보리빵(054-741-7520)이 있다.

● 숙소

양동마을 안에 한옥 체험 민박집이 많다. 경주 시내에는 숙박업소들이 많다. 보문단지 안에 호텔들이 밀집해 있다. 힐튼호텔(054-745-7788), 현대호텔(054-748-2233), 코오롱호텔(054-746-9001), 조선코모도호텔(054-745-7701), 스위트호텔(054-778-5300), 콩코드호텔(054-745-7000) 등이다. 좀 더 특별한 숙소를 찾는다면 신라밀레니엄파크 안에 있는 고품격 한옥호텔 라궁(054-778-2000)을 추천한다.

눈꽃이 몽실몽실 피어나는 겨울 여행지

WINTER

겨울에는 어디를 갈까?

월	메인 여행지	여행 테마	대중교통편	여행일수
12월	순천 낙안읍성	생태여행	🚌	1박 2일
	부안 내소사	설경	🚌	1박 2일
1월	여수 무박 열차여행	일출	🚌🚆	무박 2일
	 울산 대왕암	겨울바다	🚌🚆	1박 2일
	속초 아바이마을	겨울여행	🚌	당일
2월	영월 요리골목	영화촬영지	🚌🚆	당일
	인천 개항장누리길	근대역사문화유적	🚌	당일

WINTER

초가집에서의 특별한 하룻밤, 순천 낙안읍성

12월의 첫번째 여행

찬 서리가 내리기 시작하면 시골 할머니 댁의 뜨뜻한 구들목이 그리워진다. 온돌처럼 따뜻한 정이 그리울 때 찾아가면 좋을 만한 곳이 바로 순천의 낙안읍성이다. 그곳에 가면 쪽머리를 한 할머니가 동구 밖까지 나와 반겨줄 것 같고, 고샅길엔 댕기머리를 한 아이들이 숨바꼭질을 하고 있을 것만 같다.

※ 1박 2일 코스 ※

순천만생태공원 – 생태체험선 투어 – 용산전망대 – 낙안읍성민속마을(숙박)
– 벌교 꼬막과 태백산맥문학관

조선시대로 돌아가다

낙안읍성은 조선 태조 때 축조된 이후로 줄곧 조선시대에 머물러 있다. 마을을 둘러싼 성벽은 과거와 현재의 시공간을 가른다. 사람이 살지 않는 민속촌이나 촬영세트장과는 달리 사람들이 실제로 생활하는 공간이기에 낙안읍성의 가치는 매우 크다.

낙안읍성민속마을은 서민들이 모여 살던 마을이기에 가옥은 대부분 초가집이다. 기와지붕을 얹은 것은 관청 건물 몇 채뿐이다. 동그란 형태의 성벽 안에 초가집들이 올망졸망 모여 있는 모습이 바구니 안에 표고버섯이 가득 담겨 있는 것처럼 소담스럽다.

그렇기에 마을에서 하룻밤 묵어보지 않으면 낙안읍성의 참모습을 결코 느끼기 힘들다. 마을 안에는 민박집이 많으니 숙박 걱정은 하지 않아도 된다. 민박의 시설은 옛날 초가집보다 약간 나은 수준이다. 부뚜막이 있는 부엌, 엉덩이를 간신히 걸칠 수 있는 아담한 툇마루, 허리를 숙여야만 출입할 수 있

낙안읍성 초가민박집

Jan.
Feb.
Mar.
Apr.
May
Jun.
Jul.
Aug.
Sep.
Oct.
Nov.
Dec.

는 창호문, 두 사람이 누우면 꽉 차는 작은 방, 겨울바람에 덜컹대는 들창에 적응해야 한다.

낙안읍성에 머무는 동안에는 시계를 볼 일이 없다. 방문 틈으로 불빛이 새어나오고, 초가지붕 위로 구수한 밥 냄새를 풍기는 김이 피어오르기 시작하면 초저녁이 된 것이다. 지붕 위에 창백한 달이 떠오르면 밤이고, 이웃집 소리꾼의 노랫가락이 잦아들면 잠자리에 들 시간이다. 수탉의 울음소리가 들리면 동 틀 무렵이다.

이른 아침, 안개가 자욱하게 깔린 고샅길을 산책하는 것도 빼놓을 수 없는 즐거움이다. 눈물이 찔끔 날 정도로 싸한 아침 공기가 머릿속을 정화시킨다. 돌담을 끼고 이어진 길이 꼬불꼬불 마을 안으로 흘러 들어간다. 마을 북쪽에는 사신들이 머물렀던 객사와 지방행정업무를 처리했던 동헌, 낙안읍성민속마을의 각종 유물이 전시되어 있는 낙안민속자료관이 있다.

아침 산책을 마치고 나면 식당들이 문을 열기 시작한다. 가마솥에서 김이 모락모락 나는 모습만 보아도 식욕이 절로 돈다. 낙안읍성에는 '낙안팔진미'라는 것이 있다. 무, 미나리, 석이버섯, 녹두묵, 민물고기, 더덕, 고사리, 도라지 등 8가지 재료들로 만든 음식들을 맛볼 수 있다. 상다리가 휘어지도록 차려진 밥상 위에서 숟가락, 젓가락이 바삐 움직인다. 팔진미밥상을 게 눈 감추듯 비운 후에는 성벽을 따라서 한 바퀴 둘러본다.

(왼쪽) 낙안읍성 관가 (오른쪽) 낙안읍성 성곽

(왼쪽) 순천만의 흑두루미
(오른쪽) 순천만 와온해변 솔섬 일몰

철새는 어김없이 돌아온다, 순천만

매년 겨울, 낯익은 손님들이 순천만을 찾는다. 우리나라에서 겨울을 나기 위해 러시아에서부터 날아온 흑두루미, 청둥오리, 흰죽지, 고방오리, 먹황새, 노랑부리저어새 등의 철새들이다. 순천만은 갈대가 군락을 이루고 있어 은신처로 적당하고, 먹이가 풍부하기 때문에 철새들에게는 최적의 보금자리이다.

갈대밭 사이에 조성된 산책로에서도 철새들을 간혹 볼 수 있지만 대대포구에서 생태체험선을 타면 좀 더 자세히 볼 수 있다. 순천만의 대표 조류인 흑두루미가 덩치가 작은 새들 위로 긴 부리와 다리를 뽐내며 우아한 날갯짓으로 비행한다. 차가운 얼음 위를 줄지어 뒤뚱뒤뚱 걸어가는 중부리도요와 흰뺨검둥오리, 매서운 추위를 견디기 위해 몸을 동그랗게 웅크린 채 다닥다닥 모여 있는 청둥오리들의 모습은 애처롭기까지 하다.

순천만 여행의 백미는 뭐니 뭐니 해도 용산전망대에서 바라보는 일몰이다. 전망대에 오르기 위해서는 무진교를 건너야 한다. 무진교 아래에는 230만㎡(약 70만 평)의 갈대밭이 펼쳐져 있다. 데크 산책로가 갈대밭을 지그재그로 가르마 타듯 이어진다. 어른 키보다 높이 자란 갈대밭에 바람이 분다. "쏴악 샤샤샤"하는 소리는 소낙비가 내리는 것 같기도 하고, 싸리비로 마당을 쓰는 것 같기도 하다. 눈을 감으니 야단법석을 떠드는 소리가 들린다. 한겨울 순천만은 모두 잠는 듯 고요하지만, 가만히 귀 기울여 보면 생물들의 부산한 삶을 감지할 수 있다.

산책로가 끝나는 지점에서 용산전망대까지는 2.5km로 40~50분 정도 오르막을 올라야 한다. 순천만 S자 수로와 갈대 군락 위로 붉게 떨어지는 해를 보고 있노라면 자연의 경이로움 앞에 두렵기까지 하다. 용산전망대 일몰이 식상하다면 순천만 와온해변을 추천한다. 솔섬 뒤로 지는 일몰 또한 장관이다. 떨어지는 해를 두 손으로 받쳐 들 수 있을 것 같이 생생하다.

순천만 갈대밭 풍경

입 안에서 향긋한 바다향이 감돌다

순천과 벌교는 이웃이다. 순천을 여행하면서 벌교 참꼬막맛을 보지 못하고 돌아온다면 여간 섭섭한 일이 아니다. 참꼬막은 겨울이 제철인데다가 꼬막 중에선 벌교산을 최고로 쳐주기 때문이다. 벌교 참꼬막이 맛있는 이유는 벌교 앞바다 여자만 개펄에 모래가 섞여 있지 않고, 오염되지 않아서라고 한다. 참꼬막을 삶는 데 있어 가장 중요한 것은 물을 넣지 않고

(왼쪽) 속살이 탱글탱글한 벌교 참꼬막 (오른쪽) 푸짐하게 한 상 차려진 꼬막정식

꼬막 자체의 수분으로 익히는 것이다. 그래야 터질듯 탱글탱글한 꼬막의 육즙이 그대로 살아 있다. 껍질을 깐 후 입에 대고 후룩 마시듯이 입 안에 넣어야 제 맛을 느낄 수 있다. 잘 삶긴 꼬막에서는 향긋한 바다향이 감돈다. 짭조름한 벌교 참꼬막 한 접시에 겨울 여행의 참맛을 느낀다.

벌교는 조정래의 소설 〈태백산맥〉의 주 무대이기도 하다. 벌교역을 중심으로 그 흔적들이 남아 있다. 차례대로 한 곳씩 찾아다니며 소설 속 등장인물이 되어보는 것도 좋다. 벌교역을 출발하여 횟갯다리와 김범우의 집, 소화다리(부용교), 태백산맥문학관, 현부자의 집과 소화의 집 순으로 들르면 된다. 태백산맥문학관에는 조정래의 태백산맥 친필원고와 그가 사용했던 필기도구, 원고지, 옷 등의 자료들이 전시돼 있다.

Travel Tip

> 낙안읍성에서는 매일 짚물공예, 길쌈, 대장간, 전통 통기구, 가야금병창, 판소리, 천연염색, 도자기, 목공예 등의 상설전통체험이 운영된다. 대부분이 무료이며, 천연염색, 도자기, 목공예체험, 한지공예체험만 5천~1만 원 정도의 체험료를 받는다. 매주 토·일요일에는 읍성 곳곳에서 수문장교대식, 군악공연, 전통예절교육 및 다도체험, 소달구지 체험 등의 체험행사가 열린다.
낙안읍성 문의: 061-749-8831 | 홈페이지: http://nagan.suncheon.go.kr

> 낙안읍성 일대는 저녁 8시가 넘으면 상가들도 거의 문을 닫고 인적도 드물다. 먹을거리는 미리 준비해두는 것이 좋다.

> 낙안읍성에서 벌교까지는 차로 30분 정도 걸린다. 벌교버스터미널 인근에 꼬막식당들이 몰려 있어 찾기 쉽다. 벌교까지 갈 시간이 없을 경우, 낙안읍성 근처에 있는 '낙안속벌교꼬막식당(061-754-4098)'에 가도 된다.

> 순천만자연생태관에서 순천만의 역사와 순천만에 서식하는 동식물들에 대한 정보를 얻을 수 있다. 천문관도 갖추고 있다. 천문관에서는 천체 관측과 순천만에 서식하는 천연기념물 흑두루미, 청둥오리 등 다양한 조류 관찰이 가능하다.
순천만자연생태관 문의: 061-749-4007 | 홈페이지: www.suncheonbay.go.kr

> 순천역 관광안내소에서 시티투어버스를 타면 오픈세트장과 선암사, 송광사, 낙안읍성, 시내권 등을 둘러볼 수 있다. 신정, 설, 추석 및 매주 월요일을 제외하고 매일 운행하며, 08:40 출발~18:00 도착한다.
문의: 061-749-3107 | 예약홈페이지: http://yeyak.suncheon.go.kr

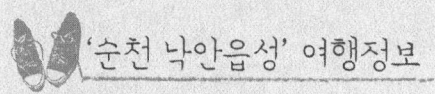
'순천 낙안읍성' 여행정보

● 가는 길

1 서울 → 순천

①버스: 센트럴시티터미널에서 순천종합버스터미널까지 1일 25회 운행(3시간 45분 소요), 동서울터미널에서 순천종합버스터미널까지 1일 9회 운영(4시간 20분 소요).

②기차: 서울역에서 익산행 KTX를 타고 익산역에서 순천행 새마을호나 무궁화호로 환승한다.

문의: 순천종합버스터미널 1666-6563

2 순천역 → 선암사

①순천버스터미널에서 승주읍시외버스정류소까지 도보 이동, 선암사까지 택시로 10분(요금은 약 7천원).

②버스 1번 탑승(배차간격 40분, 06:00~22:20)

문의: 순천교통 061-753-6266, 6267
홈페이지: 순천시 버스정보시스템 http://bis.sc.go.kr

3 선암사 → 낙안읍성

선암사 입구에서 버스 1번(배차간격 40분, 06:00~22:20)을 타고 오수골 또는 남강 또는 무학에서 내린 후 15번 버스(배차간격 100분, 06:20~20:00)로 환승해 낙안읍성정류소에서 하차. 택시를 권장함.

문의: 콜택시 061-754-5858

4 낙안읍성 → 벌교역

낙안읍성버스정류소에서 벌교행 버스 탑승(1일 22회 운행), 택시로는 1만 원 정도 나오는 거리.

5 벌교 → 순천만

벌교역에서 벌교행 버스를 타고 벌교버스터미널에서 하차, 순천종합버스터미널행 시외 버스로 환승한다. 종합버스터미널 정류소까지 도보 이동, 다시 67번 버스로 환승한다.

6 순천만 → 순천시내

순천만에서 버스 67번 버스 탑승(배차간격 30분, 30분 소요) 또는 택시 이용(15분 소요, 요금은 약 6천 원).

● 맛집

순천만의 별미로는 짱뚱어탕과 장어요리가 있다. 대대마을에 음식점들이 몰려 있다. 그중 순천만이 한눈에 들어오는 곳에 위치한 전망대가든(061-742-9496)의 짱뚱어탕이 유명하다. 강변장어구이(061-742-4233), 대대선창집(061-741-3157)은 장어요리 맛집으로 유명하며, 짱뚱어탕도 추천할 만하다. 벌교읍 인근에 거시기꼬막식당(061-858-2255), 꼬막회관(061-857-9919), 외서댁꼬막나라(061-858-3330), 종가집꼬막회관(061-858-1717)이 유명하다.

● 숙소

낙안읍성 안에 민박집이 많다. 은행나무집(061-754-3032), 시골집민박(061-754-3474), 시골할매민박(061-754-2840), 초가집민박(061-754-2766) 등이 있다. 낙안읍성바깥에는 궁전모텔(061-754-6951)이 있다. 순천만 인근의 에코비치캐슬(061-725-3355)과 와온해변의 놀펜션(061-723-0150)이 깔끔하다. 순천 시내 조례동 일대에 모텔들이 많다. 아우디모텔(061-727-4332), 칼튼모텔(061-722-1785)이 추천할 만하다.

순천시

- 선암사
- 순천버스터미널
- 순천역
- 낙안읍성민속마을
- 순천만 자연생태공원
- 벌교역
- 와온해변
- 순천만

순천만장어구이

낙안 팔진미

순천만 순환열차

전나무숲길 끝에서 만나는 피안, 부안 내소사

12월의 두번째 여행

변산반도는 크게 내변산과 외변산으로 나뉜다. 산 쪽인 내변산에는 봉래 구곡, 직소폭포, 월명암 등이 있고, 해안가인 외변산에는 내소사, 채석강, 적벽강, 격포해수욕장, 새만금 등이 있다. 산과 바다가 모두 아름다운 곳이 바로 변산반도라 할 수 있다. 특히 겨울엔 눈이 많이 와서 설경을 감상하기에 그만이다.

✕ 1박 2일 코스 ✕

곰소항 – 🚌 – 내소사 – 🚌 – 격포(채석강 – 적벽강 – 숙박) – 🚌 – 새만금홍보관

❋ 포구에서 입맛을 찾다, 곰소항

　　부안에서 출발한 버스가 내소사로 가기 전에 거치는 곳이 바로 곰소항이다. 곰소항에 들어서면 비릿한 짠내가 진동을 한다. 그것은 바로 젓갈 냄새다. 앞을 보면 젓갈 상가들이 포구를 따라 대규모로 밀집해 있다. 이곳은 곰소염전에서 채취한 질 좋은 소금과 젓갈을 사려는 사람들로 늘 북적인다. 전국의 젓갈들은 다 모인 듯 상점마다 열댓 개의 젓갈통이 진열돼 있다. 젓갈들은 '청어알젓, 어리굴젓, 조개젓, 가리비젓, 토하젓, 갈치젓, 순태젓, 창란젓, 낙지젓, 황석어젓, 오징어젓, 꼴뚜기젓, 명란젓, 새우젓…' 종류가 너무 많아 그 이름을 다 외우기 어렵다. 입 안에 감도는 군침을 참는 것은 더욱 힘들다. 곰소항 인근에 젓갈백반 잘 하기로 소문난 식당들이 많다. 윤기 좌르르 흐르는 쌀밥에 맛깔스런 12가지 젓갈이 얹어 나온다. 밥 두 공기는 뚝딱이다.

Jan.
Feb.
Mar.
Apr.
May
Jun.
Jul.
Aug.
Sep.
Oct.
Nov.
Dec.

(왼쪽) 곰소젓갈과 곰소소금 (오른쪽) 젓갈백반

(왼쪽) 능가산 아래 자리 잡은 내소사 (오른쪽 위) 고드름이 달린 전각 처마
(오른쪽 아래) 공포가 화려한 대웅보전

일주문을 지나 숲속에 들다, 내소사

곰소항에서 버스를 타고 10분 남짓 달리면 내소사 입구 주차장에 도착한다. 주차장에서 일주문(매표소)까지는 도보 5분 이내 거리다.

일주문 앞에는 아름드리 느티나무 한 그루가 사방으로 가지를 뻗고 있다. 용줄을 칭칭 감고 있는 이 나무는 수령이 천 년 가까이 된 입암마을의 할머니 당산나무다. 할아버지 당산나무는 내소사 경내에 있다.

일주문에서 천왕문까지 600m 구간은 전나무 숲길이 이어진다. 박하향처럼 싸한 전나무 향기가 숲속에 가득하다. 비나 눈이라도 내리면 그 향이 더욱 짙어진다. 내소사 전나무 숲길은 곧게 뻗지 않고 둘러간다. 전나무 숲길이 끝나면 벚나무길이 이어지고, 그 뒤로 단풍나무길이 바통을 받는다.

단풍나무터널 너머로 천왕문이 보인다. 천왕문을 지키는 사천왕상 뒤로는 수령이 500년이나 된 할아버지 당산나무가 고개를 내밀고 있다. 마치 누가 오나 넘겨다보는 듯하다. 천왕문을 지나 당산나무 왼쪽에 있는 보종각 앞에 선다. 보종각에는 고려동종(보물 제277호)이 보관돼 있다. 비천상 조각이 정교하고 사실적이어서 감탄이 절로 난다.

봉래루를 지나 절 마당으로 들어서면 중앙에 소박한 삼층석탑이 섰고, 능가산 아래로는 대웅보전(보물 제291호)이 비상하는 백조처럼 처마를 펼치고 높은 축대 위에 올라앉아 있다. 대웅보전은 조선시대 중기에 건립된 건물로 아담한 규모에 단청마저 대부분 벗겨져 허름해 보이지만 처마 밑 공포만큼은 화려함의 극치이다. 쇠못을 사용하지 않고 전체를 나무 짜 맞추기 공법으로 지은 것이 이 건물의 특징이다. 전설에 의하면 목수가 짜 맞추는 작업을 하던 중 나무 한 토막이 없어진 걸 알았다. 수소문해 봤더니 사미승이 장난을 친 것이었다. 목수는 부정이 탔다 하여 그 나무토막을 빼놓고 건물을 지었다. 그 전설을 증명이라도 하듯이 법당 오른쪽 천장 밑에는 있어야 할 부재 한 토막이 빠져 있다.

소원을 말해봐, 대웅보전

대웅보전 문살에는 한겨울에도 꽃이 핀다. 대웅보전의 문을 장식하고 있는 꽃문살 이야기다. 부처님 공양 중 등燈공양이 으뜸이고, 다음이 꽃공양이라는 말이 있다. 이 문을 만든 목수는 불심이 지극해서 연꽃, 국화꽃, 해바라기꽃, 수련, 꽃 몽우리 등의 꽃문양을 문살에 새겼을 것이다. 법당 안에서 보면 꽃그림자는 보이지 않고 마름모꼴의 문살 그림자만 비친다니 참으로 신기한 일이다.

대웅보전 삼존불상 뒤로 돌아가 보면 백의白衣관음보살좌상 후불벽화가 있다. 우리나라에 남아 있는 백의관음보살좌상 벽화 중 규모가 가장 큰 것이다. 백의관음보살상의 눈은 사람을 쫓아 움직이는데, 보살의 눈과 마주치는 순간 소원을 빌면 이루어진다는 이야기가 전해온다.

내소사에 방문한 관광객 대부분은 절 마당에서 보이는 전각들만 둘러보고 돌아간다. 이는

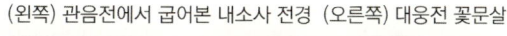
(왼쪽) 관음전에서 굽어본 내소사 전경 (오른쪽) 대웅전 꽃문살

내변산 직소폭포길이나 관음전으로 가는 숲길이 있다는 사실을 모르기 때문이다. 시간 여유가 있다면 직소폭포길은 꼭 걸어볼 만하다.

관음전으로 가려면 설선당과 요사를 거쳐 불이문을 지나야 한다. 불이문 옆으로 흐르는 계곡을 따라가면 숲길로 들어선다. 불이문에서 10분 정도 걷다 보면 갈림길이 나오는데 직진해서 왼쪽 산비탈에 나 있는 돌계단을 올라가는 것이 지름길이다. 관음전은 그 계단 끝에 있는데, 새로 지은 건물이라 옛 멋을 찾기는 어렵다. 다만 산중턱에 위치해 있어서 내소사 전경을 조망하는 데 이만한 명당은 없다. 눈이라도 내리는 날에는 내소사가 한 송이 설중매로 피어난다.

강이라 불리는 바다

내소사에서 모항을 지나 북쪽으로 7km 정도 올라가면 격포다. 격포버스터미널에서 15분 정도 걸어서 닭이봉 팔각정으로 오르면 격포항과 격포해수욕장, 채석강 일대가 훤히 보인다.

채석강은 강이 아니다. 중국의 채석강과 풍광이 흡사하여 붙여진 이름으로 해식절벽이 있는 바닷가이다. 중생대 백악기(약 7천만 년 전)에 생성된 퇴적암 지층으로 갈퀴로 할퀸 것 같은 날카로운 가로지층과 해식동굴을 품고 있다. 동굴 사이의 주름진 절벽이 거대한 매머드의 다리를 떠올리게 한다. 바다에는 수많은 웅덩이가 움푹 패여 있고, 갈라진 틈도 많다. 그 틈새마다 갯강구, 굴, 홍합 등이 새똥처럼 덕지덕지 붙어 있다. 채석강을 처음 본 사람들은 우리나라에도 이런 원시적인 형태의 지형이 있다는 사실에 놀란다.

(왼쪽) 격포항에 정박한 어선들 (오른쪽) 채석강에 있는 한반도 모양의 해식동굴

채석강은 하루에 두 번 물이 빠진다. 채석강에서 차로 약 5분 정도(1.5km) 가면 적벽강이 나온다. 채석강과 적벽강의 해안선은 연결돼 있지만 걸어갈 수는 없다. 적벽강 또한 중국의 적벽강과 풍경이 흡사하다고 하여 붙여진 이름이다. 채석강과 적벽강은 인접해 있지만 풍광은 사뭇 다르다. 채석강의 해안절벽은 가로무늬에 검은빛을 띠는데 비해 적벽강은 세로무늬에 적황색을 띤다. 게다가 해안가도 채석강처럼 거칠지 않다. 부드러운 너럭바위에 반질반질한 오색 빛깔 몽돌들이 가득하다. 적벽강은 채석강에 비해 위락시설이 부족하지만 한적해서 좋다. 적벽강과 채석강은 하루에 두 번 물이 빠진다. 이때만 해안가 산책이 가능하다. 만조가 되면 기암절벽과 해식동굴이 바다 속으로 감쪽같이 사라진다.

Travel Tip

> **변산반도국립공원관리사무소** 문의: 063-582-7808
> **내소사** 문의: 063-583-7282 | 홈페이지: www.naesosa.org

> 내소사 인근에는 숙소가 많지 않기 때문에 미리 예약을 해야 한다. 특히 주말은 예약 필수! 내소사에서 운영하는 템플스테이도 있다.
> 문의: 내소사 템플스테이 063-583-3035

> 트레킹을 좋아한다면 직소폭포를 거치는 내변산 트레킹을 빼놓을 수 없다. 내소사 전나무 숲길 등산로에서 관음봉 – 관음봉삼거리 – 재백이고개 – 직소폭포 – 내변산분소로 내려오는 코스(6.2km)가 일반적으로 3~4시간 정도 걸린다. 내소사 주차장 아래에 있는 원암매표소에서 출발해 재백이재까지 가는 길이 수월하다. 1시간~1시간 30분 정도 소요된다.

> 채석강과 적벽강의 물때를 확인하고 가자.
> 문의: 국립해양조사원 조석자동응답시스템 1588-9822
> 홈페이지: www.khoa.go.kr

> 곰소항 가기 약 1.5km 전에 곰소염전이 있다. 버스기사에게 세워달라고 부탁하거나(농어촌버스의 장점) 곰소정류소에 내려서 걸어가도 된다. 곰소염전은 일제강점기에 조성된 염전으로, 그때부터 사용한 소금저장창고를 볼 수 있다. 곰소염전에서 소금 채취하는 풍경을 보려면 해질녘에 가야 한다.

> **새만금홍보관**
> 문의: 063-584-6822 | 개관: 09:00~17:00 | 휴무: 매주 월요일 | 입장료: 무료

> **당일 여행 코스:** 부안버스터미널 – 내소사 – 채석강 – 적벽강 – 부안버스터미널

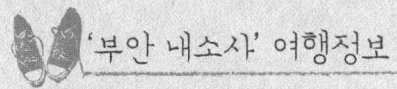
'부안 내소사' 여행정보

● 가는 길

1 서울 → 부안
센트럴시티터미널에서 부안버스터미널까지 버스 1일 16회 운행(06:50~19:30, 배차간격 40~50분, 3시간 소요).
문의: 부안버스터미널 1666-2429

2 부안 → 내소사
부안버스터미널에서 내소사행 농어촌버스 탑승(06:00~20:00, 19회 운행). 이 버스는 내소사 가는 도중에 줄포에 들른다.
문의: 부안스마일교통 063-582-6363
홈페이지: 부안교통편 확인 www.buan.go.kr/02tour/01tour/tour06/02/traffic03/index.jsp

3 내소사 → 격포
내소사 주차장에서 격포행 버스 탑승(1일 7회 운행, 08:20~19:10). 내소사에 격포행과 부안행 버스가 30분 간격으로 들어온다(45분 소요).

4 격포 → 새만금홍보관 → 부안행 버스가 30분 간격으로 운행.
문의: 부안사랑버스 063-581-1813

5 격포버스터미널에서 익산, 전주, 군산으로 가는 버스가 있으니 연계하여 여행할 수 있다.

6 부안, 줄포 → 곰소
농어촌버스 350, 301번 탑승.

● 맛집

부안은 백합죽과 바지락죽이 유명하다. 자연산 백합으로 끓인 백합죽은 부안에서만 맛볼 수 있는 별미다. 변산온천산장(063-584-4874)이 가장 유명하고, 격포터미널 인근의 군산식당(063-583-3234)은 백반을 잘한다. 횟집으로는 바다식당(063-582-8754), 이어도횟집(063-582-4444), 소문난조개구이(063-581-4236), 변산반도횟집(063-582-8888), 해변촌(063-581-5740)등이있다.곰소항은젓갈백반이유명하다. 3대째 영업중인 곰소궁(063-584-1588)과 곰소쉼터(063-584-8007)가 유명하고, 칠산꽃게장집(063-581-3471)은 꽃게장정식을 잘한다.

● 숙소

내소사 일주문 앞에 정든민박(063-582-7574), 탐라산장(063-583-8359), 여정모텔(063-583-5767) 등이 있다. 채석강 인근에 펜션 좋은하우스(063-583-0515)와 대명리조트(063-580-8800), 원창 해넘이타운(063-582-7500), 채석리조텔오크빌(063-583-8046) 비치빌모텔(063-583-3400), 썬리치랜드(063-584-8030), 파레스장(063-584-4659), 서울민박(063-584-7270)이 추천할 만하고, 적벽강 인근에는 적벽강모텔(063-582-8998), 해변파크텔이 있다.

1월의
첫번째 여행

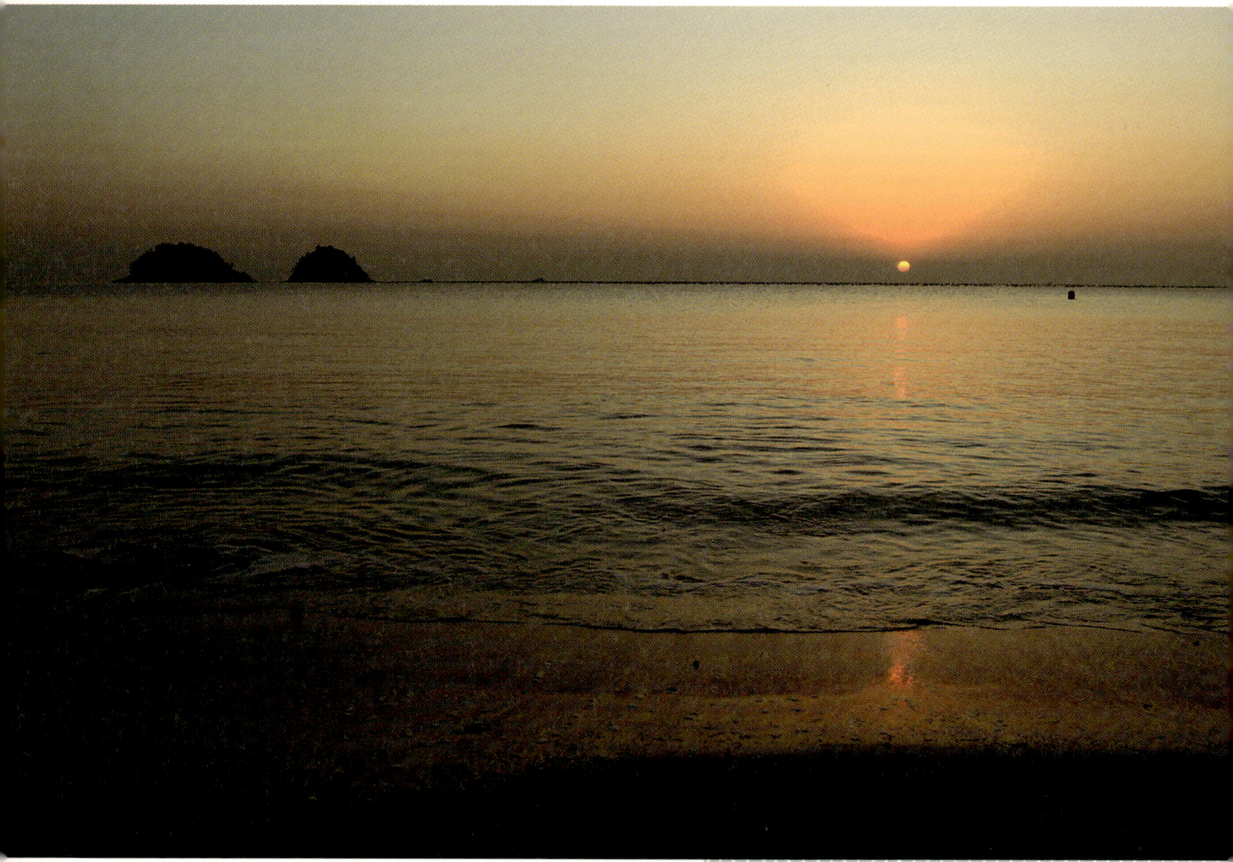

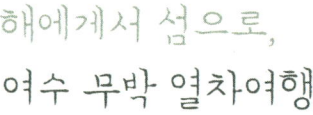

해에게서 섬으로,
여수 무박 열차여행

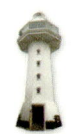

여수에는 돌산도의 향일암과 무슬목, 여수 시내의 오동도 등 빼어난 일출 명소들이 많다. 여수로 새해 해돋이를 보러 간다면 무박 열차여행을 시도해 보는 것도 좋다. 밤새 열차를 타고 달려 벅찬 가슴으로 새해를 맞이한 후, 돌산도와 여수 시내까지 두루 돌아보면 실속 있는 여정이 될 것이다.

무박 2일 코스

향일암 – 🚌 – 무슬목(전남해양수산과학관) – 🚌 – 수산시장 – 🚶 – 진남관 – 🚶 – 오동도 – 🚌 – 돌산공원

어둠을 뚫고 떠나는 무박여행

무박 2일의 일정이라면 일단 10시 45분에 용산역에서 출발하는 여수행 마지막 무궁화호 열차를 타야 한다. 밤기차를 타면 잠을 설친다. 일상을 벗어나 미지의 세계로 떠난다는 '낭만'적인 감상에 쉽사리 잠이 오지 않는다. 들뜬 사람들의 웅성거리는 소리와 밝은 실내등의 불빛도 합세해서 다가서려는 잠을 밀어낸다.

기차는 예정대로라면 새벽 4시 20분에 여수EXPO역에 도착한다. 역에 내리면 새벽 공기가 서리발보다 차다. 여수EXPO역 인근에 위치한 버스정류소로 이동해 향일암으로 가는 첫차를 탄다. 향일암은 돌산도 맨 남쪽의 금오산 중턱에 있다. 버스는 돌산대교를 지나 향일암까지 가는 동안 트위스트라도 추듯 요동치며 달린다. 해안도로가 상하좌우로 굴곡이 심하기 때문이다. 무슬목과 돌산갓김치의 본고장인 주포리, 아담한 백사장을 품은 방죽포와 어촌체험마을인 소율마을을 지나면 향일암이 자리한 임포마을에 당도한다. 임포버스정류소에 내려 30분쯤 오르막길을 걷다 보면 향일암 일주문을 만나게 된다. 일주문에 도착했다고 안심을 해서는 안 된다. 문을 지나 등산하는 기분으로 계단을 오르면 비로소 반야굴(해탈문)이 나타난다. 그 길에 거북의 등 무늬가 새겨진 신비로운 바위가 있다. 금방이라도 바위가 꿈틀댈 것만 같다. 반야굴은 절벽의 틈을 억지로 벌려놓은 듯한 거대한 석문石門이다. 한사람이 겨우 통과할 수 있을 만큼 폭이 좁다.

Jan.
Feb.
Mar.
Apr.
May
Jun.
Jul.
Aug.
Sep.
Oct.
Nov.
Dec.

(왼쪽) 바다가 한눈에 들어오는 향일암 관음전 (오른쪽) 향일암 가는 길목의 반야굴

안타깝게도 향일암은 2009년 12월에 발생한 화재로 일부 전각이 전소되었다. 현재는 임시 전각들을 지어놓은 상태다. 그래도 여전히 이곳을 찾는 사람들이 끊이지 않는다.

일출을 감상하기에 좋은 명당은 해수관음상이 있는 관음전 앞이다(향일암에는 관음전이 두 곳이다). 7시 30분, 바다와 하늘 사이에 무지갯빛 노을이 번지면서 해가 떠오른다. 새벽잠을 설친 두 눈이 번쩍 뜨이고, 말로 표현할 수 없는 감동이 울컥 치밀어 오른다. 어둠을 뚫고 추위와 싸우며 달려온 보람을 느끼는 순간이다. 엄동설한에 몸은 얼음장처럼 굳었지만 가슴 속에서는 뜨거운 불덩이 하나가 타오른다. 그 순간 소원을 빌어본다. 향일암에서 간절히 기도하면 소원이 이루어진다는 얘기가 있다.

해돋이를 감상하고 나서는 금오산 정상(323m)에 오른다. 향일암 뒤편 산길을 따라 20분쯤 오르면 사방으로 시야가 탁 트인 정상에 이른다. 다도해와 한려수도의 그림 같은 풍광이 장쾌하게 펼쳐진다. 정상 주변의 바위에도 거북의 등껍질 같은 무늬가 새겨져 있다. 향일암의 옛 이름이 '영구암靈龜庵'이라는 점과 금오산金鰲山의 지형이 불경을 등에 진 거북이가 바다로 들어가는 형상임을 감안하면 놀랄 일도 아니다. 금오산에서 바라보는 남해바다는 시간이 멈춰버린 듯 고요하다. 대양을 가로질러 온 바람 소리만이 간간이 귓전을 울린다.

WINTER

여수의 자부심, 이순신 장군

향일암에서 버스정류소로 내려가는 길목에 갓김치와 동동주를 내놓고 파는 식당들이 즐비하다. 일출을 보러 온 관광객들을 맞이하기 위해 아침 일찍부터 문을 연다. 코를 톡 쏘는 갓김치와 뜨끈한 해물된장찌개 한 그릇을 먹으면 꽁꽁 얼었던 몸이 사르르 녹는다.

여수 시내로 나가는 버스를 타면 무슬목(해양수산과학관)에 가닿는다. 이곳은 정유재란 때, 이순신 장군이 왜선 60여척을 물리치고 전승한 곳이다. 당시 이 일대가 온통 왜군들의 피로 물들 정도로 치열한 전투가 벌어져 '핏내'라 불리기까지 했다. 지금은 울창한 해송숲과 둥글둥글 잘 다듬어진 몽돌해변, 남도의 짙푸른 바다가 아름답게 어우러진 평화로운 풍경과 향일암과 쌍벽을 이루는 일출 명소로 알려져 있다.

무슬목 앞 바다에는 형제섬이 나란히 떠 있다. 해가 뜨기 직전 바다 위로 층층이 쌓이는 빛의 스펙트럼 속에서 형제섬의 형체는 더욱 두드러진다. 발 아래 몽돌 사이로 파고드는 파도가 또르르 또르르 속삭인다. 무슨 소리를 하는지 궁금해 발걸음이 떨어지지 않는다.

무슬목관광단지에 위치한 전남해양수산과학관에는 용치놀래기, 독가시치, 범돔, 두툽상어, 깨알홍어, 여우고기 등의 국내 토종 어류와 해수관상어 약 100여 종이 전시되어 있다. 가장 인기 있는 어류는 바다거북으로 11마리가 전용수조에 살고 있다.

(왼쪽 위) 해양수산과학관에 있는 바다거북 수족관
(왼쪽 아래) 해양수산과학관 전경 (오른쪽) 몽돌해변인 무슬목의 한낮 풍경

돌산공원에서 바라본 돌산대교의 화려한 야간조명

　무술목을 지나다 보면 돌산대교가 보인다. 여수 시내와 돌산도를 잇는 돌산대교를 온전히 감상하려면 돌산대교 건너편 언덕에 있는 돌산공원으로 가야 한다. 돌산대교는 밤이 되어서야 비로소 진면목을 드러낸다. 50여 색의 조명이 시시각각 변하며 밤바다를 수놓는다. 활기찬 여수항의 불빛과 웅장한 진남관의 야경, 다리 위를 오가는 퇴근 차량의 불빛까지 한데 어우러져 화려하면서도 깊은 여운을 남긴다.
　돌산대교 아래 봉산동에는 돌게장백반을 파는 식당이 즐비한 돌게장거리가 있다. 손바닥 반만한 돌게장을 냉면 그릇에 가득 담아주며 무한리필 서비스까지 한다. 짭조름한 돌게장에 밥 두 공기쯤은 마파람에 게눈 감추듯 비운다.

WINTER

진남관과 오동도에 가기 전에 여객터미널 맞은편에 있는 수산시장에 들러보자. 펄떡이는 생선만큼이나 활기찬 재래시장의 풍경 속에서 여수의 참모습을 볼 수 있다. 3~8월 사이에는 새벽 4시 20분에 개장을 하니 새벽시장을 구경할 수 있는 좋은 기회이다. 여객선터미널 인근에 가면 서대회와 금풍쉥이구이 정도는 꼭 먹어봐야 한다. 막걸리식초로 양념을 한 서대회무침은 새콤달콤한 맛으로 입 안에서 살살 녹는다. 궁풍쉥이구이는 그 맛이 일품이라 샛서방에게 먹인다고 해서 '샛서방고기'로 불릴 만큼 별미 중의 별미다.

수산시장에서 10분 정도 걸으면 진남관(국보 제304호)이 보인다. 진남관은 우리나라 최대의 단층 목조건물이며, 이순신 장군 휘하의 전라좌수영이 자리 잡았던 곳이다. 68개의 거대한 기둥과 웅장한 현판 아래에 서면 본인이 매우 작아졌다는 느낌을 받게 될 것이다. 진남관은 여수 유일의 국보이자, 이순신 장군을 기리는 여수 사람들의 자부심이기도 하다.

(왼쪽 위) 여수수산시장 외관 (오른쪽 위) 여수수산시장 내부
(아래) 여수 시내 한복판에 자리 잡은 진남관의 웅장한 모습

사랑의 섬, 오동도

여수항 인근에 있는 오동도는 육지와 768m의 방파제로 연결돼 있다. 방파제를 걸어서 건너거나 동백열차를 이용하여 갈 수 있다. 동백열차의 운임은 단돈 5백 원이니 부담을 갖지 않아도 된다.

섬의 모양이 오동잎을 닮아서, 혹은 오동나무가 많아 오동도라는 이름이 붙었다고 하지만 지금은 오동나무를 찾아보기 힘들다. 대신 동백나무 약 3천여 그루와 임진왜란 때 화살 재료로 쓰였던 시누대, 돈나무, 팽나무, 참식나무, 후박나무 등의 희귀 수목이 울창하게 자생하고 있다. 산책로 양옆에 늘어선 동백나무와 시누대가 자연스럽게 동굴을 형성한다. 여수 사람들은 오동도를 '사랑의 섬'이라고 부른다. 그 이유는 숲이 우거져서 연인들의 데이트 장소로 적합하기 때문이다. 오동도에서 데이트를 한 커플들은 결혼까지 골인하는 경우가 많다는 우스갯말도 있을 정도다. 동백꽃의 꽃말이 '그대를 누구보다 사랑한다'라니 사랑 고백하기에 이보다 더 좋은 곳이 어디 있겠는가?

오동도 정상에 있는 등대 전망대와 해안절벽에 있는 용굴도 볼거리다. 오동도 방파제 입구에 있는 자산공원 팔각정에 오르면 오동도 위로 떠오르는 해를 볼 수 있다.

(왼쪽)돌산공원의 울창한 동백숲 (오른쪽) 전망대 역할을 하는 오동도 등대

Travel Tip

> **향일암** 문의: 061-644-4742 | 홈페이지: www.hyangiram.org
> **오동도** 문의: 061-664-8978, 061-690-7303, 7215
> **전남해양수산과학관** 문의: 061-644-4136 | 홈페이지: www.jmfsm.or.kr
> **진남관** 문의: 061-690-7338

> 한겨울에 무박여행을 하려면 추위에 대비한 만반의 준비를 갖춰야 한다.
> 밤기차 안에서 숙면을 취하려면 안대와 귀마개를 준비한다.
> 겨울의 경우 일출시각이 7시 30분 전후이므로 여수EXPO역에 새벽 4시 20분에 도착하여 5시 40분에 오는 111번 버스를 타도 된다. 향일암행 버스를 기다리는 동안 버스정류소 인근에 있는 수정목욕탕이나 동광탕에서 시간을 보내도 좋다.
> 아침식사는 돌산대교 입구 사거리 인근 봉산동 돌게장백반거리에서 해결.
> 시간이 있으면 여수EXPO역 인근에 있는 여수EXPO해양공원에 들러보자. 대부분의 전시관은 폐관했지만 빅오쇼(1577-2012), 아쿠아플라넷 여수(061-660-1111)와 스카이타워(1577-2012)는 운영 중이다. 빅오쇼는 겨울에는 운영하지 않으며, 2014년 봄에 새단장하여 재개장 예정이다.
> 향일암에서 일출을 보는 대신 여수EXPO역에서 가까운 오동도나 돌산도의 돌산공원이나 무슬목으로 가도 좋다.
> 1박 2일 코스: 여수EXPO해양공원 - 오동도 - 진남관 - 돌산대교/공원 - 해양수산과학관 - 향일암(1박) - 일출 - 수산시장 - 흥국사
> 향일암일출제: 매년 12월 31일~1월 1일에 열린다. 장소는 장소는 여수시 돌산 임포마을(향일암 일대).
> 오동도 입구에서 오동도 - 돌산대교 - 향일암을 오가는 유람선이 운행한다.
> 문의: 오동동유람선매표소 061-663-4424
> 여수시티투어버스 코스가 무척 잘 짜여 있다. 총 4코스 매일 각 1회 운행한다.(유료)
> 문의: 오동관광 061-666-1201 | 홈페이지: www.ystour.kr
> 돌산대교 야경을 보지 않는다면 무슬목에서 진남관으로 가는 도중에 돌산공원에 들르면 된다.
> 여수와 순천을 연계해서 일정을 짜도 좋다.

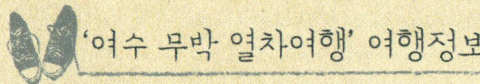

'여수 무박 열차여행' 여행정보

● 가는 길

1 서울 → 여수

① 버스: 센트럴시티터미널에서 여수시외버스터미널까지 버스 1일 21회 운행(5시간 소요).

② 기차: 용산역에서 여수EXPO까지 무궁화호·새마을호 1일 11회 운행(5시간 30분 소요).

문의: 여수시외버스터미널 1666-6977

2 여수EXPO역 ↔ 향일암

① 여수EXPO역 맞은편 '동광탕' 앞(도보 15분)에서 버스 111, 101, 113번(04:30~22:00, 배차간격 약 1시간, 50분 소요)을 타고 임포마을에서 하차.

※111번 버스가 04:30과 05:40에만 여수EXPO역을 경유한다.

문의: 여수시 교통행정과 061-690-2331,
여수남진택시 061-654-3125, 콜택시 061-654-5500

② 여수시외버스터미널 → 향일암: 버스 108, 111, 111-1, 113번(좌석버스) 탑승.

③ 향일암 → 여수 시내: 버스 101, 111, 113번 탑승. 이 버스는 무슬목, 돌산대교, 진남관, 오동도를 지난다.

3 여수 시내 → 돌산공원·오동도

버스 101번 이용. 진남관 앞에 여수 시내를 오가는 버스들이 많으니 이곳에서 환승해서 목적지로 이동하면 편하다. 2번 버스가 돌산공원, 오동도를 들른다. 여수EXPO역에서 오동도, 진남관, 수산시장은 동선이 짧으므로 걷거나 택시를 이용해도 기본요금에서 약간 추가되는 정도다.

● 맛집

여수10미로 꼽히는 음식은 생선회, 해산물한정식, 서대회, 장어구이/탕, 갯장어회/샤브샤브, 돌산갓김치, 금풍쉥이구이, 굴구이, 꽃게탕, 게장백반이다. 향일암 아래 임포마을에 언덕마루식당(해물된장찌개 061-644-4984), 돌산대교 아래 돌게장거리에 두꺼비식당(061-643-1881), 황소식당(061-642-8007), 여수돌게식당(061-644-0818)이 있고, 여객터미널 맞은편에 구백식당(서대회무침, 금풍쉥이구이 061-662-0900)이 있다. 중앙동의 삼학집(061-662-0261)은 서대회무침이 유명하다.

● 숙소

향일암 인근 율림리에 향일암흙집펜션(010-8661-4761), 향일암풍경(061-641-8045), 임포민박(061-644-5357)이 있고, 돌산읍에 루비모텔(061-644-8501), 여수EXPO역 주변에 허브파크(061-661-0331), 여수시청에서 가까운 학동에 굿모닝모텔(061-686-7870), 프랑스모텔(061-681-0001), 썬하우스모텔(061-682-3636), 자이모텔(061-683-2266) 등이 추천할 만하다. 찜질방으로는 엑스포해수피아(061-642-5600), 여수스포렉스(061-654-5601)가 있다.

서대회무침

1월의
두번째 여행

겨울바다로 가자, 울산 대왕암

가볼 만한 곳으로 울산을 추천한다면 대부분의 사람들이 고개를 갸우뚱 할 것이다. 울산이라 하면 간절곶과 현대중공업산업단지 정도만이 떠오르기 때문이다. 하지만 이러한 선입견을 버리고 울산이란 지역을 들여다보면 마치 양파처럼 한 껍풀씩 벗길 때마다 새로운 모습을 발견할 수 있다. 울산의 매력에 빠지게 되면 공업단지의 불빛조차 루미나리에로 보이게 될지도 모른다.

✕ 1박 2일 코스 ✕

대왕암공원 – 🚌 – 태화강생태공원 – 🚌 – 장생포고래박물관 – 🚌 or 🚌 – 신화마을(숙박) – 🚌 – 간절곶

달콤살벌한 바다의 매력에 빠지다

KTX가 울산역에 정차하면서부터 울산 여행이 한결 수월해졌다. 서울역에서 울산까지 2시간 30분밖에 안 걸린다. 주요명소만 쏙쏙 골라 다니면 당일 여행도 가능하게 됐다.

울산에서 제일 먼저 가봐야 할 곳은 대왕암이다. 일출 시각이 간절곶보다 단 1초 늦어 새해 해돋이 명소로는 덜 알려졌지만 풍광은 간절곶 못지않다. 달콤하면서도 살벌한 겨울바다의 이중성에 흠뻑 빠져보고 싶다면 이만한 장소도 없다.

대왕암이 자리한 바닷가에는 조선시대 말목장 터에 세워진 울기등대와 백여 살이 넘은 해송들이 어우러져 공원을 형성하고 있다. 대왕암으로 가려면 산책로를 이용해야 한다. 그곳에 가까워질수록 천둥 치기 직전의 전조음과 같은 소리가 점점 커진다. 파도가 대왕암에 부딪쳐서 나는 소리다.

울기등대를 지나면 대왕암이 실체를 드러낸다. 대왕암이란 이름이 무색하지 않은 거대한 바위 하나가 바다 위에 섬처럼 떠 있다. 형태가 산山자를 닮았고, 표면은 불꽃처럼 치솟아 날카롭다. 적황색의 빛깔은 범상치 않

구 울기등대

Jan.
Feb.
Mar.
Apr.
May
Jun.
Jul.
Aug.
Sep.
Oct.
Nov.
Dec.

대왕암의 거센 파도

은 기세를 더한다.

　해안절벽과 대왕암 사이에 울산현대중공업에서 기증한 '대왕교'가 놓여 있다. 다리 아래를 내려다보면 파도가 바위 사이에서 소용돌이친다. 물결들이 서로 다른 방향에서 밀려와서 맞부딪었다가 물러나기를 반복한다. 마치 격렬한 차전놀이를 보는 것 같다.

　바위 꼭대기까지 가려면 또 다른 다리를 건너야 한다. 이번 다리 아래에는 깊은 골짜기가 패여 있다. 골짜기로 몰려드는 파도는 한결 더 거칠다. 바위에 부딪칠 때마다 다리 위까지 세차게 솟구쳐올라 사람들에게 물벼락을 퍼붓는다. 넋 놓고 있다가는 물벼락을 뒤집어쓰기 십상이다.

　대왕암 꼭대기에서 오르면 눈앞에 너른 바다가 펼쳐진다. 현대중공업단지와 커다란 유조선들이 바다 전경의 일부분을 장식하고 있다. 발 밑에서 용솟음치던 파도와는 달리 먼 바다는 호수처럼 평온하기만 하다.

　대왕암 맞은편 언덕에는 울기등대가 있다. 해송들이 자라 등대 불빛을 가리자 1987년에 옛 등대 아래쪽에 촛대 모양의 새 등대를 세웠다. 옛 등대 옆에 있는 등대전시관 전망대에 올라가면 새 등대와 대왕암이 훤히 내려다보인다.

　등대 아래 해안절벽에는 해송숲이 우거진 산책로가 조성되어 있어 바다를 바라보며 거닐 수 있다. 그 길을 걷다 보면 탕건암, 할미바위(남근암), 자살바위, 처녀봉, 용굴 등 특이한 모양의 바위들을 만날 수 있다. 해가 지기 시작하면 해송숲 사이로 주황색 햇살이 부챗살처럼 퍼진다.

　가슴이 답답할 때 대왕암을 찾으면, 거세게 몰아치는 파도와 겨울바람으로부터 포근히 감싸주는 해송숲 덕분에 가슴 속 스트레스가 사라진다.

대숲에서 도시를 잊다, 태화강생태공원

태화강생태공원은 '공업도시 울산'이라는 이미지를 깨뜨리고 있다. 한때 태화강은 심각한 오염으로 인해 '죽음의 강'이라 불렸다. 하지만 90년대 말부터 시작한 정화작업을 통해 1급수가 되는 놀라운 기적을 이루었다. 이제는 울산의 허파라 불리며 백로, 연어, 은어, 수달 등 430여 종의 동식물의 서식지로 자리매김했다.

태화강생태공원의 백미는 십리대숲이다. 대숲이 십 리에 걸쳐 이어진다고 해서 붙여진 이름이다. 십 리는 약 4㎞ 정도이니 천천히 걸어도 한 시간이면 충분히 돌아볼 수 있다. 대숲 사이로 조붓한 산책로가 이어지며 빽빽이 들어찬 대나무가 하늘을 덮고 있다. 한겨울에도 푸릇하다 보니 대숲 한가운데 서 있으면 계절을 잊게 된다. 바람결에 "샤샤샥" 댓잎 부딪치는 경쾌한 소리가 들린다. 발걸음을 멈추고 그 소리를 경청한다. 대숲에 들어가 있는 동안에는 '이곳이 정말 울산이란 말이야?'라는 의문이 머릿속을 떠나지 않는다.

태화강생태공원 안에 있는 십리대숲길을 산책하는 주민들

고래의 추억을 되살리다, 고래박물관

　　울산은 '고래의 도시'로 불린다. 포경이 금지되기 전에는 장생포항에 하루 평균 5~6마리의 고래가 들어와 해체됐을 정도로 성황을 이뤘다고 한다. 전 세계적으로 포경이 금지된 후로 울산은 포경업 대신 고래관광산업에 주력하고 있다. 이제 고래를 잡거나 처리하는 과정을 보고 싶은 사람은 장생포에 있는 고래박물관을 찾아야 한다.

　　고래박물관은 1층 어린이체험관, 2층 포경역사관, 3층 귀신고래관과 고래해체장 복원관 등으로 꾸며져 있다. 포경역사관에 전시된 자료는 고래를 포획한 후, 장생포항까지 끌어와 해체하는 일련의 과정들을 보여준다. 그중 포획된 고래를 구경하러 나온 사람들의 모습이 마치 걸리버를 둘러싼 소인들처럼 보이는 흑백사진이 깊은 인상을 남긴다. 천장에는 귀신고래 실물 모형이 매달려 있고, 고래의 실제 뼈와 고래수염 등도 전시돼 있다.

　　박물관 옆 고래생태체험관 전용수족관에는 장꽃분, 고아롱, 고다롱이란 이름을 가진 돌고래

이런 곳도 있어요!

신화마을

장생포에서 차로 10분 정도 떨어진 곳에 벽화로 유명한 신화마을이 있다. 남구의 대표적인 낙후지역인 신화마을에 벽화가 그려진 것은 2010년 말로, 이 마을이 영화 〈고래를 찾는 자전거〉의 배경이 된 이후의 일이다.
벽화의 주된 테마는 고래다. 고래 그림과 조형물들이 곳곳에 눈에 띈다. 마을 입구에 '장생포, 고래를 기다리며'라는 작품이 대표적이다. 골목마다 암각화, 음악, 동심, 시, 착시 등의 주제가 있다.

간절곶

간절곶은 새해 첫날 기준, 우리나라에서 해뜨는 시각이 가장 빠른 곳이다. 새해를 남들보다 먼저 시작하고픈 열망 때문인지 관광객들이 전국에서 몰려든다. 2006년에 설치된 '소망우체통'이 명물이라면 명물이다. 소망우체통은 높이 5m에 달하는 초대형으로, 설치 당시 세계 최대의 크기로 기네스북에 올랐다. 이것은 실제 우체통의 역할도 한다. 우체통 안에 엽서를 비치해두었고, 쓸 수 있는 공간도 있다. 엽서에 사연을 적어 함에 넣으면 우체국 직원이 하루에 한 번 들러 수거해간다.

세 마리가 살고 있다. 흥미롭게도 그들은 울산 시민임을 증명하는 주민등록번호도 가지고 있다. 돌고래들이 수족관 벽면에 얼굴을 들이대기라도 하면 아이들은 환호하고, 어른들은 사진을 찍기에 바쁘다.

고래박물관이 있는 장생포항에서는 고래바다여행선을 운항한다. 배를 타고 바다로 나가 직접 고래를 보는 것이다. 울산 앞바다에서 발견되는 고래는 밍크고래, 상괭이, 참돌고래 등이다. 운이 좋으면 돌고래 떼를 만날 수도 있다. 못 볼 경우, 고래생태체험관이 무료다.

고래박물관의 고래생태체험관에 살고 있는 돌고래

Travel Tip

> 울산관광 홈페이지: http://guide.ulsan.go.kr
> 대왕암공원 문의: 052-251-2125
> 태화강생태공원 문의: 052-229-2000 | 홈페이지: http://taehwagang.ulsan.go.kr
> 장생포고래박물관 문의: 052-256-6301 | 홈페이지: www.whalemuseum.go.kr
> 간절곶 문의: 052-229-2000 | 홈페이지 http://ganjeolgot.ulsan.go.kr

> 울산 대왕암과 경주 대왕암: 울산 대왕암과 경주 대왕암(사적 280호 문무대왕릉)은 이름이 같아 혼동하는 사람들이 많다. 경주 대왕암은 문무왕의 수장릉이고, 울산 대왕암은 문무왕의 비가 남편을 따라 호국용이 되어 그 밑으로 들어갔다는 전설을 가지고 있다.

> 대왕암 진입로 쪽에는 먹을거리가 마땅찮다. 일산해수욕장으로 가면 식당이 많다. 대왕암공원과 일산해수욕장은 산책로로 연결돼 있다. 특히 일산해수욕장에서 보는 일몰이 아름답다. 상가와 편의시설, 숙박시설들이 대규모로 조성돼 있어서 일산해수욕장에서 숙박하고 다음날 대왕암에서 일출을 보면 좋다.

> 고래바다여행선 투어: 장생포항을 출발하여 강동, 울기등대, 간절곶을 돌며 고래를 탐사하는 투어다. 고래탐사는 4~10월 수, 목, 토요일 1회, 일요일 2회 운영된다. 문의: 장생포고래문화특구 052-226-5672 | 홈페이지: www.whalecity.kr

> 태화강전망대 개방: 09:00~22:00 | 휴관: 매주 첫째 월요일

> 소망우체통에 엽서가 없을 때는 간절곶휴게소에서 얻을 수 있다.

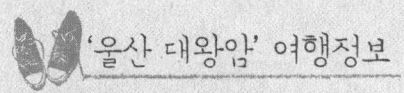
'울산 대왕암' 여행정보

● 가는 길

1 서울 → 대왕암공원

①서울고속버스터미널에서 울산고속버스터미널까지 버스 1일 35회 운행(4시간 30분 소요). 버스터미널 맞은편 백화점 옆 정류소에서 버스 1401번을 타고 화정주공아파트앞에서 하차(40분 소요). 마을버스 32번으로 환승, 울기공원 정류소에서 하차. 대왕암공원까지 도보 10분.

문의: 울산고속버스터미널 052-268-1556

②동서울터미널에서 방어진시외버스터미널까지 버스 1일 2회 운행(10:40 16:40(방어진 → 동서울 08:40 18:20), 대왕암까지 택시 이용(기본요금) 또는 마을버스 32번을 타고 울기공원 정류장에서 하차 (두 정거장), 대왕암공원까지 도보 10분.

문의: 경남고속 052-265-8646

③서울역에서 울산역까지 KTX 1일 29회 운행(2시간 30분 소요) → 역에서 나와 버스 5002번을 타고 일산해수욕장 정류소에서 하차, 등대입구 정류소에서 마을버스 32번으로 환승해 울기공원 정류소에서 하차. 대왕암공원까지 도보 10분.

2 울산고속버스터미널 → 일산해수욕장

버스 터미널 맞은편 백화점 옆 정류소에서 버스 133, 401, 108번을 타고 일산해수욕장 정류소에서 하차(1시간 소요), 대왕암공원까지 도보 이동(1km).

홈페이지: 울산교통관리센터 www.its.ulsan.kr

3 울산고속버스터미널 → 태화강생태공원

버스 터미널 맞은편 백화점 옆 정류소에서 버스 807, 133, 708번을 타고 학성여중앞 정류소에서 하차, 태화강생태공원까지 도보 10분.

4 울산고속버스터미널 → 장생포고래박물관

버스터미널 앞에서 버스 246번을 타고 장생포고래박물관 정류소 하차.

5 장생포고래박물관 → 신화마을

장생포고래박물관 앞에서 버스 246번을 타고 새터삼거리 정류소 하차, 신화마을까지 도보 10분. 택시로는 15분.

6 대왕암 → 간절곶

대왕암에서 울산고속버스터미널을 거쳐 간절곶으로 이동한다.

7 울산고속버스터미널 → 간절곶

버스터미널 맞은편 아웃백 앞에서 버스 715번을 타고 간절곶 정류소에서 하차, 간절곶까지 도보 10분.

● 맛집

장생포고래박물관 인근에 있는 고래고기원조할매집(052-261-7313)이 가장 유명하다. 일산해수욕장에 하이루(오리고기 052-252-4004 예약 필수), 동화어락 회타운(활어회 052-233-1010), 청양일초일산 쭈구미(주꾸미요리 052-235-2280), 카페 모비딕(052-235-7006), 옹심이 칼국수(052-252-5590)이 있다. 고속버스터미널 인근에서는 삼산밀면(052-267-8727)이 유명하다.

● 숙소

일산해수욕장 인근에 숙소가 많다. 노블리스모텔(052-201-5835)이 추천할 만하다. 간절곶에는 해돋이펜션(052-238-5938), 아샘블관광호텔(052-238-0031) 등이 있고, 민박도 많다.

해안선
길

울산광역시

태화강십리대밭길
태화강역
울산고속버스터미널
신화마을
태화강
장생포고래박물관
일산해수욕장
울기등대
대왕암
방어진시외버스터미널
대왕암공원

간절곶·부산 방면

고래찌개

고래고기

일산해수욕장

1월의 세번째 여행

아바이를 만나러 떠나는 여행, 속초 아바이마을

겨울 하면 제일 먼저 떠오르는 곳이 속초다. 그렇다고 이곳이 눈이 유독 많이 내린다거나 겨울에 볼거리가 풍성한 곳은 아니다. 그럼에도 겨울과 연결이 된다는 것은 속초의 독특한 분위기가 있기 때문이리라. 사람마다 제각기 다른 분위기를 풍기듯 도시도 그렇다는 걸 속초를 보면서 느낀다. 아무리 생각해봐도 속초는 '겨울스럽다'.

※ 당일 코스 ※

중앙시장 - 갯배 - 아바이마을 - 속초등대 - 영금정 - 동명항

갯배를 타고 마음의 줄을 당기다, 아바이마을

　　　　　경춘고속도로가 개통되면서 서울에서 속초까지 가는 데 걸리는 시간이 2시간 30분대로 단축됐다. 앞으로 당일치기로 다녀올 만한 여행지로 각광받을 날도 멀지 않은 것이다.

　　속초시외버스터미널에 내려 속초 시내 쪽으로 15분 정도 걸으면 중앙시장이 나온다. 중앙시장은 골목마다 특징이 있다. 수산물골목, 청과물골목, 순대골목 등 골목마다 같은 업종의 가게들이 몰려 있는 것이다. 어느 골목에서 무엇을 파는지 어렵지 않게 알 수 있으니 외지인이라도 쉽게 장을 볼 수 있다. 상가건물 안에는 포목, 정육, 의류, 잡화, 식당 등 다양한 품목의 상점들이 빼곡하다. 그중에서도 지하 1층에 있는 활어회센터가 눈길을 끈다. 싱싱한 횟감을 즉석에서 떠서 먹을 수 있으니 아바이마을에서 점심을 먹을 계획이 아니라면 이곳에서 끼니를 해결해도 좋다.

　　생선구이골목을 지나면 갯배 선착장이 코앞이다. 도로를 이용하면 중앙동에서 아바이마을(청호동)까지 30분이나 걸리지만 갯배를 타고 청초호를 건너면 3분 정도면 갈 수 있다. 갯배는 무동력 운반선으로 중앙동과 아바이마을 선착장 사이에 걸쳐진 쇠줄을 갈고리로 잡아 당겨 움직인다. 갯배의 줄을 끌어당기는 선원(?)이 탑승해 있기는 하지만 혼자서는 역부족이므로 승객들이 힘을 보태야 한다. 사실, 그 맛에 갯배를 타는 것

(왼쪽) 아바이마을의 갯배 (오른쪽 위) 속초항 풍경
(오른쪽 아래) 아바이순대와 오징어순대

이라 해도 과언은 아니다. 줄에 갈고리를 걸어 끄는 것도 나름 요령이 필요하다. 몸짓이 어설프면 오히려 거들지 않느니만 못하다. 갯배 탑승요금은 편도 2백 원이다.

아바이마을은 동쪽에 바다, 서쪽에 청초호를 끼고 있다. 원래는 사람이 살지 않는 백사장이었는데, 한국전쟁 때 함경도에서 피난 온 실향민 5가구가 이곳에 자리를 잡았다. 그것이 바로 이 마을의 시초다. 이후 실향민들이 점차 몰려들면서 '아바이마을'로 불리게 됐다. '아바이'는 함경도 말로 '할아버지'라는 뜻이다. 주민들은 대부분 어업이나 식당업에 종사한다.

아바이마을은 TV에 소개되면서부터 소박했던 모습이 점차 사라지고, 식당가로 변해가고 있다. 수년간 이 마을의 변화를 지켜보면서 적지 않게 실망했지만 겨울이 되면 철새처럼 다시 찾아오게 되는 것은 이제껏 쌓아온 속초에 대한 추억 때문이 아닌가 싶다.

일단 아바이마을에 들어섰다면 아바이순대, 오징어순대, 명태순대, 냉면, 막국수 중 하나는 먹고 가야 섭섭하지 않다. 식당에 들어가 순대모둠을 시키면 아바이순대와 오징어순대, 명태회무침이 섞여서 나온다. 아바이순대는 돼지내장에 찹쌀, 숙주, 선지, 채소 등을 버무려 속을 채운 것이고, 오징어순대는 오징어 배를 가르지 않은 상태에서 내장을 제거하고, 찹쌀과 고기, 야채 등을 버무린 소를 채워 넣어 찐 것이다. 명태순대는 오징어순대의 아바이 격으로, 만드는 방법도 같다. 프라이팬에 막 지져 나온 두툼한 순대 몇 점을 먹으면 금방 배가 든든해진다. 냉면도 유명한데 특히 가자미회냉면과 명태회냉면이 별미다.

아바이마을 앞에는 청초해변이 펼쳐져 있다. 이곳에서 바라보는 겨울 바다도 다른 해수욕장 못지않게 아름다우니 굳이 속초해수욕장까지 갈 필요가 없다.

정자에 앉아 거문고 소리를 듣다, 영금정

아바이마을에서 버스를 타고 5분 정도 달리면 속초등대에 도착한다. 등대와 영금정, 동명항이 모두 한 곳에 모여 있어 걸어서 돌아볼 수 있다. 속초등대에 올라가면 왼쪽으로 영금정과 동명항이 보이고, 오른쪽으로 속초 시가지와 설악산이 한눈에 들어온다. 과연 속초8경 중 제일 첫 번째 자리를 차지할 만한 풍광이다. 등대 안은 홍보관으로 꾸며져 있는데, 속초와 등대의 역사를 소개하고 있다.

속초등대에서 내려와 5분 정도 걸으면 영금정이 나온다. 이것은 등대과 동명항 중간 지점에 위치한 커다란 갯바위다. 바위에 파도가 부딪히는 소리가 마치 거문고 소리와 같고, 정자의 풍류가 느껴진다고 하여 '영금정'이라 불린다.

영금정 꼭대기에 설치된 전망대는 그 아래에 있는 해맞이정자와 더불어 일출명소로 유명하다. 정자로 가려면 바다로 길게 뻗은 철교를 건너야 한다. 정자는 철교 끝에 있다. 정자에 올

동명항에서 바라본 속초등대와 영금정전망대, 해맞이정자

라서면 바다에 떠 있는 느낌이 든다. 세찬 파도가 정자를 덮칠까봐 조바심이 나면서도 해돋이를 놓칠 수 없어 발을 동동 굴리며 기다리게 된다. 겨울철에는 정자 정면에서 해가 뜨는데 가슴이 먹먹할 정도로 아름답다.

영금정에선 동명항은 지척이다. 집으로 돌아가기 전에 회 한 접시 먹어주는 것이 속초에 대한 예의라 하겠다. 우선 활어회센터 앞에 깔린 좌판에서 생선을 고른다. 동명항은 100% 자연산 횟감만 취급하기에 싱싱한데다가 저렴하기까지 하다. 고른 생선을 손질한 후 회센터로 올라가면 1인당 1만원을 받고 상을 차려준다. 한겨울에도 센터 안은 수족관에 물고기 떼 풀어놓은 듯 손님들로 바글바글하다. 버스터미널이 가까워 맘 편히 식사를 즐길 수 있어 좋다.

◈ 산에 올라 바다와 가까워지다, 권금성

1박 2일 일정이라면 대포항과 설악산소공원 안에 있는 권금성케이블카를 타보는 것도 좋다. 속초 시내에서 7-1번 버스를 타면 대포항을 거쳐 설악산소공원(종점)까지 갈 수 있다. 눈이 많이 내린 직후라면 더더욱 권금성케이블카를 추천한다. 케이블카는 전망대까지만 운행하고, 권금성 정상까지는 걸어 올라가야 한다. 전망대까지만 올라가도 설악산의 위용을 감상하기에 충분하다. 속초 시가지와 수평선을 가늠할 수 없는 동해 바다, 그리고 수만 개의 얼음 조각을 붙여놓은 듯한 외설악의 봉우리들을 원 없이 구경할 수 있다.

설악산 권금성으로 오르는 케이블카

(왼쪽) 설악산국립공원 내 반달곰상 (오른쪽) 속초 대포항 풍경

대포항은 회센터가 밀집해 있는 것 말고는 특별한 볼거리나 먹을거리가 없다. 그래도 새우튀김만은 어디 내놓아도 빠지지 않는다. 그 맛이 혀를 내두를 정도로 기가 막히지는 않지만 이곳에 와서 안 먹고 가면 왠지 섭섭한 음식이다. 날이 추울수록 입천장이 델 정도로 뜨거운 새우튀김이 더욱 입맛을 당긴다.

Travel Tip

> **속초시관광안내소** 문의: 033-639-2690

> **권금성케이블카** 요금: 어른·청소년 8천 5백 원, 어린이 6천 원

> 속초고속버스터미널에서는 속초해수욕장이 가깝고, 속초시외버스터미널에서는 속초등대와 동명항, 아바이마을이 가깝다. 목적지에 맞게 선택해야 한다. 서울에서 소요되는 시간은 비슷하다.

> 속초항과 아바이마을의 전경을 보려면 청초교에 올라가야 한다.

> 폭설이 내리거나 바람이 많이 불면 권금성케이블카의 운행을 중단한다. 미리 알아보고 출발하는 것이 좋다. 폭설이 왔을 경우 버스가 설악소공원 입구까지 들어가지 못해서 바로 전정거장에서 회차하기도 하니 되돌아 나올 때 버스 운행 여부를 확인해야 한다.

> 1박 2일 일정일 경우 영금정전망대 또는 해맞이정자에서 일출을 봐도 좋다.

> 숙박은 온천탕과 최신 테라피 시설을 갖춘 척산온천휴양촌을 이용하면 좋다.

> **갯배** 운항: 05:00~22:30 | 요금: 편도 2백 원

> **속초등대** 개방: 하절기 06:00~18:00, 동절기 07:00~17:00

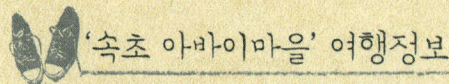

'속초 아바이마을' 여행정보

● 가는 길

1 서울 → 속초

①서울고속버스터미널에서 속초고속버스터미널까지 버스 운행(06:00~23:30, 배차간격 30분).

②동서울터미널에서 속초시외버스터미널까지 버스 06:25~23:00 수시 운행, 2시간 30분 소요.

문의: 속초고속버스터미널 033-631-3181,
속초시외버스터미널 033-633-2328

2 속초시외버스터미널 → 속초고속버스터미널

버스 1-1, 7-1 9-1번 이용.

홈페이지: www.sokchotour.com

3 속초시외/고속버스터미널 → 설악산 소공원

버스터미널 앞에서 버스 7-1번 이용.

4 속초 시내 → 척산온천

버스 3, 3-1번을 타고 척산온천에서 하차.

● 맛집

아바이마을에는 함경도식 식당들이 많다. 맛이 평준화돼 있어서 특정 식당에 줄을 서서 먹을 필요가 없다. 함경도 음식 원조식당으로는 단천식당(033-632-7828)과 다신식당(033-633-3871)이 있는데 다신식당에는 아바이가리국밥이라는 독특한 메뉴가 있다. 중앙시장 안에도 맛집이 제법 있다. 순대골목에 가면 동해순대국집, 팔팔순대국집, 중앙순대국집이 있으며, 찰진 감자옹심이의 감칠맛이 일품인 감나무집(033-633-2306), 물회를 잘하는 진양횟집(033-635-9999), 젊은이들의 입맛을 사로잡은 만석닭강정(033-632-4084) 등이 있다. 중앙시장 쪽 선착장 앞에는 속초명태회냉면으로 유명한 원산면옥(033-633-8838), 곰치국을 잘하는 옥미식당(033-635-8052), 88생선구이(033-633-8892)도 있다. 대포항에 있는 소라엄마네 새우튀김도 지나는 길에 먹어볼 만하다.

● 숙소

속초에는 숙박시설이 많아 성수기가 아니면 숙박 걱정을 하지 않아도 된다. 동명항에 해맞이모텔(033-637-0009), 등대비치(033-636-1148), 메모리즈모텔(033-636-9415), 할머니콘도민박(033-633-3798), 더하우스호스텔(017-713-0550) 등이 있다. 설악소공원 입구에 설악켄싱턴스타호텔(033-635-4001),설악의아침(033-632-6677),설악파크호텔(033-636-7711), 설악산유스호스텔(033-636-7115) 등 숙박업소가 즐비하다.

오징어순대

국밥

> 2월의
> 첫번째 여행

옛 노래처럼 정겨운 거리,
영월 요리골목

'한번 보고 두 번 보고 자꾸만 보고 싶네~' 영화 〈라디오스타〉에 등장하는 매니저 박민수의 18번이다. 그는 20년 지기인 왕년의 가수왕 최곤과 함께 있을 때마다 이 노래를 흥얼거린다. 이 옛 노래의 가사처럼 볼수록 정이 드는 곳이 영월이다. 그곳에서는 정겹고 따스한 사람 냄새가 물씬 풍긴다.

※ 당일 코스 ※

청령포 - 🚗 - 장릉 - 👣 or 🚗 - 선돌 - 🚗 or 🚗 - 요리골목과 영화 〈라디오스타〉 촬영지 - 👣 - 서부시장

벽화에 영월을 그리다

영월에 갈 땐 왠지 완행열차를 타야할 것 같다. 열차 좌석을 마주보게 돌려 앉아 친구들과 밀린 이야기를 나누는 것도 좋고, 카트에서 사이다와 달걀을 사서 나눠먹는 재미도 쏠쏠하다. 눈이라도 내리면 더할 나위 없다.

영월 읍내에 군밤처럼 구수한 냄새가 풍기는 '요리골목'이 생겼다. 이름에 '요리'가 들어가서 음식점들이 즐비한 거리를 연상했다면 지금의 모습에 실망할지도 모른다. 하지만 60년대로 거슬러 올라가면 이곳은 우리나라 근대화를 이끌었던 탄광 노동자들이 고된 하루 일과를 마치고 즐겨 찾았던 음식거리였다. 80년대 이후 탄광의 쇠락과 함께 이 골목의 영화도 점차 사라져갔다.

그러다가 2008년, 이 골목에 놀라운 변화가 일어났다. '걷고 싶은 거리 요리골목'이란 주제로 벽화거리 조성사업이 진행된 것이다. 영화 〈라디오스타〉의 장면 대부분이 영월에서 촬영된 것을 인연으로 배우 안성기와 박중훈의 얼굴이 벽화거리에 있는 종합상가건물 꼭대기에 대문짝만하게 그려졌다. 이 거리에 실제로 살고 있는 주민들이 벽화의 모델이 되기도 했다.

건물 외벽에 그려진 광부의 주름진 얼굴에서는 지난날의 아득한 추억과 향수가 느껴진다. 요리골목에서 식당을 하며 한평생 거주하고 있는 할머니와 대를 잇고 있는 며

느리의 온화한 미소가 그려진 벽화 앞을 지나노라면 행인의 마음까지 환해진다. 자전거를 타고 요리조리 골목을 누비는 발랄한 모습의 동네 아이들이 금방이라도 벽화에서 튀어나올 듯하다. 파란 지붕 집에 사는 여자아이의 수줍은 미소가 그 집 담벼락에 그대로 재현되었다. 때마침 골목 초입에 있는 초등학교에서 아이들이 하교를 하고 있다면 그 속에서 벽화의 주인공을 찾을 수 있을지도 모르겠다.

벽화거리에는 실존인물을 소재로 한 벽화 외에도 요리골목 테마에 맞춰 국숫발을 집어올리는 젓가락, 호호아줌마로 통하는 식당을 운영하는 아주머니의 동상, 음식점의 메뉴를 한눈에 알아챌 수 있도록 디자인한 아기자기한 간판들도 있다. 이 거리를 지나는 누구나 잠시 쉬었다 갈 수 있도록 배려한 한 평 공원에서는 영월이 고향인 영화배우 유오성의 브론즈벤치가 반긴다.

낡고 케케묵었다고 외면당하던 라디오방송국이 왕년의 가수왕과 그의 헌신적인 매니저, 영월 주민들에 의해 다시 활기를 찾은 것처럼 요리골목도 벽화거리 조성으로 인해 영월의 새로운 관광명소로 부각되고 있는 것이다.

요리골목의 다양한 벽화들

라디오스타로 거듭나다

요리골목이 끝나는 지점, 사이좋은 고부간의 모습이 그려진 '미락식당' 앞에서 좌회전하면 〈라디오스타〉의 주된 촬영 장소였던 영월읍 시가지가 나온다. 이 거리에서 가장 먼저 눈에 띄는 곳은 '청록다방'. 다방 창문에는 〈라디오스타〉의 영화 포스터가 상장처럼 붙어 있다. 라디오 생방송 중, 비가 내리면 엄마가 보고 싶다고 엉엉 울었던 청록다방 종업원 김양이 애교스런 말투로 "오빠! 곤이 오빠도 왔네!"하며 금방이라도 문을 열고 반겨줄 것만 같다.

골목 끝에서 다시 좌회전해서 위로 올라가다 보면 서로 마주보고 있는 '사팔종합건재'와 '곰세탁소'가 있다. 왕년에 최곤의 열렬한 팬으로 늘 커피를 외상으로 마셔서 김양을 곤란하게 하다가 최곤에게 혼이 났던 두 가게의 주인 양반들이 떠올라 입에 웃음을 머금게 된다.

조금 더 걸으면 최곤이 라디오 생방송 중 공개구혼을 해주어 맺어진 꽃집 총각과 농협 아가씨가 일하던 '명동화원'과 '농협'도 보인다. 박민수와 최곤이 낡은 손가방을 주거니 받거니 하며 걷던 곳도 바로 이 거리다. 이 일대가 모두 영화 〈라디오스타〉의 촬영지라고 해도 지나치지 않다.

영화 〈라디오스타〉 촬영지인 청록다방

별을 사랑하는 마음을 노래하다

"야, 곤아, 자기 혼자 빛나는 별은 없어. 별은 다 빛을 받아서 반사하는 거야"

영화 〈라디오스타〉의 촬영지였던 영월 별마로천문대에서 별을 관측하던 박민수가 최곤에게 건넨 말이다. 별마로천문대는 영월을 비추는 별 같은 존재다. 별마로천문대만큼 '영월스럽다'라는 표현이 잘 어울리는 곳도 없다. 낡았지만 정겹고, 작지만 포근한 느낌을 갖게 하는 낭만적인 장소이다. 천문대가 위치한 봉래산 정상에서 아래를 내려다보면 영월의 시가지와 동강과 서강의 합수지점이 한눈에 보인다. 〈라디오스타〉에서 영월 시가지가 시원스레 펼쳐지는 장면이 바로 이곳에서 촬영되었다. 그밖에도 시끌벅적한 영월 오일장, 최곤과 민수가 영월 유일의 록밴드 '이스트리버'와 마주쳤던 영월역의

별마로천문대

기찻길, 두 주인공과 오랜 인연이 있던 순댓국집, 낡았지만 정겨운 방송국, 휘돌아 흐르는 동강 등 영월의 아름다운 풍광이 영화를 빛내주고 있다.

단종의 눈물을 보다, 청령포

영월은 예로부터 비운의 임금, 단종의 유배지로 유명한 곳이다.

청령포, 장릉, 소나기재, 관풍헌, 자규루 등은 단종의 넋이 서린 유적지들이다. 그중 대표적인 곳이 청령포다. 왕위를 찬탈한 숙부 수양대군은 조카를 고립된 이 땅에 유폐했다. 청룡포는 동, 남, 북 삼면이 강으로 둘러싸여 있고, 서쪽으로는 험준한 육육봉 암벽이 솟아 있어 나룻배로만 드나들 수 있다.

청령포는 솔숲이 아름답다. 아침 안개가 자욱한 솔숲은 몽환적인 분위기를 자아낸다. 솔숲 안에는 단종이 머물렀던 단종어가와 관음송, 망향탑, 노산대 등의 유적지가 조성돼 있다. 어가 뒤편으로 천연기념물로 지정된 관음송이 하늘을 찌를 기세로 서 있다. 단종의 유배생활을 지켜보며觀 단종이 오열하는 소리를 들었다音 하여 관음송이라는 이름이 붙었다 한다.

관음송을 지나 나무 계단을 오르면 단종이 노산군으로 감봉된 후, 시름에 젖어 올랐다는 노산대와 단종이 한양에 두고 온 왕비 송씨를 그리워하며 쌓았다는 망향탑이 있다.

청령포에서 약 2.6km 떨어진 곳에는 단종이 잠들어 있는 장릉이 있다. 소나무들이 일제히 장

(왼쪽) 청령포의 관음송
(오른쪽) 소나기재의 선돌

릉을 향해 허리를 굽히고 서 있는 모습에서 단종애사가 떠올라 맘이 애잔해진다. 묘소 앞에 서니 소슬바람이 분다. 바람결에 슬픈 옛이야기가 들리는 듯하다.

장릉에서 31번 국도를 따라 1㎞쯤 걷다 보면 고개 정상에 있는 소나기재를 지나게 된다. 단종이 청령포로 가기 위해 이 고개를 넘을 때 하늘도 서러워 소낙비를 뿌렸다고 해서 소나기재라 불린다. 소나기재에서 100m 정도 떨어진 곳에는 선돌전망대가 있다. 전망대 아래 서강변에는 두 갈래로 우뚝 솟은 선돌立石이 버티고 섰다. 발아래 펼쳐지는 풍경은 감탄사를 연발할 만큼 경이롭다. 서강의 굽이치는 푸른 물과 깎아지른 절벽이 어우러진 모습은 한 폭의 진경산수화를 감상하는 듯하다.

Travel Tip

> **영월군청관광** 문의: 1577-0545 | 홈페이지: www.ywtour.go.kr
> **청령포관광안내소** 문의: 033-370-2657

> 영월역에서 내일러를 대상으로하는 시티투어버스 프로그램도 있다. 일반 여행객은 코레일(홈페이지: www.korail.com)의 열차 상품을 이용하면 된다.
> 코스: 영월역 출발 - 동강생태관 - 청령포 - 장릉 - 선돌 - 탄광문화촌 - 한반도지형 - 재래시장 - 영월역 도착
> 문의: 영월역 033-375-7999 | 홈페이지: http://cafe.naver.com/youngwol7788

> **별마로천문대**
> 문의: 033-374-7460 | 홈페이지: www.yao.or.kr | 운영: 하절기 15:00~23:00, 동절기 14:00~22:00 | 휴관: 월요일, 공휴일 다음날, 명절(단, 금요일이 공휴일이면 금, 토, 일요일은 정상적으로 개관하고 다음 월, 화요일에 휴관)

> 요리골목 지척에 영월읍에서 가장 큰 상설재래시장인 서부시장이 있다. 걷다가 출출할 땐 시장통에서 강원도 토속음식인 메밀부꾸미를 사먹으면 든든하다. 일찍 파장하므로 오후 6시 이전에 가는 것이 좋다.

> 영월 읍내에 있는 동강사진박물관도 둘러볼 만하다. 클래식한 카메라들과 1950~80년대 사이 우리의 삶을 진솔하게 기록한 다큐멘터리 사진, 동강사진상 수상 작가들로부터 기증받은 사진 작품들을 볼 수 있다.
> 문의: 033-375-4554 | 홈페이지: www.dgphotomuseum.com

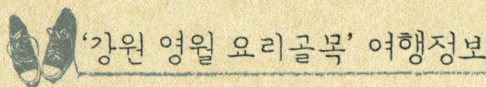
'강원 영월 요리골목' 여행정보

● 가는 길

1 서울 → 영월

①버스: 동서울터미널에서 영월시외버스터미널까지 1일 13회 운행.
센트럴시티터미널에서 영월시외버스터미널까지 버스 1일 4회 운행(10:00~20:30, 2시간 30분 소요).

②기차: 청량리역에서 영월역까지 1일 6회 운행(2시간 10분 소요).

문의: 영월시외버스터미널 033-374-2451

2 영월시외버스터미널 → 요리골목: 도보 5분.

3 영월역 → 요리골목

영월역 앞에서 함백(시내 방향)버스를 타고 삼성전자버스정류소에서 하차(4개 정류소 이동) 또는 도보 20분.

4 영월시외버스터미널 → 장릉 → 선돌

조전리 농어촌버스를 타고 장릉 정류소에서 하차(1일 4회 운행, 10분 소요), 정류소에서 선돌까지 도보 1km 또는 택시로 기본요금.

5 영월시외버스터미널 → 청령포

광천, 선돌행 시내버스를 타고 청룡포주차장버스정류소에서 하차 또는 택시로 기본요금.

6 청령포 → 장릉

약 2km 거리. 버스를 이용할 경우 갈아타야 하는 번거로움이 있으므로 택시 권장.

7 별마로천문대는 택시를 이용하거나 영월시티투어버스를 이용하는 방법밖에 없다.

문의: 영월콜택시 033-375-8282, 033-375-7474, 영월개인콜택시 033-373-1112

● 맛집

영월의 토속음식으로 보리밥, 다슬기해장국, 메밀부꾸미, 곤드레밥, 칡국수, 올챙이국수 등이 있다. 이중 장릉 주차장 앞에 있는 장릉보리밥집(033-374-3986), 김인수할머니손두부집(033-374-3698)의 음식 맛이 괜찮다.

● 숙소

영월읍에 리버텔(033-375-8801), 동강빌리지(033-374-7151), 나이스모텔(033-373-0709) 등이 있다.

선돌
31 국도
영월군
장릉
별마로천문대
영월시외버스터미널
영월군청   청록다방
동강사진박물관 묘리골목
나룻터
청령포
안성기 박중훈이
그려진 면선(종합상가)
영월역
서부시장
동강

보리밥

청령포로 가는 나룻배

2월의
두번째 여행

근대역사의 흔적을 더듬다,
인천 개항장누리길

인천 중구청(신포동)을 중심으로 차이나타운과 답동, 배다리 우각로 일대에는 서양식 근대건축물들이 빼곡하다. 1883년 개항 이후, 청국, 일본, 서구열강들이 앞 다퉈 인천으로 몰려왔고, 이 지역에 그들의 삶터를 형성했기 때문이다. 지금은 그 흔적들이 '개항장문화지구'로 탈바꿈하여 방문객들을 기다리고 있다.

당일 코스

차이나타운 – 자유공원 – 구 제물포구락부(인천문화원) – 청·일조계지 경계계단 – 구 일본영사관(중구청) – 구 인천일본제1은행(인천개항박물관) – 구 인천일본18은행지점(개항장박물관) – 인천아트플랫폼 – 신포시장 – 답동성당 – 배다리헌책방거리

한국 속의 중국을 여행하다

작은 바닷가 마을이었던 제물포(현 인천항)는 개항으로 인해 서구문물의 유입 창구가 됐다. 제물포항을 통해 우리나라 최초의 등대, 시외전화, 화폐, 구두, 담배, 성냥, 축구, 야구 등의 외국 문물이 쏟아져 들어왔고, 최초의 근대식 공원, 극장, 학교, 철도, 호텔, 은행 등의 서양식 건축물이 세워졌다. 최근에는 이 건물들이 전시관과 박물관으로 리모델링되면서 인천도보관광명소로 부상했다.

인천 개항장누리길 도보여행의 출발점은 인천역이다. 이곳에 도착해 가장 먼저 해야 할 일은 역사 왼쪽에 있는 관광안내센터에 들러 지도를 챙기는 일이다. 안내센터를 나오면 길 건너편으로 전통적인 중국식 대문인 패루가 서 있다. 패루 너머가 바로 차이나타운이다. 이곳은 개항 후 중국 산동성에서 건너온 화교들이 터전을 잡기 시작하면서부터 형성됐다. 거리에는 중국음식점과 기념품점이 즐비하다. 상점들은 붉은 치파오를 걸친 것처럼 온통 빨강색으로 치장했다. 우리나라에서 자장면을 최초로 만들었다는 공화춘의 건물은 자장면박물관으로 리모델링 중이다.

차이나타운에 왔으면 자장면은 먹어봐야 섭섭하지 않다. 입소문이 자자한 식당들은 대체로 맛도 좋고, 양도 푸짐한데다 가격까지 저렴해서 손님들의 마음을 즐겁게 한다.

자장면 말고도 차이나타운에는 먹을거리가 많다. 옹기병, 월병, 만두 등 보기만 해

차이나타운의
삼국지벽화거리

도 군침이 돈다. 그 가운데 하나인 옹기병은 중국전통음식으로 화덕에 구운 호떡이다. 테니스 공만한 밀가루 반죽에 고기, 고구마, 단호박 소를 넣고, 뜨겁게 달군 화덕 벽면에 턱턱 붙인다. 뜨거운 열 때문에 반죽이 10분이면 노릇하게 익는다. 호떡이라고는 하지만 기름에 튀기지 않아 담백하다. 마치 바게트와 만두속을 합쳐놓은 듯한 맛이다. 옹기병을 뜯어 먹으며 걷다 보면 삼국지벽화거리가 나타난다. 길 양쪽 벽면에 삼국지 소설을 바탕으로 한 타일벽화가 그려져 있다. 벽화 속에 묘사된 흥미진진한 이야기를 읽으며 발걸음을 옮겨가다 보면 어느새 자유공원으로 올라가는 계단이 나온다.

개항장누리길을 거닐다

자유공원은 1888년에 건립된 한국 최초의 서구식 공원이다. 공원 꼭대기에 있는 한미수교 100주년(1982년)을 기념하는 기념탑과 맥아더장군상은 이곳의 명물이라 할 수 있다. 팔각정에 올라 인천항을 바라보면 선박들이 고요히 정박해 있는 풍경이 보인다. 격동했던 개항기의 열기는 찾아보기 어렵다. 팔각정에서 내려오면 제물포구락부가 지척이다.

제물포구락부는 제물포에 거주하던 독일, 미국, 러시아, 일본인들의 사교장이었다. 하얗게 회칠한 건물의 벽면이 인상적이다. 그곳을 지나면 공자상이 있는 청·일조계지 경계계단이 나온다. 이 계단을 경계로 북성동 쪽에는 청나라 건축물이, 신포동 쪽에는 일본식 건축물이 들어서 있다. 열강들이 조선의 영토를 땅따먹기 하듯 갈라놓았다는 사실을 증명하는 역사의 현장이다.

신포동 방면으로 가다 보면 중구청(구 일본영사관)을 중심으로 구 일본제1은행, 구 일본18은행,

구 일본58은행, 구 일본우선주식회사 등 서양식 근대건축물이 몰려 있다. 이 거리에 들어서면 마치 1880년대 거리를 걷고 있는 듯한 착각에 빠지게 된다.

구 일본제1은행은 1883년에 건축된 르네상스풍의 석조 건물로서 일본영사관의 금고 역할을 했다. 120여 년간 은행, 조달청, 등기소, 상설의류매장, 사무실 등 다양한 용도로 사용되다가 2010년 11월에 '인천개항박물관'으로 개관했다. 이곳에는 개항 후 우리나라에 최초로 들어온 우표와 우편물, 우체통, 전보와 전화기, 경인선 기관차 모형 등이 전시돼 있고, 개항기 신포동 거리를 실감나게 재현해놓은 포토존이 있다. 옛 유물들은 당시 건물에 전시됨으로써 생명력을 얻고, 생생한 현장감을 전달한다. 박물관 옆에 있는 구 일본18은행은 근대건축물 모형들을 전시한 '인천개항장근대건축물전시장'으로 탈바꿈했다.

구 일본58은행 앞을 지나 한 블록 아래로 내려가면 인천아트플랫폼 거리가 나온다. 아트플랫폼은 인천시가 개항기 근대건축물과 1930~40년대에 지어진 건물들을 리모델링하여 창작스튜디오, 공방, 교육관, 전시장, 공연장 등으로 조성한 복합문화예술공간이다. 쉽게 말하면 과거의 건축물에서 현재의 예술가들이 미래를 향한 창작활동을 하는 곳이라 할 수 있다. 기발하고 창의적인 실험정신이 돋보이는 사진, 그림, 조각 작품들을 무료로 감상할 수 있으니 횡재나 다름없다.

아트플랫폼을 나온 후, 중동우체국(구 인천우체국) 사거리를 지나 좌회전하여 오르막길을 오르면 신포시장이다. 이 시장은 인천의 대표적인 재래시장이자 공갈빵, 닭강정, 신포만두, 산동만

(왼쪽) 인천개항장박물관 (오른쪽) 인천아트플랫폼

(왼쪽) 닭강정 (가운데) 옹기병 (오른쪽) 삼색만두

두, 신포순대, 쫄면 등 이름만 들어도 반가운 음식들이 탄생한 곳이다. 시장에 들어서자마자 공갈빵이 유혹을 한다. 공갈빵은 어른 얼굴만큼 크지만 속이 비었다. 단단해서 주먹으로 세게 내리쳐야 부서진다. 바삭한 껍질 속에는 시럽이 발려 있어 달콤하다.

시장 골목 안으로 들어갈수록 눈이 휘둥그레진다. 분홍, 노랑, 쑥색 삼색만두와 뽀얀 왕만두, 각종 튀김과 전, 닭강정 등이 잔칫상을 떠오르게 한다. 아무리 참으려 해도 골목 끝 신포닭강정집 앞에 서게 되면 인내심이 무너진다. 매콤달콤한 닭강정 맛은 중독성이 강해서 외지인들뿐만 아니라 인천사람들도 즐겨 찾는다.

골목 끝에서 오른쪽 언덕으로 오르면 우리나라 성당 중 가장 오래된 근대건축물인 답동성당(1809)이 있다. 외강내유라는 느낌이 드는 성당이다. 성당을 나와 내리막길로 들어서면 곧 동인천역에 도착한다. 답동성당은 '개항장누리길'의 마지막 코스다. 이곳에서 도보여행을 마무리해도 되지만 배다리를 생각하면 쉽게 발길을 돌릴 수 없다.

배다리로 떠나는 추억여행

동인천역 앞 송현동, 송림동, 창영동 일대가 배다리다. 1980년대 말 이전에는 밀물과 썰물이 드나드는 갯골이었고, 생필품을 실어 나르는 쪽배가 드나들었다고 한다. 그래서 배다리라고 불렸다. 1899년에 한국 최초의 철도인 경인선이 개통되고, 제물포에 조계지가 만들어지자 그곳에서 밀려난 사람들이 배다리로 몰려들었다. 한국전쟁 후에는 피란민들이 모여들면서 판자촌과 순대시장, 양키시장(중앙시장)이 생겨났다. 하지만 지금은 그때의 모습을 찾을 수가 없다. 배다리에 복개공사를 한 후 대로가 나고 상가들이 밀집하면서 낯선 동네로 변했다.

(왼쪽) 배다리골목 풍경 (오른쪽) 벽화가 그려진 배다리골목

배다리골목 초입에는 개점한 지 40년 가까이 된 아벨서점이 있고, 그 옆으로 헌책방 서너 채가 늘어섰다. 예전에는 신학기만 되면 학생들로 북적이던 헌책방거리였다. 지금은 찾는 이가 많지 않아 적막하기까지 하다.

배다리의 중심길이라 할 수 있는 우각로로 들어서면 낡은 주택과 후미진 골목이 이어진다. 1920년대 인천의 막걸리 '소성주'를 제조했던 옛 양조장 건물은 사진, 미술, 건축을 전시하는 갤러리 '스페이스 빔'으로 변모했다. 여기저기 찌그러진 깡통로봇이 스페이스 빔의 대문을 지키고 섰다.

인근에 위치한 문화예술집단 '퍼포먼스 반지하'에서 운영하는 무인카페에 들러 차를 한 잔 마시는 것도 좋다. 카페 관계자로부터 우각로 공공미술프로젝트에 대해 상세히 들을 수 있을 것이다. 주민들은 프로젝트의 일환으로 함께 낡은 담벼락에 벽화를 그리고, 버려진 옛 집터를 텃밭으로 가꾸는 일 등을 해냈다.

벽화거리를 걷다 보면 인천의 첫 사립학교인 영화초등학교(1892), 최초의 공립 보통학교인 창영초등학교(1907), 그리고 미국 감리교회 여선교사의 기숙사인 인천기독교사회복지관(19세기 말)을 볼 수 있다.

해는 뉘엿뉘엿 기울고 그냥 집에 돌아가기가 왠지 아쉽다면 스페이스빔 옆에 있는 허름한 선술집, '개코막걸리'에 들러도 좋다. 선술집의 주인장은 우각로의 터줏대감으로 배다리의 쪽배를 아직도 기억하고 있다. 그가 들려주는 옛이야기를 안주 삼아 막걸리 한 모금 홀짝여보는 것도 운치 있는 일이리라.

개코막걸리

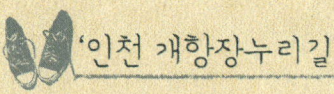

'인천 개항장누리길' 여행정보

● **가는 길**

1 전철 1호선 인천역에서 하차, 역 광장을 건너면 바로 차이나타운이다.

2 인천역에서 하차해 개항누리길까지 도보 10분 소요.

3 수도국산 달동네 박물관: 전철 1호선 동인천역 2번 출구에서 도보 10분 소요.

※개항장 누리길 안내와 지도는 인천 중구청 홈페이지(www.icjg.go.kr)와 누리길 홈페이지(http://cafe.daum.net/inmunkwan)에서 볼 수 있다.

문의: 인천종합관광안내소 032-777-1330

● **맛집**

차이나타운에서는 공화춘(032-765-0571), 대창반점(032-772-0937), 상원(032-762-0684), 자금성(032-761-1688), 태화원(032-766-8688), 풍미(032-772-2680) 등이 유명하다. 간식거리로는 십리향(032-762-5888)의 옹기병, 복래춘(032-772-3522)의 월병, 신포시장 산동만두(032-764-3447)의 40년 전통 공갈빵, 신포닭강정(032-764-5888), 신포원조닭강정(032-762-5800), 찬누리닭강정(032-765-1235), 맛샘분식(032-765-2241), 신포순대(032-773-5735) 등이 있다.

복래춘

신포시장만두

공갈빵

팔보채

이런 곳도 있어요!

근대건축물전시관

문의: 032-760-7549 | 홈페이지: www.icjgss.or.kr/architecture | 운영: 09:00~18:00 | 휴관: 연중무휴 | 입장료: 일반 500원, 청소년 300원, 어린이 200원

인천개항박물관

문의: 032-760-7508 | 홈페이지: www.icjgss.or.kr/open_port | 운영: 09:00~18:00 | 휴관: 연중무휴 | 입장료: 일반 500원, 청소년 300원, 어린이 200원

수도국산 달동네 박물관

배다리 삼거리에서 송현동으로 가면 수도국산박물관이 있다. 인천 동구청에서 지금은 사라진 송현동 일대 달동네를 추억하고자 박물관을 건립했다. 달동네 허름한 골목에 구멍가게, 이발소, 솜틀집, 연탄가게, 만화방 등을 재현해두었다. 물지게 지기, 연탄 갈기, 옛날 교복 입어보기, 뱀사다리주사위놀이 등을 체험해 볼 수 있다.

문의: 032-770-6131~4 | 홈페이지: www.icdonggu.go.kr/museum | 운영: 09:00~18:00 | 휴관: 매주 월요일, 1월 1일, 설날 및 추석날 당일 | 입장료: 입장료: 일반 500원, 청소년 300원, 어린이200원

그밖의 볼거리로는 인천근대박물관, 중국어마을 문화체험관, 한중원쉼터, 스카이힐, 중국식 주택건축물, 청국영사관 회의청, 한국기독교100주년기념탑, 일선빌딩, 일본인주택, 내리교회 등이 있다.

관광명소 찾아보기

〈라디오스타〉 촬영지 • 363
〈봄의 왈츠〉 세트장 • 070
〈천년학〉 세트장 • 037
〈취화선〉 세트장 • 037
〈토지〉 세트장 • 062
10리 벚꽃길 • 064

가파도 • 053
간절곶 • 348
강구안 중앙시장 • 118
강화나들길 • 238
강화산성 동문 • 238
강화산성 북문 • 241
강화성공회성당 • 239
갑곶돈대 • 243
강화향교 • 241
개심사 • 085
개평리한옥마을 • 302
객사길 • 164
갯배 선착장 • 353
거연정 • 300
거제포로수용소유적공원 • 047
검멀레해변 • 179
격포항 • 330
경기전 • 162

경주국립박물관 • 311
계동길 • 290
계림 • 310
고래생태체험관 • 348
고려궁지 • 241
고창고인돌공원 • 226
고창읍성 • 226
곰소항 • 327
공곶이 • 046
광양 매화마을 • 035
광장시장 • 294
구 일본18은행 • 372
구 일본58은행 • 371
구 일본우선주식회사 • 371
구례 산수유마을 • 038
국사봉생태탐방로 • 096
국제시장 • 268
군자정 • 300
권금성 • 356
근대건축물전시관 • 375
금보여인숙 • 257
김영갑갤러리 • 182
깡통시장 • 267

나리분지 • 141
낙산사 • 275
낙안읍성민속마을 • 319
남강천 • 301
남사당전수관 • 080

남포동 PIFF광장 • 269
내소사 • 328
내수전 일출전망대 • 143

다산 4경 • 028
다산수련원 • 027
다산초당 • 027
답동성당 • 372
대릉원 • 310
대왕암공원 • 345
대포항 • 357
덕진공원 • 159
덕진연못 • 159
도솔암 • 225
독락당 • 309
돋음볕마을 • 226
돌산대교 • 338
동강 래프팅 • 191
동강 어름치마을 • 187
동명항 • 356
동피랑마을 • 116
동호정 • 300
두물머리 • 197

ㅁ

마라도 • 056
마애불좌상 • 225
만리포해변 • 096
말바위쉼터 • 104
멋진 신세계 • 234
메타세콰이어 가로수길 • 215
명옥헌 원림 • 211
못골시장 • 258
무릉계곡 • 284
무슬목 • 337
무의도 • 169
묵호등대 • 283
묵호항 • 281
미당시문학관 • 227
미륵산 • 118

ㅂ

바다열차 • 206
바람의 언덕 • 048
박경리토지문학비 • 062
방화수류정 • 257
배다리벽화거리 • 373
백련사 • 029
백룡동굴 • 187
백사실계곡 • 102
벌교 • 323
범바위길 • 072

별마로천문대 • 363
보수동 책방골목 • 266
보원사터 • 088
부용대 • 134
북공심돈 • 256
북관제묘 • 241
북촌문화센터 • 295
북촌한옥길 • 292
뽕뽕다리 • 247

ㅅ

사랑길 • 071
사의재 • 031
삼강주막마을 • 250
삼지내마을 • 213
삼척해양레일바이크 • 206
삼청각쉼터 • 103
삼청공원 • 105
상당산성 • 126
상림 • 303
새만금홍보관 • 331
서빈백사해변 • 178
서산마애삼존불 • 088
서일농원 • 079
서장대 • 256
선돌전망대 • 365
선운사 • 224
섭지코지 • 182
성북전망대 • 103
성산일출봉 • 181

성인봉 • 144
세미원 • 195
소나기마을 • 198
소매물도 • 113
소쇄원 • 215
송도 볼레길 • 264
송도해수욕장 • 265
송악산 • 057
송학골 빨래터 • 241
수암골 벽화마을 • 124
수원 화성 • 255
숙정문탐방안내소 • 103
순천만 생태체험공원 • 321
순천만 • 321
순천만자연생태관 • 323
시문학 간판거리 • 231
신선대 • 049
신포시장 • 371
신화마을 • 348
실미도 • 173
쌍계사 마애불 • 065
쌍계사 • 065

ㅇ

아바이마을 • 353
안동하회마을 • 133
안성팜랜드 • 077
안압지 • 311
양동마을 • 307
양사재 • 163
양평 임실치즈마을 • 201
여수 돌게장거리 • 338
여수수산시장 • 339
연미정 • 242
영귀정 • 300
영금정 • 355
영랑생가 • 030
오동도 • 340
오목대 • 163
오색약수터 • 275
오색온천 • 275
오읍약수터 • 241
옥계방죽 • 243
옥산서원 • 309
옥연정사 • 134
요리골목 • 361
용궁장 • 251
용산전망대 • 321
용포마을 • 250
용흥궁 • 240
우도 • 177
우도 올레길 • 177
우도봉 • 179
울기등대 • 345
울릉도 • 139
월성 • 310
육영수 생가 • 234
은수물약수터 • 241
인천개항박물관 • 375
인천아트플랫폼 • 371
일본제1은행 • 371

ㅈ

자갈치시장 • 269
자유공원 • 370
장릉 • 364
장생포고래박물관 • 348
장안문 • 255
장안사 • 248
적벽강 • 331
전남해양수산과학관 • 337
전동성당 • 162
전주한옥마을 • 161
전주향교 • 163
정지용 생가 • 233
정지용문학관 • 233
제물포구락부 • 370
주전골 자연탐방로 • 273
죽녹원 • 215
죽향초등학교 • 233
지심도 • 043
진남관 • 339

ㅊ

차이나타운 • 369
창덕궁 • 289
창룡문 • 257
채석강 • 331
천곡동굴 • 285
천리포수목원 • 093
천리포해변 • 096
첨성대 • 310
청령포 • 364
청매실농원 • 036
청산도 • 069
청주고인쇄박물관 • 126
청 · 일조계지 • 370
최참판댁 • 063
추암해변 • 284
칠송대 • 225
칠족령 • 190

ㅌ

태백산맥문학관 • 323
태종대 • 263
태평무전수관 • 080
태화강생태공원 • 347
통영대교 • 119

팔각정 • 103
팔달문 • 256
팔봉제빵점 • 123
평사리공원 • 061
평창동강민물고기생태관 • 193
풍남문 • 164

하나개해수욕장 • 172
하동차문화센터 • 062
하수고동해수욕장 • 178
하슬라아트뮤지엄호텔 • 205
하슬라아트월드 • 203
하조대해수욕장 • 276
하회별신굿탈놀이 • 131
학동몽돌해변 • 047
학원농장 • 223
항정길 • 069
해금강테마박물관 • 047
해미읍성 • 088
해저터널 • 119
행궁동 뒷골목 • 257
행남등대 • 145
향목전망대 • 140
향일암 • 335
현천마을 전망대 • 039
현통사 • 101

현포전망대 • 140
호롱곡산 • 170
화개장터 • 064
화림동계곡 • 299
화서문 • 256
화성행궁 • 256
화양구곡길 • 151
화양동계곡 • 151
화천서원 • 134
화홍문 • 257
환선굴 • 207
황순원문학관 • 198
회룡대 제2전망대 • 249
회룡대 • 249
회룡포마을 • 247

※ 이 책에 실린 정보는 2014년 4월까지 수집한 정보를 바탕으로 하고 있습니다. 따라서 소개된 여행지의 운영시간과 요금, 교통 요금과 운행 시각, 숙소 정보 등이 수시로 바뀔 수 있습니다. 때로는 공사 중이라 입장이 불가하거나 출구가 막히는 경우도 있습니다. 이 점을 감안하여 여행 계획을 세우시기 바랍니다.

5천만이 검색한 대한민국 제철여행지

초판 1쇄 2011년 6월 29일
개정 2판 1쇄 2014년 4월 10일
개정 2판 2쇄 2015년 6월 10일

글·사진   김혜영

발행인   노재현
편집장   이정아
책임편집   안수정
마케팅   김동현 김용호 이진규

교정교열   안지용
디자인   서선아
일러스트   나수은
출력   한국커뮤니케이션
인쇄   웰컴 P&P

발행처   중앙북스(주)
등록   2007년 2월 13일 제2-4561호
주소   (135-010) 서울시 강남구 도산대로 156 jcontentree 빌딩 6, 7층
구입 문의   1588-0950
내용 문의   (02)3015-4522
팩스   (02)512-7590
홈페이지   www.joongangbooks.co.kr

ⓒ김혜영, 2011

ISBN 978-89-278-0541-0 13980

* 이 책은 저작권법에 따라 보호받는 저작물이므로 무단 전재와 무단 복제를 금지하며,
  이 책의 내용의 전부 또는 일부를 이용하려면 반드시 저작권자와 중앙북스(주)의 서면 동의를 받아야 합니다.

* 잘못된 책은 구입처에서 바꾸어 드립니다.
* 책 값은 뒤표지에 있습니다.